总 主 编 ◎ 田 玄

本卷主编 ◎ 林汉青

湘江战役史料文丛 | 第六卷

广西师范大学出版社
GUANGXI NORMAL UNIVERSITY PRESS
· 桂林 ·

本卷编辑说明

一、收入本卷的历史人物主要为曾经在红一方面军（中央红军）、红六军团（含红六军团与红二军团会合后，以及组成红二方面军后的第六、第二军团）中担任过团以上职务的干部（包括革命烈士）。由于红一方面军（中央红军）活动的中央苏区和湘鄂、湘鄂赣、赣东北、左右江等苏区的区域广大，红军部队编成变化较大，团以上历史人物的史料收集和整理尚未齐备，因此，本卷只收了历史史料相对集中和完整的部分。

二、中央红军的前身为 1930 年 6 月由红四军为骨干组成的红一军团和以红五军为骨干组成的红三军团于同年 8 月合编的红一方面军。

红一方面军于 1931 年 11 月至 1932 年 6 月、1934 年 2 月至 1935 年 7 月，先后两次改称中央红军，由中央革命军事委员会、中国工农红军总指挥部直接领导和指挥，方面军的领导机关亦相应撤销。因此，在此期间，军委、总部和前敌总指挥部机关即为红一方面军（中央红军）的领导机构，军委、总部及前指机关中的团以上干部亦为红一方面军（中央红军）领导机构的实任和兼任人员均收入本书。

三、中央红军和红六、红二军团各部队中团以上单位的党总支书记和特派员，职务明确是团以上干部的，如师机关的科长被派下去任团以上单位党总支部书记或特派员的，亦仍作为团以上干部收入本书。

四、本卷人物详细生平介绍截至中华人民共和国成立，中华人民共和国成立后仅介绍人物授衔、授勋、晋升军衔及意外亡故的情况。

五、本卷主要参考资料为中共中央组织部、中共中央党史研究室：《中国共产党历届中央委员大辞典（1921—2003）》，中共党史出版社 2004 年版；中国工农红军第一方面军史编审委员会：《中国工农红军第一方面军人物史》，解放军出版社 1995 年版；星火燎原编辑部：《中国人民解放军将帅名录》第一、第二、第三集，解放军出版社 1986 年版；红二方面军战时编辑委员会：《中国工农红军第二方面军第二次国内革命战争时期战史》（初稿），1963 年内部印制；中国人民解放军历史资料丛书编审委员会：《红军长征·缘起、大事记、表册》，解放军出版社 1989 年版；新华通讯社、人民日报、解放军报发布的信息；以及中国军网英烈纪念堂网站收录的英烈信息；等等。

人物（工农红军团以上干部）

（以姓氏笔画为序）

七 画

二画

丁甘如（1917—1995） 福建上杭人。1930 年加入中国共产主义青年团。1932 年参加中国工农红军。1933 年由团转入中国共产党。土地革命战争时期，任福建军区司令部作战科测绘员，红十二军第三十四师师部测绘员，红五军团第十三师第三十九团团部测绘员，红三十一军第九十一师师部测绘员，援西军司令部作战参谋。参加了长征。抗日战争时期，任中国人民抗日军政大学区队长、校务部队列科人事股股长，中央军委作战局作战科副科长、情报科科长、情报处副处长。解放战争时期，任东北民主联军第一纵队第一师副参谋长、参谋长，东北军区司令部作战处副处长兼沈阳卫戍司令部参谋处处长。中华人民共和国成立后于 1961 年晋升为少将军衔。

丁先国（1909—2001） 湖北麻成人。1927 年参加黄麻起义。1929 年参加中国工农红军。1930 年加入中国共产党。土地革命战争时期，任红四军第十二师第三十六团排长、副连长，红九军特务团政治处主任，第二十七师第八十一团政治处主任，红四军政治部组织部部长，第十师政治部主任。参加了长征。抗日战争时期，任八路军第一二九师第三八五旅第七六九团政治处主任、师补充团政治委员，第三八六旅第七七二团政治委员，冀南军区第一军分区司令员，新四军第五师第十三旅第三十九团政治委员、旅政治部副主任。解放战争时期，任鄂豫陕军区第三军分区副政治委员，晋冀鲁豫军区第十三纵队第三十七旅副政治委员，第十四纵队第四十一旅政治委员。中华人民共和国成立后于 1955 年被授予少将军衔。

丁盛（1913—1999） 曾用名丁胜。江西于都人。1930 年参加红军。1932 年加入中国共产党。曾任班长、排长、连政治指导员。参加了中央苏区历次反“围剿”斗争和中央红军长征。到达陕北后，任方面军政治保卫局第二科科长，红二十八军政治部组织科科长、第二团政治委员。参加了东征、西征和山城堡等战役。抗日战争和解放战争时期，任八路军冀热察挺进军第三十三、第七团政治委员，晋察冀军区教导第二旅第一团政治委员，热辽纵队第二十七旅旅长，东北民主联军第八纵队第二十四师师长，解放军第四十五军第一三五师师长等职。中华人民共和国成立后于1955年被授予少将军衔。"文化大革命"中参加林彪、江青反革命集团的阴谋活动，被撤销职务，开除党籍。

丁伯霖（？—1936） 四川人。中共军校武汉分校第六期毕业。1926年加入中国共产党。1930年参加红军。曾任红军总政治部巡视员，参加了中央苏区历次反"围剿"斗争。1934年10月随中央红军长征，任红军地方工作团主任。1935年5月参加刘伯承同大凉山彝族沽基家族的谈判，任红军驻该家族代表。1935年9月随红军总部留在川康边区。1936年牺牲。

丁荣昌（1912—1996） 曾用名丁星辉。江西于都人。1931年参加红军，同年加入中国共产主义青年团。1932年转入中国共产党。曾任江西军区卫生部管理科科长，红三军团高级裁判所裁判员。参加了中央苏区的反"围剿"斗争和中央红军长征。从1935年9月起，先后在红四、红二方面军工作，任红三十二军第九十四师政治部组织科科长、第二八二团政治委员。抗日战争和解放战争时期，任八路军留守兵团政治部巡视团主任、锄奸部部长，解放军太岳军区第一军分区副政治委员，中原军区第一军分区、河南军区洛阳军分区副政治委员，第十四军第四十一师政治委员。中华人民共和国成立后于1955年被授予少将军衔。

丁秋生（1913—1995） 湖南湘乡人。1930年参加红军。1931年加入中国共产主义青年团。1932年转入中国共产党。曾任红三军团第四师第十团连政治指导员，红九军团第十四师第四十一团政治委员，军委干部团步营政治委员。参加了中央苏区历次反"围剿"斗争和中央红军长征。到达陕北后，任红十五军团第七十三师第二一八团政治委员，军团教导营政治委员。参加了东征、西征战役。抗日战争和解放战争时期，任中央军委工程学校政治委员，八路军第一一五师教导第一旅政治部主任，鲁南军区政治部主任，山东野战军第八师政治委员，华东野战军第三纵队政治委员，解放军第三野战军第二十二军政治委员。中华人民共和国成立后于1955年被授予中将军衔。

卜盛光（1906—1984） 曾用名卜盛抗。江西南康人。1930年加入中国共产党，同年11月参加领导仁凤矿工起义。随后参加红军。1933年任粤赣军区独立第三师政治部主任、副政治委员兼政治部主任，长期在中央苏区南线坚持斗争。1934年10月参加长征。1935年7月被调到红四方面军工作，后任红四方面军政治保卫局执行部部长。抗日战争和解放战争时期，任八路军第一二九师独立旅参谋长，师政治部锄奸部部长、锄奸保卫部部长、保卫部部长，中共晋冀鲁豫中央局社会部副部长，晋冀鲁豫军区、华北军区政治部保卫部部长，中共中央华中局社会部部长，解放军第二野战军政治部保卫部部长。

三画

马龙（1912—1977） 曾用名马国平、马隆兴。湖北大冶人。1929年11月参加红军。1930年7月加入中国共产党。曾任红三军团班长、副排长，中央警卫师教导团连政治指导员。参加了中央苏区历次反"围剿"斗争和中央红军长征。到达陕北后，任独立第三团政治委员。抗日战争和解放战争时期，任八路军冀热察挺进军第十一支队第三十一大队大队长、政治委员，第三十一团政治委员，晋察冀军区独立团政治委员，教导团团长，第四军分区、第三军分区司令员，解放军晋察冀军区第四纵队第十二旅、第二纵队第五旅旅长，第六十七军副军长。中华人民共和国成立后于1955年被授予少将军衔。1977年3月27日因车祸遇难。

马赤（1911—1934） 湖南浏阳人。1928年加入中国共产党。1930年任浏阳赤卫军第八大队政委，10月任湘东独立师师部作战科长，1933年冬任红六军团第十七师参谋长。1934年2月任红十八师参谋长。1934年7月在湖北来凤胡家沟牺牲。

马辉（1915—1998） 曾用名马善仕。江西永新人。1930年参加红军，同年加入中国共产主义青年团。1933年转入中国共产党。历任红三军第八师通信员、见习供给员，红一军团第一师第一团测绘员，第二师第五团参谋，陕甘支队通信主任，红一军团第一师通信主任等职。参加了中央苏区历次反"围剿"斗争和中央红军长征。到达陕北后，参加了东征、西征战役。抗日战争和解放战争时期，任八路军晋察冀军区第一军分区涞源支队支队长，第二十五团副团长，第一军分区副司令员兼参谋长，解放军晋察冀军区冀察纵队第十旅旅长，独立第四旅旅长，晋察冀军区第一纵队第三旅旅长。中华人民共和国成立后于1955年被授予少将军衔。

马泽迎（1912—1974） 江西兴国人。1929 年加入中国共产主义青年团，同年 12 月参加红军。1930 年 8 月转入中国共产党。历任红三军第八师炮兵连班长，红一军团第二师第四团连政治指导员、师直属队总支书记、军团政治部组织部部长。参加了中央苏区历次反"围剿"斗争和中央红军长征。抗日战争和解放战争时期，任八路军留守兵团骑兵团政治委员，冀中军区第二十一团政治委员，第八军分区政治部主任，第六军分区司令员，独立第七旅政治委员，解放军晋察冀军区第七纵队第二十旅政治委员，华北军区独立第二〇六师政治委员。中华人民共和国成立后于 1955 年被授予少将军衔。

四画

王平（1907—1998）　　曾用名王惟允、王明。湖北兴国（今阳新）人。1926 年冬参加农民运动，任乡农民协会委员。1929 年 3 月加入中国共产党，1930 年 5 月参加红军，同年 9 月重新入党（参加红军时失掉组织关系）。历任红八军第二纵队第一大队宣传员、机关枪连文书，第四师第三团肃反委员会副主任、机关枪连政治指导员，红三军团第三师第十一团书记官兼团党委秘书、政治处组织干事、少共（共青团）书记。参加了长沙战役和中央苏区第一至第三次反"围剿"斗争。1932—1934 年任红三军团第三师第十一团总支书记兼特派员、师教导大队政治委员、师直属队总支干事，第九团政治委员、政治教导员，第六师政治部组织科科长，第十六团政治处主任，第四师第十一团政治委员。参加了 1932 年多次进攻战役和第四、第五次反"围剿"斗争。1934 年 10 月参加长征，任第四师第十一团政治委员、政治处主任。1935 年 5 月重任第四师第十一团政治委员，9 月任陕甘支队第二纵队第十一大队政治委员。到达陕北后，任红一军团第四师第十一团政治委员、师政治部副主任兼组织科长。参加了直罗镇、东征战役。1936 年 5 月进入红军大学学习，12 月毕业后，任红二十七军政治委员。参加了陕甘苏区的剿匪斗争。

　　王诤（1909—1978）　　曾用名吴人鉴。江苏武进人。曾入国民党军政部军事交通技术学校学习无线电通讯。1930 年 12 月参加红军。1931 年 1 月红一方面军总部组建无线电台大队，任大队长，同年 11 月，大队改称中央革命军事委员会无线电总队，任总队长。1932 年 6 月，任红一方面军无线电总队长兼通讯处主任。1933 年任红军通信学校校长。1934 年加入中国共产党，后任中央革命军事委员会第三局（通信联络局）局长。参加了中央苏区第二至第五次反"围剿"斗争和中央红军长征。抗日战争和解放战争时期，任中央军委作战部副部长兼第三局局长，电信总局局长等职。中华人民共和国成立后于 1955 年被授予中将军衔。

王透（？—1936）　云南宣威（一说顺宁，今临沧）人。北伐战争时期加入中国共产党。1927年8月参加南昌起义。1928年1月参加湘南起义，后随红军转战井冈山和中央苏区。1933年后，任红九军团政治部宣传部部长。参加了中央苏区历次反"围剿"斗争和中央红军长征。1935年7月，任红三十二军政治部宣传部部长。1936年到白区工作，不久后被捕就义。

王烈（？—？）　江西永新人。1935年11月任红六军团第十七师第四十九团团长。

王谦（1900—1973）　河北永年人。早年参加国民军。1931年12月参加宁都起义。1932年加入中国共产党。历任红五军团第十五军政治部宣传员，军团补充团连政治指导员、团总支书记，补充第三师第一团政治委员，军团电台队政治指导员。参加了中央苏区第四、第五次反"围剿"斗争和中央红军长征。1935年6月红一、红四方面军会师后，奉调到红四方面军工作，任红三十一军特务团政治委员。抗日战争和解放战争时期，任八路军第一二九师黎城工作团团长，青年纵队政治部组织科科长，新编第四旅第十一团政治处主任，冀南军区第三军分区政治部副主任，冀南军区政治部军法处处长，第九、第三军分区政治部主任，解放军晋冀鲁豫军区第四纵队第十二旅政治部副主任，冀南军区衡水军分区副司令员。中华人民共和国成立后于1955年被授予少将军衔。

王九驹（？—1935）　又名王九苟。江西吉安人。中国共产党党员。1930年参加红军。曾任红三军团司令部机要科科长。1935年8月在四川西北部草地牺牲。

王力生（1914—1999）　曾用名王叙坤。江西吉安人。1929年加入中国共产主义青年团。1930年参加红军，同年转入中国共产党。历任江西军区独立第四师排长、连政治指导员，红一军团第二师第六团连政治指导员、团政治处敌工干事，第四团总支书记，师政治部组织科科长，第四团政治委员。参加了中央苏区历次反"围剿"斗争和中央红军长征。在强渡大渡河的战斗中，带领一个加强排攻占安顺场对面的村镇，配合兄弟部队夺取泸定桥，被授予红星奖章。到达陕北后，参加了东征、西征战役。抗日战争和解放战争时期，任八路军第一一五师东进抗日挺进纵队第五支队政治委员兼鲁北支队支队长，第三四三旅运河支队政治委员兼政治部主任，八路军山东纵队第四支队政治委员、第二旅政治委员，山东军区渤海独立军分区政治委员，东北民主联军辽北军区第一军分区司令员，辽宁军区第四军分区司令员，辽东军区第一七一师师长。中华人民共和国成立后于1955年被授予少将军衔。

王云霖（1910—1993） 湖南衡阳人。1926年参加北伐战争。1927年8月参加南昌起义。1928年1月参加湘南起义，同年加入中国共产党。参加了井冈山革命根据地的斗争。先后任红四军后方医院外科主任，红军医院院长，第三后方医院第三所所长、医院院长，第三野战预备医院院长，红一方面军第二兵站医院院长。参加了中央苏区历次反"围剿"斗争和中央红军长征。抗日战争和解放战争时期，历任八路军医院院长，卫生学校大队长，八路军第一兵站医院院长、野战医院院长，晋冀鲁豫军区卫生部部长，模范医院院长，教导旅医院院长，纵队卫生部政治委员，华北军区补训兵团卫生部部长。中华人民共和国成立后于1955年被授予少将军衔。

王友发（？—1935） 籍贯不详。中国共产党党员。曾任红九军团政治部地方工作部部长。参加了中央苏区的反"围剿"斗争和中央红军长征。1935年2月到黔北领导游击战争，任遵（义）湄（潭）绥（阳）游击队政治委员，同年4月在作战中牺牲。

王友德（1903—1940） 湖北阳新人。1928年参加红军。1933年加入中国共产党。曾任红一方面军的团卫生队队长、政治指导员，师卫生部部长兼医院院长。参加了创建湘鄂赣苏区的游击战争、中央苏区历次反"围剿"斗争和中央红军长征。抗日战争开始后，调到新四军工作，任豫鄂挺进纵队第三团队政治处主任、第一支队第三团政治委员。1940年9月在湖北京山平坝反"扫荡"战斗中牺牲。

王文权（1902—1934） 江西泰和人。中国共产党党员。1932年奉命到红五军团工作，任团长。1934年在江西作战牺牲。

王立中（？—？） 籍贯不详。1936年9月任红二军团第六师第十八团政治委员。

王幼平（1910—1995） 曾用名王际坦。山东桓台人。1931年加入中国共产党，任国民党第二十六路军中共士兵支部负责人。参与宁都起义的组织工作，同年12月宁都起义后参加红军。历任红五军团排长、连长、科长，第十四师处长、师党务委员会委员，军委干部团上干队支部委员等职。参加了中央苏区第四、第五次反"围剿"斗争和中央红军长征，长征途中担任中央工作团员。抗日战争和解放战争时期，任中共鲁西北特委委员、军事部部长，山东人民抗日救国军第十支队政治部主任，八路军第一二九师先遣纵队政治部主任，新编第八旅政治部主任，冀南军区第三军分区政治部主任，冀鲁豫军区第三军分区政治委员，冀鲁豫军区、豫皖苏军区政治部主任，解放军第二野战军第十五军副政治委员，第五兵团政治部主任。

王光道（？—1934） 中国共产党党员。曾任红五军团第三十四师司令部科长。参加了中央苏区反"围剿"斗争和中央红军长征。1934年12月初，任第三十四师参谋长，在掩护中央红军主力通过湘江后，同师长陈树湘一起率部向东转移，不久在湖南宁远作战中牺牲。

王全珍（1906—1970） 福建永定人。1928年6月参加永定农民起义。1929年参加红军。1932年加入中国共产党。历任红一军团第一师第三团通信主任，第一师通信主任等职。参加了中央苏区历次反"围剿"斗争和中央红军长征。抗日战争和解放战争时期，任八路军冀鲁豫军区第十六团参谋长，鲁中军区司令部作战科副科长，第二军分区参谋处处长，解放军东北民主联军第三纵队第七师参谋长，东北野战军、第四野战军后勤部第五分部副部长。中华人民共和国成立后于1961年晋升为少将。

王观澜（1900—1982） 字克洪，曾用名王金水。浙江临海人。1925年加入中国共产主义青年团。1926年转入中国共产党，曾任党支部书记。1927年9月赴苏联学习。1930年2月回国后，即被派到闽西苏区，后任中共闽粤赣特委宣传部代理部长，闽粤赣军区政治部宣传部部长、组织部部长兼中共（上）杭武（平）县委书记、游击大队政治委员，《红色中华》主编。1934 年 2 月，任中华苏维埃中央政府土地部副部长，中央土地委员会主席等职。参加了中央苏区历次反"围剿"斗争。1934 年 10 月随中央红军长征，任中共中央地方工作团主任，红一、红三军团地方工作部部长，西康越西（今属四川）红军游击大队政治委员。到达陕北后，任中华苏维埃中央政府西北办事处土地部部长，中共中央农村工作委员会主任。抗日战争和解放战争时期，任中共中央组织部组织科科长，陕甘宁边区统战委员会主任委员。

王志发（1901—1942） 江西兴国人。1929 年参加红军。1931 年加入中国共产主义青年团，并转入中国共产党。曾任红一方面军的通信员、副排长、连长、军委干部团排长等职。参加了中央苏区历次反"围剿"斗争和中央红军长征。到达陕北后，任保安（今志丹）游击总队政治委员。抗日战争开始后，历任八路军第一一五师教导第四旅第十团参谋长、军分区参谋长等职。1942 年在山东单县西玉楼战斗中牺牲。

王秉璋（1914—2005） 河南安阳人。1931 年 12 月由宁都起义参加红军。1932 年加入中国共产主义青年团。1935 年转入中国共产党。曾任红五军团通信队队长，红一军团补充团团长，军团司令部教育科代理科长、作战科科长等职。参加了中央苏区第四、第五次反"围剿"斗争和中央红军长征。抗日战争和解放战争时期，任八路军第一一五师司令部第一科科长、参谋处处长，教导第三旅副旅长，第三四三旅副旅长，鲁西军区司令员，冀鲁豫军区第六、第十一军分区司令员，中国人民解放军冀鲁豫军区司令员，中原野战军第十一纵队司令员，第二野战军第十七军军长，空军参谋长等职。中华人民共和国成立后于 1955 年被授予中将军衔。

王宗槐（1915—1998） 曾用名王怀、王永开。江西万载人。1930 年参加红军。1932 年加入中国共产党。历任红三军第九师政治部青年科长，红一军团教导营政治委员，军团政治部组织科科长等职。参加了中央苏区历次反"围剿"斗争和中央红军长征，长征期间参加了攻占通道县城和攻占遵义城等多次战斗。抗日战争和解放战争时期，任八路军野战政治部青年科科长，晋察冀军区政治部组织部部长、第三军分区政治部主任、第四军分区副政治委员，解放军晋察冀野战军第四纵队副政治委员，华北军区第三纵队政治委员，第六十三军政治委员等职。中华人民共和国成立后于 1955 年被授予中将军衔。

王学清（1914—1998）　江西永新人。1930 年参加红军，同年加入中国共产主义青年团。1931 年转入中国共产党。曾任红十二军电话队政治指导员。参加了中央苏区历次反"围剿"斗争和长征。到达陕北后，任红二十八军第二五〇团、第二五一团政治委员，红二十八军政治部组织科科长。参加了东征，西征战役。抗日战争和解放战争时期，任抗日军政大学分校政治部训育科副科长，八路军第一二〇师第三五八旅司令部作战科、队列科科长，晋绥军区第三军分区游击支队支队长，吕梁军区第九军分区参谋长，吕梁军区第八军分区、晋中军区第二军分区、太谷军分区、交城军分区副司令员，独立第五旅副旅长等职。中华人民共和国成立后于 1955 年被授予少将军衔。

王立（？—1935）　籍贯不详。1935 年 11 月任红六军团第十七师第四十九团团长。1935 年 11 月 20 日在湖南大庸河南坪战斗中牺牲。

王贵德（1914—1988）　福建上杭人。1930 年加入中国共产主义青年团。1931 年参加红军。1932 年转入中国共产党。历任红十二军第三十四师第一〇〇团连政治指导员、团总支书记，红八军团第二十一师第六十二团政治委员，红五军团第十三师第三十九团政治处主任。参加了中央苏区的反"围剿"斗争和中央红军长征。1935 年 9 月随红五军团留在红四方面军工作，后任红三十一军第九十一师第二七三团政治处主任。抗日战争和解放战争时期，任八路军第一二九师青年抗日纵队第一团政治委员，第三八六旅第七七一团政治委员，新编第九旅政治部主任。冀南军区第二军分区副政治委员，中国人民解放军华北军区第十三纵队第三十八旅政治委员，第六十一军第一八二师政治委员、军政治部主任。中华人民共和国成立后于 1955 年被授予少将军衔。

王首道（1905—1996）　曾用名王芳林、王一分、王一芬。湖南浏阳人。1925 年加入中国共产党。1926 年入毛泽东主办的第六届农民运动讲习所学习。毕业后回长沙从事农民运动。1927 年 9 月参加湘赣边界秋收起义。1928 年后，历任中共浏阳县委书记，中共湘鄂赣边特委书记，湖南省苏维埃代理主席，中共湖南临时省委书记，中共湘赣省委书记。领导了湘鄂赣苏区的创建和湘赣苏区的巩固发展以及反"围剿"斗争。1932年到中央苏区工作，后任中共中央组织局秘书长。1934年10月参加长征，任军委第一野战纵队政治部主任。到达陕北后，任中华苏维埃中央政府西北办事处政治保卫局局长，红十五军团政治部主任。参加了东征、西征战役。抗日战争和解放战争时期，任中共中央秘书长，八路军（后改称第十八集团军）第一二〇师第三十五旅政治委员兼绥德军分区政治委员，第十八集团军第一游击支队政治委员，中共湘鄂赣边区区委书记、军区政治委员，中共第七届中央委员会候补委员，解放军中原军区副政治委员兼政治部主任，东北工业委员会副主任，东北人民政府工业部部长等职。

王烈俊（？—1934）　又名黄烈俊。湖南人。1930年组织国民党军士兵起义，参加红军，后加入中国共产党。曾任红八军团第二十三师第六十七团代理团长。1934年10月随中央红军由赣南突围作战时牺牲。

王怀德（1904—1935）　河北人。早年参加国民革命军。参加过北伐战争。1931年12月参加宁都起义并加入红军。1934年加入中国共产党。曾任红五军团的营长、团长，随营学校校长。参加了赣州、漳州、南雄水口等战役和中央苏区第四、第五次反"围剿"斗争。1934年10月参加中央红军长征。1935年4月在云贵边界被国民党民团杀害。

王定一（？—？）　籍贯不详。1936年4月任红二军团第四师第十二团政治委员。

王英高（1913—2001）　曾用名王长生。江西泰和人。1930年加入中国共产主义青年团，同年参加红军。1933年转入中国共产党。曾任红一军团野战医院第一所政治指导员，军委卫生部附属医院政治委员兼卫生学校政治部主任，军委后勤部政治部地方工作科科长等职。参加了中央苏区历次反"围剿"斗争和中央红军长征。抗日战争和解放战争时期，任八路军总部野战医院政治委员，抗日军政大学第四大队政治处主任，中国人民解放军晋察冀军区炮兵团政治委员、炮兵旅副政治委员，华北军区炮兵第一旅政治委员，炮兵第三师政治委员，西南军区军政大学第二总队政治委员等职。中华人民共和国成立后于1955年被授予少将军衔。

王松青（？—1935） 湖南岳阳人。1930年参加红军。1931年加入中国共产党。曾任红三军团排长、连长、独立团团长。1933年6月红军整编后，任红三军团第六师第十七团团长。参加了中央苏区历次反"围剿"斗争。1934年8月1日荣获中央革命军事委员会颁发的三等"红星奖章"。1934年10月参加长征。1935年3月31日在贵州息烽南渡乌江作战中牺牲。

王奇才（1903—1976） 曾用名王笃行。福建上杭人。1929年参加红军，同年加入中国共产党。历任红十二军第二纵队第五支队副官，红四军第十二师军医处处长，红一军团第一师军医处政治委员，第二师卫生部部长，军团野战医院副院长、政治委员，军团卫生部政治委员等职。参加了中央苏区历次反"围剿"斗争和中央红军长征。抗日战争和解放战争时期，任中央军委总后勤部卫生部政治部主任，冀中军区政治部组织部部长，第九军分区副政治委员，中共冀中地委代理书记，冀中军区政治部主任、军区后勤部司令员，河北军区政治部主任。中华人民共和国成立后于1955年被授予少将军衔。

王赤军（1916—1967） 湖南平江人。1929年加入中国共产主义青年团。1930年转入中国共产党，同年参加中国工农红军。土地革命战争时期，任湘赣独立第一师宣传员、师政治部宣传队队长、连政治指导员，红六军团司令部侦察科科长，第十七师第四十九团政治委员，第十七师和模范师政治部主任。参加了长征。抗日战争时期，任中国人民抗日军政大学队长、大队政治协理员、大队政治处主任、大队政治委员，军委直属政治部副主任，军委三局副局长，陕甘宁晋绥联防军直属政治部主任，警备第一旅兼关中军分区政治部主任，雁北军分区兼东路纵队司令员，西北野战军独立第五旅政治委员。中华人民共和国成立后于1955年被授予少将军衔。

王尚荣（1915—2000） 湖北省石首县人。1931年加入中国共产主义青年团，同年参加中国工农红军。1932年转入中国共产党。土地革命战争时期，任红三军第九师第二十五团文书、青年干事，红三军司令部参谋、侦察科科长，龙山独立团参谋长，第五师第十五团参谋长、团长、师参谋长、师长，红三十二军第九十六师师长。参加了长征。抗日战争时期,任八路军第一二〇师第三五八旅第七一五团团长,独立第一旅副旅长兼晋绥军区第四军分区司令员,陕甘宁边区绥德警备区副司令员,独立第一旅旅长,第二师师长。解放战争时期,任第一野战军第一军副军长兼青海省军区副司令员。中华人民共和国成立后于1955年被授予中将军衔。

王震(1908—1993) 湖南浏阳人。1926年5月参加革命工作。1927年1月加入中国共产主义青年团。1927年5月转入中国共产党。1926年起任粤汉铁路工会长岳段分工会执委会委员、工人纠察队队长。参加长沙工人暴动。1929年参加中国工农红军,任中共湘鄂赣边区特委书记,湘鄂赣边区赤卫队第六师政治委员。红军湘东独立第一师第三团政治委员,湘赣独立一师政治部主任、政治委员、师党委书记,红八军代政治委员、军政治部主任,中共湘赣省委委员,湘赣省军区代司令员,红六军团第十七师政治委员,中华苏维埃共和国第二届中央执委会委员,红六军团政治委员,中共湘鄂川黔省委委员,湘鄂川黔省军区副司令员,湘鄂川黔省军区红军大学校长。参加了长征。抗日战争爆发后,任八路军第一二〇师第三五九旅副旅长、旅长兼政治委员,兼任陕甘宁边区绥德警备区司令员兼政治委员,后兼任中共延安地委书记,延安军分区司令员。八路军独立第一游击支队(南下支队)司令员。湘鄂赣边区临时党委委员、湘鄂赣军区司令员。抗日战争胜利后,任中共中央中原局常委、中原军区副司令兼参谋长。中共中央晋绥分局委员、中共吕梁区委书记,晋绥军区野战第二纵队司令员兼政治委员。西北野战军第二纵队司令员。第一野战军第二军军长兼政治委员,中共中央西北局委员、第一野战军第一兵团司令员兼政治委员,第二十二兵团政治委员。中华人民共和国成立后于1955年9月被授予上将军衔。

王恩茂(1913—2001) 江西永新人。1928年5月参加革命工作。1930年5月加入中国共产主义青年团。1930年7月转入中国共产党。1930年后任中共永新县委委员、技术书记、县苏维埃政府文化部部长、中共永新县委秘书长、中共湘赣省委宣传部干事、秘书、红军第六军团政治部宣传干事,中共湘鄂川黔省委和川滇黔省委秘书长。参加了长征。到达陕北后,任红二方面军政治部总务处处长。红六军团政治部秘书长。抗日战争爆发后,任八路军第一二〇师政治部宣传部教育科科长，第三五九旅政治部宣传科科长；第一二〇师第三五九旅政治部副主任、副政治委员。八路军独立第一游击支队（南下支队）副政治委员，其间任湖南人民抗日救国军副政治委员，湘鄂赣边区临时党委委员、湘鄂赣军区副政治委员。解放战争时期任中原军区第三五九旅政治委员、晋绥野战军兼吕梁军区政治部主任、吕梁区党委委员；西北野战军第二纵队副政治委员、第一野战军第二军副政治委员、政治委员。中华人民共和国成立后于1955年被授予中将军衔。

王海山（1911—1990） 曾用名王家述。湖北武汉人。1931年参加红军。1932年加入中国共产党。参加了中央苏区的反"围剿"斗争和中央红军长征。到达陕北后，任红二十八军司令部作战科科长，陕北独立师第三团团长。参加了东征、西征战役。抗日战争和解放战争时期，任豫东抗日游击支队司令员，新四军豫鄂独立游击支队第二团队团长，挺进纵队第二支队支队长兼参谋长，新四军第五师第十五旅旅长，鄂豫皖湘赣军区第二军分区司令员，解放军中原野战军第二纵队第十五旅旅长，鄂西军区第三军分区、陕南军区第五军分区、桐柏军区第二军分区司令员，中原军区野战纵队副司令员，华中军区铁路警备司令部司令员兼政治委员。

王敬群（1919— ） 曾用名王申蔼。江西吉安人。1929年11月加入中国共产主义青年团。1934年3月转入中国共产党。曾任中共建（宁）黎（川）泰（宁）中心县委儿童局书记，红一军团政治部巡视员。参加了中央苏区的反"围剿"斗争和中央红军长征。到达陕北后，任红一军团第一师政治部青年科科长，陕北独立师政治部青年科科长。抗日战争和解放战争时期，任新四军第五支队第十团、第二师第五旅第十五团政治处主任，第四旅政治部副主任，第四旅第十一团政治委员，淮南军区独立旅政治部主任，华东野战军第四纵队第十一师政治委员，第二十八军第八十四师政治委员。

王紫峰（1905—1994） 曾用名王集有。湖南耒阳人。1926年参加农民运动。1927年加入中国共产党。1928年参加湘南起义，后随朱德、陈毅等到达井冈山，参加了保卫井冈山革命根据地的斗争。1929年后，任红四军第三纵队第十八大队宣传组组长，红十二军第一纵队第一大队政治委员，红五军团第十五军第四师第一三一团政治委员，第十四师第四十一团代理政治委员、政治委员，红一军团直属队总支书记、教导队总支书记、随营学校政治教育主任。参加了中央苏区历次反"围剿"斗争和中央红军长征。抗日战争和解放战争时期，任八路军晋察冀军区第三军分区第十团团长兼政治委员，第四军分区政治部主任，冀中军区第四军分区政治委员，解放军冀察军区政治部主任，晋察冀军区直属政治部主任，北岳军区第一军分区司令员，华北军区第六纵队副政治委员，第六十六军政治委员等职。中华人民共和国成立后于1955年被授予中将军衔。

王辉球（1911—2003） 江西万安人。1928年参加工农革命军，同年加入中国共产主义青年团。1930年转入中国共产党。曾任红十二军第三十四师连长，红一军团特务连政治指导员，第九师政治部代理秘书长，第二师第四团俱乐部主任，第一、第二师政治部宣传科科长。参加了中央苏区历次反"围剿"斗争和中央红军长征。抗日战争和解放战争时期，历任八路军第一一五师第三四三旅政治部宣传科科长，东进抗日挺进纵队第六支队政治部主任，津南支队政治部主任，教导第三旅兼鲁西军区政治部主任，冀鲁豫军区政治部副主任，晋冀鲁豫军区第七纵队、中原野战军第一纵队政治部主任，第十六军政治委员。中华人民共和国成立后于1955年被授予中将军衔。

王智涛（1905—1999） 曾用名王寿恒。河北沧县人。1925年被党组织派到苏联学习。1928年加入中国共产主义青年团。1931年加入中国共产党。曾任莫斯科高级步兵学校中国科分队长，列宁学院军事教员。1933年回国后进入中央苏区，后任红军学校教员，中央革命军事委员会翻译兼防空科科长、警备科科长，红军大学机关枪科科长，军委干部团主任教员等职。参加了中央苏区第五次反"围剿"斗争和中央红军长征。抗日战争和解放战争时期，任抗日军政大学总校军事教育科科长、训练部部长，八路军第一二九师司令部训练科科长，第三八五旅参谋长，解放军冀东军区第十四军分区副司令员，冀东军区参谋长，冀察热辽军区副参谋长，航空学校教育长。中华人民共和国成立后于1955年被授予少将军衔。

王集成（1907—1983） 曾用名王富堂。福建上杭人。1928年参加上杭农民起义，同年参加红军游击队，1930年加入中国共产党。曾任红一军团无线电队政治委员、军团直属队总支书记，第十一师政治部主任，第二师第六团政治委员等职。参加了中央苏区历次反"围剿"斗争和中央红军长征。到达陕北后，任红十五军团第七十五师第二二四团政治委员、师政治部主任。参加了东征、西征和山城堡战役。抗日战争和解放战争时期，任新四军第二支队政治部主任，第二师第四旅政治委员，第七师兼皖江军区政治部主任，华东野战军第四纵队政治委员，山东军区政治部主任。中华人民共和国成立后于1955年被授予少将军衔。

王道邦（1911—1959） 江西永新人。1930年参加红军，同年加入中国共产党。历任红十二军特务营班长，红一方面军总司令部警卫连排长、连政治指导员，红一军团第一师第二团总支书记，第二师第五团代理政治委员。参加了中央苏区历次反"围剿"斗争和中央红军长征。到达陕北后，任军团政治部巡视组组长，第一师政治部组织科科长。参加了东征、西征和山城堡战役。抗日战争和解放战争时期，历任晋察冀军区第一支队第一大队政治委员，第一军分区第一团政治委员，第五支队政治委员，冀中军区第九军分区司令员，冀中纵队第十三旅旅长兼政治委员，晋察冀野战军第三纵队第八旅政治委员，华北军区第八纵队政治委员，第六十五军政治委员等职。中华人民共和国成立后于1955年被授予中将军衔。

王稼祥（1906—1974） 曾用名嘉祥、稼蔷。安徽泾县人。1925年9月进入上海大学附中部学习，不久加入中国共产主义青年团。1928年2月加入中国共产党。1930年2月回国后，曾任中共中央党报委员会秘书长，《红旗》《实话报》总编辑。1931年3月，任中共苏区中央局委员，同年11月，当选为中央执行委员，人民委员会外交人民委员（即外交部部长），中央革命军事委员会副主席兼总政治部主任，后又兼红一方面军政治部主任。参与指挥了第二至第四次反"围剿"斗争和赣州、漳州、乐安、宜黄等战役。1934年1月，在中共第六届五中全会上当选中央政治局委员，同年2月，在中华苏维埃第二次全国代表大会上，被选为中央政府人民委员会外交人民委员，并主持召开中国工农红军第一次全国政治工作会议。1934年10月参加长征。1935年1月，在中共中央政治局召开的遵义扩大会议上，坚决支持毛泽东的主张，对确立毛泽东在中共中央和红军中的领导地位起了重要作用，并被增选为中共中央政治局委员。会后，参加中央三人军事指挥小组。1935年6月，红一、红四方面军会师后，坚决执行中共中央的北上战略方针，反对张国焘分裂党、分裂红军的活动。9月任红军陕甘支队政治部主任，于10月到达陕甘苏区。11月任中华苏维埃共和国西北革命军事委员会委员、总政治部主任，红一方面军政治部主任。1937年6月赴苏联治伤，并任中共驻共产国际代表。1938年8月回国后，任中共中央军委副主席，军委总政治部主任。

王德兴（1890—?） 江西兴国人。中国共产党党员。1929年参加红军游击队。曾任红一军团第三军第八师第二十四团政治委员。1934年参加长征，后下落不明。中华人民共和国成立后，被追认为革命烈士。

王德淮（1914—?） 江西兴国人。1929年参加红军，后加入中国共产党。曾任红一军团第四军政治部宣传部部长。1934年参加长征，后下落不明。中华人民共和国成立后，被追认为革命烈士。

王麓水（1913—1945） 曾用名王崧斌、王培岳。江西萍乡人。1926年加入中国共产主义青年团。1930年参加红军。1932年5月转入中国共产党。历任红一团排长、连政治指导员、营分总支书记、少共国际师第九十二团特派员等职。参加了中央苏区历次反"围剿"斗争和中央红军长征。到达陕北后，任红一军团第二师第五团政治委员。参加了东征、西征和山城堡战役。抗日战争开始后，历任八路军第一一五师第三四三旅补充团政治委员，晋西独立支队政治部主任兼第一团政治委员，教导第二旅政治部主任，山东纵队第一旅政治委员，鲁南军区政治委员兼中共鲁南区委书记，山东军区第八师师长兼政治委员。1945年12月13日在围攻滕县的战斗中牺牲。

韦杰（1914—1987） 曾用名韦士良。壮族。广西东兰人。1929年参加红军。1933年加入中国共产党。曾任红七军排长、连长，红三军团第五师第十三团营长。参加了中央苏区第三至第五次反"围剿"斗争和中央红军长征。到达陕北后，任红十五军团第七十五师第二二三团参谋长、团长，骑兵团团长，第七十三师参谋长，第七十五师师长。参加了东征、西征和山城堡战役。抗日战争和解放战争时期，任八路军总部特务团团长，第一一五师第三四四旅第六八八团团长，

第一二九师新编第一旅旅长，太行军区第五军分区司令员，解放军晋冀鲁豫军区第六纵队副司令员，华北军区第十四纵队司令员，第六十一军军长，中华人民共和国成立后于1955年被授予中将军衔。

韦少峰（？—？） 广西田东人。1934年7月任红六军团第十八师第五十四团团长。

韦国清（1913—1989） 曾用名韦邦宽。壮族。广西东兰人。1929年加入中国共产主义青年团，同年12月参加百色起义。1931年转入中国共产党。曾任红七军排长、连长，中央军事政治学校军事教员，军委干部团步兵第一营营长。参加了中央苏区第三至第五次反"围剿"斗争和中央红军长征。到达陕北后，任红军大学特科团代理团长，教导师特科团团长。抗日战争和解放战争时期，任八路军总部随营学校校长，抗日军政大学第一分校副校长，山东纵队陇海南进支队政治委员，新四军第三师第九旅旅长兼政治委员，第四师副师长，华东野战军第二纵队司令员兼政治委员，苏北兵团司令员，第三野战军第十兵团政治委员。中华人民共和国成立后于1955年被授予上将军衔。

韦祖珍（1912—1982） 壮族。广西东兰人。1929年参加红军。1931年加入中国共产主义青年团。1932年转入中国共产党。历任红七军的排长、连政治指导员，红三军团政治保卫局侦察科科员，独立团特派员。参加了中央苏区第三至第五次反"围剿"斗争和中央红军长征。到达陕北后，任红一军团教导营特派员，军团政治部保卫科副科长、科长。参加了东征、西征战役。抗日战争和解放战争时期，任八路军总政治部保卫科副科长，留守兵团警备第一旅第三团政治委员，第十八集团军南下第三支队第三团政治委员，晋察冀军区热辽纵队第二十七旅政治委员，东北民主联军第八纵队第二十四师政治委员，东北野战军第四十五军第一三五师政治委员。中华人民共和国成立后于1955年被授予少将军衔。

云广英（1905—1990） 曾用名云清、林秀先。广东文昌（今属海南）人。1929年12月参加百色起义。1930年加入中国共产党。历任红七军经理处金柜股股长、军经理处处长、军政治部组织部部长，红三军团第一师第二团政治委员，红军特科学校政治主任教员，红军大学政治部组织科科长。参加了红七军远征、中央苏区第三至第五次反"围剿"斗争和中央红军长征。1936年"两广事变"发生后，作为红军代表，到南方进行统战工作。抗日战争和解放战争时期，任八路军驻广州办事处主任，中央军委编译局副局长兼俄文学校副校长，中共延安地委副书记，江西省人民政府秘书长。

云宗连（？—1934）　又名云仲连。河南人。1931年12月由宁都起义参加红军。不久加入中国共产党。历任红五军团第十三师第三十七团营长、参谋长、团长。参加了中央苏区第四、第五次反"围剿"斗争。荣获中革军委颁发的三等"红星奖章"。1934年10月参加长征，同年冬在长征途中牺牲。

毛泽东（1893—1976）　原字咏芝，后改润之。湖南湘潭人。中国共产党的创建人之一。1902年至1906年在家乡私塾读书。1907年至1908年停学在家务农。1909年复学，秋，入湖南省湘乡县高等小学堂读书。1911年入湘乡驻省中学读书。1911年10月投笔从戎，参加新编陆军第二十五混成协第五十标第一营左队，为列兵。1912年退出军队继续求学，考入湖南全省高等中学校（后改名省立第一中学），秋，退学自修。1913年春考入长沙湖南省立第四师范学校预科。1914年2月湖南省立第四师范学校并入湖南省立第一师范学校后入湖南省立第一师范学校学习。1915年11月至1917年10月连任四届湖南省立第一师范学校学友会文牍。1917年10月至1918年5月任湖南第一师范学校学友会总务（总负责）兼教育研究部部长。1918年发起组织新民学会。1919年主编《湘江评论》。1920年先后筹建文化书社、俄罗斯研究会、湖南社会主义青年团，并同何叔衡等创建长沙的中国共产党早期组织。1921年7月出席中共第一次全国代表大会。会后任中国劳动组合书记部湖南分部主任和湖南省工团联合会总干事。1922年起任中共湘区（包括江西安源）委员会书记。在中共三届一次执委会上被推选为中共中央局成员，任中央局秘书。1924年初参与中国共产党帮助孙中山改组中国国民党的活动。第一次国共合作期间，在国民党第一、第二次全国代表大会上被选为国民党中央候补执行委员。1924年5月起任中共中央组织部部长。1925年起任国民党中央宣传部代部长，同年12月起任《政治周报》主编，兼任国民党中央党部宣传员养成所所长。1926年2月起任国民党中央党部政治讲习班理事，5月起任第六届农民运动讲习所所长，同年秋任中共中央农民运动委员会书记。1927年到湖北武汉任全国农民协会总干事，主持农民运动讲习所。1927年8月至11月任中共中央临时政治局候补委员。1927年8月汉口中共中央紧急会议（八七会议）后作为中央特派员领导湘赣边秋收起义，任中共前敌委员会书记，创建工农革命军第一师，在井冈山创立了第一个农村革命根据地。1928年与朱德、陈毅领导的起义部队会师，组成中国工农红军第四军，任红四军党代表、军委书记。1928年5月起任中共湘赣边界特委书记。1930年6月起任红一军团政治委员、前敌委员会书记，8月起任红一方面军前敌委员会书记兼总政治委员，9月在中共六届三中全会上被补选为中共中央政治局候补委员。1931年1月起任中共苏区中央局委员，10月至12月任中共苏区中央局代书记。1931年1月至11月任中华苏维埃中央革命军事委员会委员、副主席、主席。1931年11月起任中华苏维埃共和国中央执行委员会主席、中央执行委员会人民委员会主席，中华苏维埃共和国中央革命军事委员会委员。1934年1月在中共六届五中全会上当选为中共中央政治局委员。1934年2月起任中华苏维埃共和国第二届中央执行委员会主席，同年10月参加长征。1935年1月遵义会议确立其在红军和党中央的领导地位，增选为中共中央政治局常委。会后不久，任前敌司令部政治委员，为三人军事指挥小组成员，统一指挥红军的行动。1935年11月红一方面军番号恢复，任政治委员。1935年11月至1936年12月任中华苏维埃西北革命军事委员会委员、主席。1936年12月起任中华苏维埃人民共和国中央革命军事委员会委员、主席、主席团成员。1937年8月至1976年9月长期担任中共中央军委委员、常委、主席。1941年9月起任中共中央研究组（又称中央学习组）组长。1942年6月起任中共中央总学习委员会主任。1943年3月起任中共中央政治局主席、中共中央书记处主席，并任中共中央宣传委员会书记，兼任中共中央党校校长。1945年6月在中共七届一中全会上当选为中共中央主席，中共中央政治局委员、主席，中共中央书记处书记、主席。1949年6月起任新政治协商会议筹备会常务委员会主任，同年9月在中国人民政治协商会议第一届全体会议上当选为中华人民共和国中央人民政府主席。

毛泽民（1896—1943）　字润莲，曾用名周彬。湖南湘潭人。1921年参加革命工作。1922年加入中国共产党。曾任安源路矿工人消费合作社总社总经理。1925年进入广州中央农民运动讲习所学习，毕业后任中共中央出版发行部总经理，中共中央秘书处出版部经理。1927 年大革命失败后，先后在上海、天津等地从事党的秘密出版发行工作。1931 年进入中央苏区，任闽粤赣军区经理部部长，中华苏维埃共和国临时中央政府财政委员会委员，第一任国家银行行长。1934 年，任中共闽赣省委常委、省苏维埃政府财政部部长、省苏维埃政府党团副书记等职。参加了中央苏区多次反"围剿"斗争，1934 年 10 月参加长征。后任中央纵队第十五大队政治委员，红军先遣工作团副团长兼没收征集处处长，红军总供给部副部长。到达陕北后，任中华苏维埃中央政府西北办事处国民经济部部长。1937 年冬由中共中央派到新疆从事统战工作。后任新疆省政府财政厅副厅长、代理厅长，民政厅厅长，新疆商业银行理事会理事长。1942 年 9 月 17 日被军阀盛世才逮捕入狱，1943 年 9 月 27 日就义。

毛挺芳（1904—1936） 又名毛廷芳。湖北襄阳人。黄埔军官学校第三期毕业。北伐战争时期加入中国共产党。1927 年 8 月参加南昌起义，南下途中战斗负伤后赴上海，在中共中央军委工作。1931 年进入中央苏区，任中共（长）汀连（城）县委组织部部长，红一方面军司令部机要科科长。1933 年任红军总司令部秘书兼管机要科。1934 年任中革军委机要科科长。参加了中央苏区的反"围剿"斗争和中央红军长征。1935 年 9 月，随红军总司令部留在红四方面军，不久因译发朱德拥护中央北上战略方针的电报被张国焘撤职、关押。1936 年在西康炉霍（今属四川）病故。

毛青流（1908—1935） 又名毛专流。江西于都人。中国共产党党员。1933 年随地方武装编入主力红军，后任红三军第四师第十一团团长。1934 年 10 月参加中央红军长征。1935 年冬在陕北作战中牺牲。

毛国雄（？—1934） 江西修水人。中国共产党党员。1929 年参加红军。曾任红三军团第五师第十三、第十四团政治委员。参加了湘鄂赣边区的游击战争和中央苏区的反"围剿"斗争。1934 年 10 月参加长征，同年 12 月在广西龙胜作战中牺牲。

文年生（1906—1968） 湖南岳阳人。1926 年参加北伐战争。1930 年参加红军，同年加入中国共产党。历任红三军团排长、连长、副团长，军团司令部侦察科科长，第三师第九团团长。参加了中央苏区历次反"围剿"斗争和中央红军长征。到达陕北后，任红二十七军第八十一师师长。参加了东征、西征战役。抗日战争和解放战争时期，任八路军第一二〇师第三五九旅第七一八团团长兼政治委员，留守兵团警备第八团团长，警备第一旅旅长兼关中军分区司令员，第十八集团军南下第三支队司令员，解放军冀热辽军区、热辽纵队副司令员，晋察冀野战军第三纵队副司令员，华北野战军第六纵队司令员，第六十八军军长，第二十兵团副司令员兼参谋长等职。中华人民共和国成立后于1955年被授予中将军衔。

方正（1914—1997）　曾用名方应生。湖南平江人。1930年6月参加红军，同年9月加入中国共产主义青年团。1932年转入中国共产党。历任红三军团排长，红军学校区队长、政治指导员，红一军团第二师第四团俱乐部主任，红一方面军教导师政治部宣传干事，红军总政治部宣传队队长，红二十九军政治部教育科科长兼统战科科长、教导大队政治委员。参加了中央苏区历次反"围剿"斗争和中央红军长征。到达陕北后，参加了保卫陕甘苏区的斗争。抗日战争和解放战争时期，任新四军第五师第十五旅第四十五团政治委员，第十旅参谋长，襄（阳）南军分区政治部主任，湘鄂赣军区西军分区副政治委员兼政治部主任，解放军江汉军区洪山军分区、豫皖苏军区第五、第七军分区副政治委员兼政治部主任，河南军区淮阳军分区司令员等职。中华人民共和国成立后于1955年被授予少将军衔。

方光（？—1934）　湖南平江人。中国共产党党员。1930年前参加红军。曾任红三军团无线电队政治委员。1934年12月在贵州牺牲。

方忠（？—1935）　湖南人。中国共产党党员。1930年参加红军。曾任红一方面军政治部组织部调查科科长。参加了中央苏区的反"围剿"斗争和中央红军长征。1935年5月在四川凉山牺牲。

方强（1911—2012）　曾用名方鳌轩、方长。湖南平江人。1926年加入中国共产主义青年团。1927年转入中国共产党。1928年参加工农革命军。曾任平江工人纠察队区队长，青年义勇队政治指导员，平（江）浏（阳）游击队宣传组组长。参加了创建湘鄂赣苏区的游击战争。1930年后，任红五军第三师第七团连政治指导员，第一师第二团政治委员，中华苏维埃中央政府警卫团政治委员，红军模范团政治委员，第二十二师政治委员。参加了中央苏区历次反"围剿"斗争。1934年10月参加长征，后任红九军团政治部宣传部部长，军委干部团总支书记等职。抗日战争和解放战争时期，任八路军第一二九师第三八五旅政治部主任，中央军委总政治部组织部部长兼军法处长、总政治部党务委员会副主席，留守兵团副政治委员兼政治部主任，东北民主联军合江军区司令员、政治委员，解放军第四十四军军长等职。中华人民共和国成立后于1955年被授予中将军衔。

方槐（1917—2019） 曾用名赖世禄、赖芳槐。江西于都人。1931年加入中国共产主义青年团。1932年参加红军。1933年转入中国共产党。参加了中央苏区反"围剿"斗争和中央红军长征。到达陕北后，任红十五军团第七十五师第二二五团政治处青年干事，师政治部青年科科长、组织科科长，军团政治部青年部部长。参加了东征、西征和山城堡战役。抗日战争时期在新疆航空训练班学习。解放战争时期，任东北民主联军航空学校训练处协理员、飞行大队大队长，中央军委航空局作战教育处处长。中华人民共和国成立后于1955年被授予少将军衔。

方震（1911—2017） 曾用名方强火。江西弋阳人。1930年参加红军。1931年加入中国共产主义青年团，同年转入中国共产党。历任红十军第八十二团排长、连长、连政治指导员等职。参加了赣东北苏区的反"围剿"斗争。1933年初随红十军到达中央苏区，部队编入红一方面军后，任红七军团兵站政治委员。参加了中央苏区第四、第五次反"围剿"斗争和中央红军长征。1935年9月留在红四方面军工作，后任红三十一军第九十三师司令部参谋、西路军指挥部第一局参谋。抗日战争和解放战争时期，任八路军兵站分站站长，前方指挥部兵站部巡视主任、兵站办事处主任，解放军晋绥军区总兵站副站长，华北军区运输部分部部长等职。中华人民共和国成立后于1964年晋升为少将。

方正平（1909—1994） 曾用名方柏发、方承兴。湖南平江人。1930年2月参加红军，同年8月加入中国共产党。历任红三军团第八军第六师排长、青年干事,第四师第十一团连政治指导员、团特派员,师直属队特派员,师特派员。参加了中央苏区历次反"围剿"斗争和中央红军长征。到达陕北后,任红军大学第一分校第二科政治委员、大队长。参加了东征、西征战役。抗日战争和解放战争时期,任新四军豫鄂挺进纵队第一团队政治委员,第一支队政治委员,第五师第十三、第十五旅政治委员,中共豫鄂边地委书记兼第三军分区政治委员,新四军独立第三旅政治委员,解放军中原军区第二纵队参谋长,鄂豫陕军区副政治委员,第五十八军政治委员,第二十一兵团政治部主任等职。中华人民共和国成立后于1955年被授予中将军衔。

方杞茂(1908—?) 曾用名方仁杰。湖南平江人。中国共产党党员。1929年参加红军。曾任红三军团某团政治委员。1934年在江西失踪。中华人民共和国成立后,被追认为革命烈士。

方国华(1904—1984) 安徽贵池人。早年参加国民党军。1929年10月起义参加红军。1931年加入中国共产党。历任红十二军政治部政务科科员,红二十二军第六十四师政治部政务处处长,红一军团第一师政治部地方工作科、民运科科长等职。参加了中央苏区历次反"围剿"斗争和中央红军长征。到达陕北后,参加了东征、西征战役。抗日战争和解放战争时期,历任八路军晋察冀军区第一支队第三团政治处主任,军区教导团政治委员兼政治处主任,第四军分区第三十团政治委员,晋察冀野战军第四纵队政治部副主任,第十九兵团政治部组织部部长。中华人民共和国成立后于1955年被授予少将军衔。

方国安(1913—1984) 曾用名方国南。湖南平江人。1930年参加红军,同年加入中国共产党。历任红三军团警卫连排长,红一军团第二师第六团连政治指导员,第四师第十团代理营政治教导员。参加了中央苏区历次反"围剿"斗争和中央红军长征。到达陕北后,任红一方面军第八十一师直属队总支书记、第二四二团政治委员。参加了东征、西征战役。抗日战争和解放战争时期,任八路军第一一五师独立旅第一团、黄河支队第一团、第三四三旅第六八六团政治处主任,教导第四旅第十团政治委员,东北民主联军第一纵队第一师政治部主任,东北野战军第一纵队第三师政治委员,第三十八军第一一四师政治委员。中华人民共和国成立后于1955年被授予少将军衔。

方国南（1914—1997） 曾用名方衍康。湖南平江人。1929年加入中国共产主义青年团。1930年参加红军。1931年转入中国共产党。历任红三军团第三师第九团连政治指导员，补充师营政治教导员，团政治委员等职。参加了中央苏区历次反"围剿"斗争和中央红军长征。抗日战争和解放战争时期，任八路军卫生部兵站医院政治委员，总供给部政治部主任，冀中军区第十、第九军分区政治部主任，晋察冀军区陆军中学政治部主任，解放军冀中军区第十军分区、北岳军区第五军分区、易水军分区副政治委员，第四野战军补充第二师政治委员。中华人民共和国成立后于1955年被授予少将军衔。

方振钧（？—？） 又名方镇均。湖南平江人。1928年参加红军。1929年加入中国共产党。曾任红三军团政治部事务处处长。参加了中央苏区历次反"围剿"斗争和中央红军长征。1937年冬因病退伍回乡。

方振生（？—1935） 籍贯不详。曾任第十七师第五十团政治委员。1935年7月28日在湖南龙山招头寨阵亡。

方理明（1906—1937） 湖南平江人。1934年8月任红六军团第十八师政治部主任。1934年10月任红二军团第四师政治委员。1937年在甘肃永昌县保卫军团部的战斗中牺牲。

尹冬先（？—？） 江西永新人。1935年11月任红六军团第十六师卫生部部长。

尹自勇（1914—1935） 江西永新人。中国共产党党员。曾任红九军团政治部青年科科长。参加了中央苏区反"围剿"斗争和中央红军长征。1935年4月在贵州大定（今大方）作战中牺牲。

尹国赤（？—1939） 江西永新人。1929年参加红军，不久加入中国共产党。曾任红一方面军排长、连长、团长。参加了中央苏区历次反"围剿"斗争和中央红军长征。到达陕北后，任陕甘宁红军独立师（独立第一师）参谋长。参加了巩固扩大陕甘苏区的斗争。抗日战争开始后，任八路军留守兵团警备第七团团长。1939年牺牲。

尹明亮（1915—1999）　曾用名尹书馨、尹精光。江西泰和人。1932年参加红军，同年加入中国共产主义青年团。1933年转入中国共产党。曾任红三军团第六师第十六团卫生队队长，第五师卫生部部长兼政治委员，第十三团卫生队队长。参加了中央苏区第四、第五次反"围剿"斗争和中央红军长征。到达陕北后，任陕甘宁独立师（独立第一师）第一团卫生队队长。抗日战争和解放战争时期，任八路军晋察冀军区第三军分区卫生部部长兼政治委员，解放军热辽军区卫生部政治委员，冀察热辽军区卫生部政治委员，第十三兵团政治部组织部部长。中华人民共和国成立后于1961年晋升为少将。

邓飞（1911—2006）　曾用名邓富连。江西兴国人。1928年加入中国共产主义青年团。1930年参加红军。1931年转入中国共产党。历任红一方面军独立第六师第十六团连政治指导员、团总支书记，红二十一军第六十一师第一八一团政治委员，粤赣军区第三军分区政治委员，红一军团补充第一师第三团政治委员，红三军团补充第二师政治委员，红一军团教导团政治委员、第二师第六团政治委员。参加了中央苏区历次反"围剿"斗争和中央红军长征。到达陕北后，任红一军团第一师第十三团政治委员，抗日军政大学总支书记。抗日战争和解放战争时期，任八路军后勤部政治部副主任，陕甘宁晋绥联防军直属政治部主任，联防军后勤部政治委员，东北军区总后勤部副部长，吉林军区第二十四旅政治委员，解放军第四十三军政治部主任。

邓发（1906—1946）　曾用名邓元钊、邓广铭、邓英明、方林等。广东云浮人。1922年参加香港海员大罢工。1925年加入中国共产党，同年参加省港工人大罢工，任工人纠察队队长。1927年12月参加广州起义，任广州第五区副指挥。1928年后，在广州、香港等地从事地下工作，任中共香港市委书记，中共广州市委书记，广东省委组织部部长。1930年9月，在中共六届三中全会上当选为中央委员，同年进入中央苏区，任中共闽粤赣边省委书记兼军委主席，中共苏区中央局委员，中央革命军事委员会政治保卫处处长兼红一方面军政治保卫处处长，中华苏维埃共和国中央执行委员、政治保卫局局长，中共中央政治局候补委员。参加了中央苏区历次反"围剿"斗争。1934年10月参加长征，后任军委第二野战纵队副司令员，中央纵队司令员，红军陕甘支队第三纵队政治委员。到达陕北后，任中华苏维埃中央政府西北办事处粮食部部长。抗日战争开始后，任八路军驻迪化（今乌鲁木齐）办事处主任，中共中央党校校长，中共中央职工运动委员会书记、民运委员会书记，世界职工联合会执委会委员。1946年4月8日由重庆返回延安途中飞机失事，在山西兴县黑茶山遇难。

邓华（1910—1980） 字实秋，曾用名邓多华。湖南郴县人。1927年加入中国共产党。1928年参加湘南起义，任工农革命军第七师政治部组织干事。后随部队上井冈山，任红四军第十一师第三十三团宣传队中队长、连党代表，红四军第三十一团组织干事。参加了井冈山革命根据地的反"进剿"、反"会剿"斗争。1929年1月，随红四军向赣南、闽西挺进，历任红四军第三纵队政治部组织科科长，红十二军教导大队政治委员、团政治委员，第三十六师政治委员兼政治部主任，红二十二军第六十六师政治委员，红一军团第一师第三、第二团政治委员。参加了开辟赣南、闽西革命根据地和中央苏区历次反"围剿"斗争。1934年10月参加中央红军长征。1935年9月，任红军陕甘支队第一纵队第二大队政治委员。到达陕北后，任红一军团第二师政治部主任兼第二团政治委员，第一师政治委员。参加了直罗镇、东征、西征和山城堡战役。抗日战争和解放战争时期，任八路军第一一五师第三四三旅第六八五团政治委员、旅政治部主任，晋察冀军区第一军分区兼第一支队政治委员，平西支队司令员，八路军第四纵队政治委员，冀热察挺进军副司令员，陕甘宁晋绥联防军教导第二旅政治委员，解放军东北军区保安部队副司令员，东北野战军第七纵队司令员，第四十四军军长，第十五兵团司令员。中华人民共和国成立后于1955年被授予上将军衔。

邓萍（1908—1935） 曾用名邓虚谷。四川富顺人。1926年考入黄埔军官学校武汉分校学习。1926年加入中国共产主义青年团。1927年转入中国共产党。曾任国民革命军湖南独立第五师第一团书记和副官，中共第一团委员会书记。1928年7月参加领导平江起义，后任红五军军委代理书记、红五军参谋长兼随营学校校长，协助彭德怀、滕代远指挥红五军，转战湘、鄂、赣、粤四省边界地区，创建了湘鄂赣、湘赣苏区。1930年后，历任红三军团参谋长兼随营学校校长，红五军军长，红一方面军西路军参谋长，东方军参谋长，红军中央军事政治学校副政治委员兼教育长等职。参加了中央苏区历次反"围剿"斗争和东方军入闽作战。1934年10月参加长征。1935年2月27日,在贵州遵义老鸦山被流弹击中牺牲。

邓小平（1904—1997） 原名邓先圣,学名邓希贤。四川广安人。1918年由四川省广安县高小毕业,考入广安县中学学习。1919年秋考入重庆勤工俭学留法预备学校,1920年夏赴法国勤工俭学。1922年参加旅欧中国少年共产党（后改名为中国社会主义青年团旅欧支部）。1924年转为中国共产党党员。入党后任青年团旅欧总支部领导成员、中共党组织里昂区特派员,参与编辑青年团机关刊物《赤光》杂志。1926年初离开法国赴苏联,先后在莫斯科东方劳动者共产主义大学、中山大学学习。1927年春回国,被派往冯玉祥部所属中山军事政治学校任政治处处长兼政治教官,并任该校中共组织的书记。1927年夏到湖北汉口,在中共中央机关工作,改名邓小平。1928年至1929年任中共中央秘书长。1929年夏作为中共中央代表前往广西领导起义,任中共广西前敌委员会书记,与张云逸等于12月发动百色起义,创建中国工农红军第七军和右江革命根据地。1930年2月又发动龙州起义,建立红八军和左江革命根据地,任红七军、红八军政治委员和前敌委员会书记。1931年夏到中央革命根据地,历任中共瑞金县委书记、会昌中心县委书记、江西省委宣传部部长。1933年遭到推行"左"倾错误的中共临时中央领导人的打击,被撤销职务。后调红军总政治部任秘书长。不久,负责主编总政治部机关报《红星》报。1934年10月参加长征,同年底任中共中央秘书长。遵义会议后任红一军团政治部宣传部部长,政治部副主任、主任。抗日战争时期,1937年8月起任八路军政治部副主任。1938年1月起任八路军第一二九师政治委员。1942年9月起兼任中共中央太行分局书记。1943年10月起代理中共中央北方局书记,并主持八路军总部工作。解放战争时期,1945年8月起任中共晋冀鲁豫中央局书记、晋冀鲁豫军区政治委员。1947年5月起任中共中央中原局书记。1948年5月,任辖区扩大了的中共中央中原局第一书记及中原军区、中原野战军政治委员。1948年11月任统一指挥中原野战军（后改称中国人民解放军第二野战军）和华东野战军（后改称中国人民解放军第三野战军）的总前委书记。1949年2月起任中国人民解放军第二野战军政治委员,3月起兼任中共中央华东局第一书记。

邓文玉（？—1935） 湖北人。中国共产党党员。1927年参加革命工作，后进入国民党军独立第十五旅从事兵运工作。1929年12月参加大冶起义，后随红五军转战湘鄂赣和中央苏区，曾任红三军团排长、连长、团长，红八军团第二十三师第六十八团团长。参加了长沙战役和中央苏区历次反"围剿"斗争。1934年10月参加长征。1935年8月在四川西北部草地牺牲。

邓永耀（1912—1939） 又名邓永辉。湖南茶陵人。1928年加入中国共产主义青年团。1930年加入中国共产党。1933年参加红军。曾任红五军团政治保卫局干事、科长。参加了中央苏区历次反"围剿"斗争和中央红军长征。1935年9月随红五军团留在红四方面军工作，后任红三十一军第九十三师政治部主任。抗日战争开始后，任八路军第一二九师第三八五旅独立团政治处主任，第一二九师骑兵团政治委员，东进纵队兼冀南军区政治部主任。1939年在河北武邑战斗中牺牲。

邓存伦（1914—1991） 江西兴国人。1930年参加红军。1932年加入中国共产党。曾任红三军团连政治指导员、红军总政治部巡视员等职。参加了中央苏区历次反"围剿"斗争和中央红军长征。抗日战争和解放战争时期，任八路军第一一五师第三四三旅第六八七团政治处主任，冀鲁豫军区第一纵队第一旅政治委员，桐柏军区第二军分区政治委员，第二野战军后勤部政治部主任。

邓克明（1906—1983） 曾用名邓必克、邓恒林。湖南安化人。1930年5月参加红军，同年加入中国共产党。历任红三军团第四师司务长、连长、通信队队长、副营长、营长等职。参加了中央苏区历次反"围剿"斗争和中央红军长征。到达陕北后，任红一军团第四师第十二团团长。参加了东征、西征和山城堡战役。抗日战争和解放战争时期，任八路军第一一五师第三四三旅补充团团长，东进抗日挺进纵队参谋长，黄河支队副支队长，教导第四旅旅长兼湖西军区司令员，东北人民自治军第二十五旅旅长，东北民主联军警备第二旅旅长，吉林（东满）军区吉敦军分区司令员，东北野战军独立第六师师长，解放军第四十三军第一五六师师长，江西军区南昌军分区司令员。中华人民共和国成立后于1955年被授予少将军衔。

邓典桃（1910—1987） 江西泰和人。1930年参加红军，同年加入中国共产党。曾任万（安）泰（和）红军独立团宣传队队长，中央革命军事委员会桥头办事处文书，红军总卫生部会计、政治指导员兼党支部书记，中央苏区卫生学校技术书记，陕北红军卫生学校文书科科长等职。参加了中央苏区历次反"围剿"斗争和中央红军长征。抗日战争和解放战争时期，任中央军委卫生部股长、科长，总政治部科长，军委供给部第二办事处政治委员、处长，中央管理局秘书处处长、秘书长，军委供给部部长等职。

邓相清（1910—？） 江西石城人。中国共产党党员。1931年参加红军，后任红三军团某团参谋长。1934年后下落不明。中华人民共和国成立后，被追认为革命烈士。

邓振询（1904—1943） 曾用名邓仲铭、邓重民。江西兴国人。1926年参加革命工作。1928年加入中国共产主义青年团。1929年2月加入中国共产党。曾任总工会委员长，江西省职工联合会委员长，全国手工业工会委员长，中华苏维埃共和国中央执行委员，劳动人民委员部部长等职。1934年10月参加长征，任红五军团政治部地方工作部部长，中央纵队政治部民运部部长。到达陕北后，任苏维埃中央政府西北办事处劳动部部长，中华全国总工会西北办事处主任。抗日战争开始后，任陕甘宁边区政府民政厅厅长兼工农厅厅长，中共江西省委副书记兼组织部部长、皖南特委书记、苏皖区委书记，江南军政委员会书记，中共苏皖区委副书记，苏南行政公署副主任。1943年8月3日在江苏江宁冯潭村遭日军袭击，抢渡秦淮河时不幸牺牲。

邓逸凡（1912—2004） 又名邓毅凡。广东兴宁人。1927年加入中国共产主义青年团。1930年参加红军，同年加入中国共产党。历任红四军第一纵队第一支队文书、书记官，第十师政治部秘书、宣传干事、担架队政治指导员，红一军团第二师参谋处文书，军团政治部组织部调查统计科科长、组织科科长等职。参加了中央苏区历次反"围剿"斗争和中央红军长征。抗日战争和解放战争时期，历任八路军第一一五师政治部组织科科长、巡视团团长，第三四三旅政治部副主任，八路军第五纵队政治部副主任，新四军华中总指挥部后方政治部主任，新四军政治部秘书长，华东野战军第二纵队政治都主任，解放军第二十一军政治部主任，华东军政大学第三总队政治委员。中华人民共和国成立后于 1955 年被授予中将军衔。

孔石泉（1909—2002） 曾用名孔石苏。湖南浏阳人。1930 年 8 月参加红军，同年 9 月加入中国共产党。历任红一方面军交通队副政治委员、特务队政治委员、特务营第三连政治委员，中央革命军事委员会第一局参谋。参加了中央苏区历次反"围剿"斗争和中央红军长征。到达陕北后，任西北革命军事委员会第一局第一科科长，军委后方办事处参谋处作战科科长，陕北独立第一师政治部主任。参加了巩固、扩大陕甘苏区的斗争。抗日战争和解放战争时期，任八路军驻西安、武汉办事处秘书，新四军游击支队第一总队政治委员、第六支队第三团政治委员，水东独立团政治委员，八路军第四纵队第五旅、新四军第四师第十一旅政治委员，第四师政治部副主任，东北民主联军吉东军区副政治委员，吉林独立师政治委员，东北野战军第十纵队第三十师政治委员、纵队政治部主任，解放军第四十一军副政治委员兼政治部主任。中华人民共和国成立后于 1955 年被授予中将军衔。

五画

甘泗淇（1903—1964）　原名姜凤威，别名姜炳坤。湖南宁乡人。1925年加入中国共产主义青年团。1926年转入中国共产党。1927年赴苏联入莫斯科中山大学学习。1930年回国。土地革命战争时期，任中国工农红军独立一师党代表，中共湘赣省委宣传部部长，湘赣军区政治委员，湘赣省苏维埃政府财政部部长兼国民经济部部长，红十八师政治委员兼政治部主任，红六军团政治部主任、代政治委员，红二军团政治部主任，红二方面军政治部主任。参加了长征。抗日战争时期，任八路军第一二〇师政治部副主任、主任，陕甘宁晋绥联防军政治部副主任、主任，晋绥军区政治部副主任。解放战争时期，任晋绥野战军政治部主任，西北野战军政治部主任，第一野战军政治部主任。中华人民共和国成立后于1955年被授予上将军衔。

甘盛财（？—？）　江西永新人。1934年8月任第六军团第十七师第五十一团政治委员。

甘渭汉（1908—1986）　曾用名甘乐明。湖南平江人。1927年7月加入中国共产党。1928年7月参加红军。后任红五军第三纵队第七大队士兵委员会委员长、排长，红三军团特务营迫击炮连连长和政治委员。1932年任红三军团第四师政治部组织科科长，第二师第六团政治委员，红三军团供给部政治委员。1933年红一军整编后，任红三军团第四师第十一团政治处主任，江西军区政治部副主任，红八军团政治部组织部部长。参加了长沙战役和中央苏区历次反"围剿"斗争。1934年10月参加长征，后任红三军团第六师第十七团政治委员、第五师第十三团政治委员。到达陕北后，任西北革命军事委员会后方政治部组织部部长，红二十九军政治委员，参加了巩固扩大陕甘苏区的斗争。抗日战争和解放战争时期，任八路军留守兵团警备第二团政治委员，第一二九师第三八五旅政治委员，解放军冀鲁豫军区副政治委员兼政治部主任，华北野战军第十四纵队、第七十军政治委员。中华人民共和国成立后于 1955 年被授予中将军衔。

艾萍（1913—1947） 曾用名赖智山、赖萍。江西瑞金人。1930 年加入中国共产主义青年团。1932 年转入中国共产党，同年参加红军，后任红三军团连政治指导员、团政治处青年干事、团政治处主任等职。参加了中央苏区历次反"围剿"斗争和中央红军长征。抗日战争开始后，任八路军山东纵队鲁东游击指挥部（第七、第八支队）政治部主任，第一纵队第一支队政治部主任，解放军冀东军区第十四军分区政治部主任，独立第十旅副政治委员，东北民主联军第九纵队第二十五师政治委员。1947 年 10 月 1 日在辽宁义县头道河战斗中牺牲。

左叶（1910—1992） 曾用名左宝玉、左翼、左岳、左卒。江西永新人。1927 年参加工农革命军。1928 年加入中国共产主义青年团，同年转入中国共产党。曾任红四军排长、连副政治指导员，红军学校协理员，工人师（中央警卫师、第二十三师）副官长、特派员、团长、师军事裁判所所长，红八军团供给部部长、司令部侦察科科长，红五军团政治部宣传科科长。参加了中央苏区历次反"围剿"斗争和中央红军长征。1935 年 9 月随红五军团留在川康边区，后任红四方面军金川独立师参谋长、教导团团长、政治保卫局侦察科科长。抗日战争和解放战争时期，任八路军晋察冀军区第三纵队第八支队第二十二团团长，晋绥军区第三军分区第十七团副团长、军分区副参谋长，辽西军区第一军分区副司令员，东北民主联本第三纵队第八旅旅长、第八师师长，东北野战军独立第二师师长，解放军第四十一军第一五四师师长。

左权（1905—1942） 曾用名左自林、左纪权，号叔仁。湖南醴陵人。1924 年进入黄埔军官学校第一期学习。1925 年 2 月加入中国共产党。军校毕业后，任国民革命军东征军排长、连长。参加了讨伐军阀陈炯明的两次东征。1925 年 11 月赴苏联学习。1930 年 6 月回国，不久进入中央苏区，后任红军军官学校第一分校（闽西分校）教育长，闽西工农革命委员会常委，红军新编第十二军军长，红一方面军总司令部参谋、参谋处代理处长、处长，红军总部特派员，红五军团第十五政治委员、军长兼政治委员，粤赣军区司令员，红一方面军司令部第一局参谋，红一军团参谋长。参加了中央苏区历次反"围剿"斗争和中央红军长征。到达陕北后，任红一军团代理军团长、军团长。参加了直罗镇、东征、西征和山城堡战役。抗日战争开始后，任八路军、第十八集团军副总参谋长、前方总指挥部参谋长。1942年5月25日在山西辽县麻田反"扫荡"战斗中牺牲。

左继林（1930—1936）　江西丰城人。中国共产党党员。1930年参加红军。曾任红一方面军某团政治委员。参加了中央苏区历次反"围剿"斗争和中央红军长征。1936年在陕北牺牲。

石新安（1907—1978）　湖南邵阳人。1930年7月参加红军，同年加入中国共产党。历任红三军团第八军司令部文书，军团指挥部副官、连长，军团经理处粮秣科科长，红五军第三师第八团供给处主任。参加了中央苏区历次反"围剿"斗争和中央红军长征。到达陕北后，任红一军团司令部管理科科长。参加了东征、西征和山城堡战役。抗日战争和解放战争时期，任八路军第一一五师司令部副官处处长、政治部敌工部部长，第六支队政治委员，鲁西军区第四军分区政治委员，冀鲁豫军区第四、第一军分区政治委员，解放军晋冀鲁豫军区第一纵队第二十、第二旅政治委员，中原野战军第二旅政治委员，第二野战军第五兵团政治部副主任。中华人民共和国成立后于1955年被授予少将军衔。

龙云（1908—1934）　湖南湘阴人。中国共产党党员。1928年7月参加平江起义，并加入红军。1929年任红五军第四纵队第十一大队大队长，红三军团随营学校大队长。1930年任红八军第四师第一团团长。1931年任中央军事政治学校学生总队第一大队大队长。参加了长沙战役、中央苏区第一至第三次反"围剿"和赣州战役。1932年任红七军第二十一师师长。后调湘赣苏区工作，任湘赣军区参谋长兼独立师师长、红军军官学校第四分校校长，红六军团第十八师师长。1934年8月参加红六军团西征，同年10月在贵州石阡、岑巩两县交界之龙头坳地区与国民党军遭遇，率部同敌人激战三昼夜，弹尽粮绝，负伤被俘，不久在湖南长沙就义。

龙潜（1914—1992）　曾用名龙中、龙友明。江西永新人。1929年3月参加红军，同年加入中国共产主义青年团。1930年7月转入中国共产党。历任排长、连政治指导员，红十二军第三十四师第一〇一团特派员，福建军区独立团特派员，中央革命军事委员会直属政治部特派员，军委干部团特派员等职。参加了中央苏区历次反"围剿"斗争和中央红军长征。到达陕北后，任陕甘军区政治部红军工作科科长，中共陇东特委武装动员部部长。参加了巩固扩大陕甘苏区的斗争。抗日战争和解放战争时期，任新四军第五支队政治部副主任兼军法科科长，第二师政治部锄奸部部长，淮北行政公署公安局局长，苏皖边区政府公安总局局长，两淮卫戍司令部司令员，解放军华东军区后备兵团副政治委员兼教导师政治委员。中华人民共和国成立后于1955年被授予少将军衔。

龙飞虎（1915—1999） 江西永新人。1928年参加红军，同年加入中国共产主义青年团。1929年转入中国共产党。历任红三军团第八军第六师第七团排长、连政治指导员，红三军团政治保卫分局侦察科科员，红一方面军政治保卫局侦察科科长。参加了中央苏区历次反"围剿"斗争和中央红军长征。抗日战争和解放战争时期，任八路军驻太原、南京、武汉、桂林办事处副官、科员、科长。国共谈判中任中共代表团总务处主任、行政处处长，中共中央主席行政秘书，中央纵队第一大队大队长，解放军华东野战军第十纵队第二十八师第八十二团政治委员，第三野战军第二十八军第八十二师副政治委员。中华人民共和国成立后于1955年被授予少将军衔。

龙开富（1908—1977） 湖南茶陵人。1927年9月参加湘赣边界秋收起义。1928年加入中国共产党。曾任红军总政治部通信排排长，中央革命军事委员会警卫团连长兼政治指导员，红一军团炮兵营政治委员，军团司令部第四科科长，军委直属政治处主任等职。参加了中央苏区历次反"围剿"斗争和中央红军长征。抗日战争和解放战争时期，历任中央军委警卫营营长、商业管理处处长，辽西军区后勤部部长，东北民主联军第七纵队后勤部部长，解放军第四野战军第四十四军后勤部部长等职。中华人民共和国成立后于1955年被授予少将军衔。

龙振文（？—1935） 江西永新人。1930年参加红军，不久加入中国共产党。曾任红三军第九师排长、副连长、连长，红一军团第一师第二团副营长、营长等职。参加了中央苏区历次反"围剿"斗争。1934年10月参加长征，1935年春任红一军团第一师第二团团长，同年9月上旬在巴西（今属四川若尔盖）病故。

龙道权（1913—2000）　曾用名段士俊、段信发。江西永新人。1929年加入中国共产主义青年团。1930年参加红军。1931年转入中国共产党。历任红四军第十二师第三十五团连政治指导员，红一军团第一师第一团营政治教导员，红五军团第三十四师第一〇二团、第十三师特派员，军团政治保卫分局第二科副科长。参加了中央苏区历次反"围剿"斗争和中央红军长征。1935年9月随红五军留在红四方面军工作，后任中共大金省委政治保卫局代理局长。抗日战争和解放战争时期，任抗日军政大学政治部保卫科科长，晋察冀军区第一军分区第三团政治委员、军分区副政治委员，解放军冀察纵队第六旅、晋察冀军区第二纵队第四旅、第八纵队第二十四旅政治委员，第六十三军副政治委员兼政治部主任。中华人民共和国成立后于1955年被授予少将军衔。

龙舒林（？—？）　籍贯不详。1936年7月任第二方面军司令部机要科长。

龙福才（1909—1965）　曾用名龙四朵。江西永新人。1930年3月加入中国共产主义青年团，同年9月参加红军。1931年转入中国共产党。历任红三军第九师第二十六团机枪连副排长、连副政治指导员、连政治指导员，团总支书记，师军医处政治委员，红一军团政治部巡视员，第一师卫生部政治委员，师直属队总支书记，庆阳步兵学校总支书记。参加了中央苏区历次反"围剿"斗争和中央红军长征。到达陕北后，参加了保卫扩大陕甘苏区的斗争。抗日战争和解放战争时期，任八路军卫生学校政治委员，冀中军区警备旅代理政治委员兼第六军分区政治部主任，晋绥军区第六军分区副政治委员，陕甘宁晋绥联防军第七纵队第十二旅政治委员，解放军第一野战军第七军第二十师政治委员。中华人民共和国成立后于1955年被授予少将军衔。

卢克（1912—1994）　曾用名贞敬美、贞景明。福建永定人。1929年参加红军，同年加入中国共产主义青年团。1932年转入中国共产党。历任红十二军第三十四师第一〇〇团排长、连长，红九军团连政治指导员，军团政治部组织干事、直属队总支书记，游击支队支队长兼政治委员等职。参加了中央苏区历次反"围剿"斗争和中央红军长征。三大主力红军会师后，任红三十二军直属队政治协理员。抗日战争和解放战争时期，任八路军冀中军区骑兵团政治委员，第八军分区武（强）饶（阳）献（县）区队、第十军分区第四十三区队区队长，冀中军区政治部保卫部部长、军法处处长、组织部部长。中华人民共和国成立后于1955年被授予少将军衔。

卢仁灿（1915—2007）　福建永定人。1929年参加革命工作。1930年加入中国共产主义青年团。1931年转入中国共产党，同年参加红军。曾任军委总直属队政治处技术书记，公略步兵学校政治部干事、代理总支书记、政治教员，军委干部团上干队政治科科员，红军陕甘支队第二纵队连政治指导员。参加了中央苏区第三至第五次反"围剿"斗争和中央红军长征。到达陕北后，任红一军团第四师政治部科长，援西军第三十一军第九十一师政治部副主任兼组织科科长，第三十一军政治部宣传科科长。参加了东征、西征战役。抗日战争和解放战争时期，任八路军第一二九师第三八六旅第七七二团政治委员，第三八五旅政治部主任，太行军区第三军分区副政治委员，第六军分区政治委员，解放军太行纵队第二支队政治委员，晋冀鲁豫军区第三纵队政治部主任，皖西军区第一军分区政治委员。中华人民共和国成立后于1955年被授予少将军衔。

卢冬生（？—？）　湖南湘潭人。1934年10月任红二军团第四师师长兼政治委员。

卢宋兴（？—1935）　江西高安人。1930年参加红军。1931年加入中国共产党。后任红一军团政治部事务科科长。参加了中央苏区历次反"围剿"斗争和中央红军长征。1935年8月在四川黑水波罗子牺牲。

卢绍武（1906—1978）　又名刘绍武。壮族。广西武鸣人。早年参加过北伐战争和南宁兵变。1929年参加红军，同年加入中国共产党。历任红七军第十九师第五十六团排长、连政治指导员，红三军团第五师第十三团营长等职。参加了红七军远征、中央苏区第三至第五次反"围剿"斗争和中央红军长征。到达陕北后，任红一军团第一师第十三团参谋长、团长，红十五军团第七十五师参谋长。参加了东征、西征和山城堡战役。抗日战争和解放战争时期，任八路军第一一五师第三四四旅、冀鲁豫支队、八路军第二纵队、冀鲁豫军区参谋长，第十八集团军第三游击支队司令员，解放军晋冀鲁豫军区第一纵队、晋察冀军区第一纵队参谋长，第四野战军第三十八军副军长。中华人民共和国成立后于

1955 年被授予少将军衔。

史可全（1892—1979） 湖北省天门县人。1927 年加入中国共产党。1931
年参加中国工农红军。土地革命战争时期，任红二军团第四师第十一团供给处
主任，师供给部部长，红二方面军供给部粮秣科科长。参加了长征。抗日战争
时期，任八路军第一二〇师第三五八旅供给部部长，独立第二旅供给部部长，
江汉军区供给部部长。解放战争时期，任雁门军区供给部部长，晋绥军区第三
纵队供给部部长，陕甘宁晋绥联防军区第七纵队供给部部长。中华人民共和国
成立后于 1955 年被授予少将军衔。

帅荣（1911—1997） 曾用名帅官荣、帅云。湖北黄梅人。1929 年参加
红军游击队。1930 年加入中国共产主义青年团。1931 年转入中国共产党。曾
任湘赣军区独立第三师第八团连政治指导员，红八军第二十四师第七十二团政
治委员，红六军团第十七师第五十一团营长。参加了湘赣苏区的反"围剿"。
1933 年到中央苏区工作，后任粤赣军区、红九军团第二十二师第六十四团团
长。参加了中央苏区第五次反"围剿"斗争和中央红军长征。到达陕北后，任
红十五军团第八十一师第二四一团团长，红二十八军第一团参谋长。参加了东
征、西征战役。抗日战争和解放战争时期，任八路军第一二〇师第三五九旅第
七一八团政治委员，晋察冀军区第十支队政治委员，冀中军区第九、第十、第
三军分区政治委员，解放军冀中纵队副政治委员，晋察冀军区第二纵队副政治
委员，冀中军区独立第八旅政治委员，第九军分区、保定军分区司令员，华北
军区独立第二〇五师政治委员。中华人民共和国成立后于 1955 年被授予少将
军衔。

叶子龙（1916—2003） 曾用名叶良知。湖南浏阳人。1930 年参加红军。
1931 年加入中国共产主义青年团。1932 年转入中国共产党。历任红六军宣传员，
红三军政治委员办公厅油印员、译电员，红十一军第三十一师、红七军团译电
员，红一方面军政治保卫局技术书记，西方野战军司令部机要股股长，中央军
委机要科科长。参加了中央苏区历次反"围剿"斗争和中央红军长征。抗日战
争和解放战争时期，任毛泽东的机要秘书，中共中央书记处办公处机要科科长、
办公处副处长。

叶长庚（1903—1986）　浙江分水（今桐庐）人。1925年参加国民革命军，曾任第二军第五师第十三团排长。参加了北伐战争。1929年12月起义参加红军，1930年加入中国共产党。曾任红五军第四纵队特务队队长，红五军特务大队中队长，红八军第四师第二团团长，参加了长沙战役和中央苏区第一至第三次反"围剿"。1932年调到湘赣苏区工作，后任湘赣军区第二分区指挥部政治委员，独立第十二师师长，湘赣红八军第二十三师师长，第三军分区司令员，红六军团特务团、第十七师第五十团团长，新兵师师长，军团参谋处处长。参加了湘赣、湘鄂川黔苏区的反"围剿"斗争和红二、红六军团长征。抗日战争和解放战争时期，任晋察冀军区第三支队第八大队大队长，第四军分区副司令员，东北民主联军龙江军区司令员，黑龙江军区司令员，解放军第五十军副军长。中华人民共和国成立后于1955年被授予少将军衔。

叶青山（1903—1987）　曾用名叶志泉。福建长汀人。1929年参加红军，同年加入中国共产党。历任红四军第二纵队卫生队医生、队长、队长兼政治委员，红四军野战医院卫生主任，红一军团第二师卫生部卫生主任、卫生部部长，军团兵站医院院长、野战医院院长、后方医院院长，军团卫生部副部长、部长。参加了中央苏区历次反"围剿"斗争和中央红军长征。曾以一个人办一所医院闻名全军。抗日战争和解放战争时期，任八路军第一一五师军医处处长，晋察冀军区卫生部部长，晋察冀野战军卫生部部长和政治委员，华北军区后勤部卫生部副部长。中华人民共和国成立后于1955年被授予少将军衔。

叶季壮（1893—1967）　曾用名叶毓年。广东新会人。法律专科学校毕业，当过律师。1925年参加省港工人大罢工，同年加入中国共产党。曾任中共广东省委巡视员、县委书记、特委书记等职。1929年被中共中央派到广西工作，同年12月参加百色起义，任红七军政治部科长、经理处处长。参加了红七军远征。1931年后，任中共红七军前委委员、军委书记、政治部主任、财经委员会主任，红军总政治部组织部部长，中央革命军事委员会总经理部政治委员，总供给部政治委员兼抚恤委员会主任，总供给部部长兼政治委员，红一方面军供给部部长，军委后方勤务部部长。参加了中央苏区第三至第五次反"围剿"斗争和中央红军长征。抗日战争和解放战争时期，任军委（含八路军总部）兵站部部长、后勤部部长、部长兼政治委员，东北民主联军后勤部部长，东北野战军兼东北军区后勤部部长，东北人民政府财政部部长兼商业部部长。

叶剑英（1897—1986） 原名叶宜伟，字沧白。广东梅县人。1927 年 7 月加入中国共产党。1917 年就学于云南陆军讲武堂，毕业后追随孙中山革命，参与创建黄埔军校并任该校教授部副主任。1926 年参加北伐战争，任国民革命军总预备队指挥部参谋长，新编第二师代师长，第四军参谋长。入党后兼任第四军教导团团长。1927 年 12 月参加领导广州起义，任起义军军事总指挥部副总指挥。1928 年至 1930 年在苏联莫斯科东方劳动者共产主义大学学习。1930 年回国。1930 年 7 月至 1931 年 4 月任中共中央军委委员，1931 年 1 月至 1934 年 12 月任中共中央军事部参谋长。1931 年初起任苏维埃区域革命军事委员会委员，中华苏维埃中央革命军事委员会委员，参谋部部长，中华苏维埃共和国中央革命军事委员会委员，总参谋部部长，红一方面军参谋长。中国工农红军学校校长兼政治委员、闽赣军区和福建军区司令员。1934 年 2 月当选为中华苏维埃共和国第二届中央执委会委员。参加了长征。其间，任军委第一纵队司令员兼政治委员。1935 年红一、红四方面军会合后任红军前敌总指挥部参谋长。到达陕北后，任中华苏维埃西北革命军事委员会参谋长兼红一方面军参谋长，西北革命军事委员会委员。1935 年 12 月起任中华苏维埃人民共和国中央革命军事委员会委员、中央革命军事委员会副总参谋长。西安事变发生后，协助周恩来赴西安工作。抗日战争爆发后，任中共中央军委委员，八路军参谋长，中共中央长江局委员，中共中央南方局常委。1941 年返回延安，任中共中央军委参谋长。解放战争时期，任中共中央军委委员。曾参加中共代表团同国民党政府进行的停战谈判。1946 年起任军事调处执行部中共代表。1947 年春起任中国人民解放军总部参谋长、中共中央后方委员会书记。1948 年 5 月起任中共中央华北局委员，并兼任华北军政大学校长兼政治委员。1949 年任北平军事管制委员会主任、北平市人民政府市长。中华人民共和国成立后于 1955 年被授予中华人民共和国元帅军衔和一级八一勋章、一级独立自由勋章、一级解放勋章。

田海清（1907—1934） 四川人。1930 年参加红军，不久加入中国共产党。曾任红三军团排长、连长，第三师第九团团长，红七军第二十一师师长。参加了中央苏区第一至第三次反"围剿"斗争和赣州战役。1932 年 4 月随红三军团（西路军）到赣江以西活动，随后转到湘赣苏区工作，任独立第十二师第三十五团团长、师长，红六军团第十七师第五十一团团长，第十八师第五十二团团长。1934年8月参加红六军团西征，10月7日在贵州石阡甘溪战斗中牺牲。

田维扬（1906—1977） 曾用名田文扬。湖北枣阳人。1929年10月参加红军。1930年3月加入中国共产党。历任红五军第五纵队排长，红八军第四师第二团连长，红三军团第五师第十三团营长等职。参加了中央苏区历次反"围剿"斗争和中央红军长征。到达陕北后，任红十五军团骑兵团团长。参加了直罗镇、东征、西征和山城堡战役。抗日战争和解放战争时期，任八路军苏鲁豫支队第一大队、第一团政治委员，第一一五师教导第一旅、新四军第三师第七旅副旅长，东北民主联军骑兵第一师师长，东北野战军第四纵队第十一师、解放军第四十一军第一二二师师长。中华人民共和国成立后于1955年被授予中将军衔。

白志文（1903—1986） 满族。河北易县人。早年参加国民党军。曾任独立第十五旅班长。1929年12月由大冶起义参加红军。1930年1月加入中国共产党。后任红五军第五纵队教导队中队长，红三军团第八军第四师排长、连长，红三军团第二师第六团团长，第五师第十五团团长。参加了中央苏区历次反"围剿"斗争和中央红军长征。到达陕北后，任红一方面军补充团团长，红十五军团第七十八师副师长，西北革命军事委员会后方办事处补充第一师师长，陕北独立第一师师长。参加了巩固、扩大陕甘苏区的斗争。曾先后荣获中革军委和红军总政治部颁发的奖章。抗日战争和解放战争时期，历任八路军留守兵团警备第五团团长，两延（延长、延川）河防司令部副司令员，解放军北岳军区第三、第一军分区副司令员，华北军区补训兵团第二旅旅长。中华人民共和国成立后于1955年被授予少将军衔。

邝任农（1910—2003） 又名邝有槐、邝世林。江西寻乌人。1927年加入中国共产主义青年团。1928年转入中国共产党。曾任寻乌游击队排长、中队长，红军第五十团营党代表。1930年11月后，任红三十五军特务团团长，红三十五军总军需长，红一方面军独立第三师经理处处长，红二十一军供给部部长。1933年6月后，任红三军团第五师供给部部长，红一军团第一师供给部部长、军团供给部部长。参加了中央苏区历次反"围剿"斗争和中央红军长征。抗日战争和解放战争时期，任八路军第一一五师供给部部长，鲁南军区第三军分区政治委员，鲁南军区司令员、政治委员，解放军鲁中军区副司令员兼参谋长，华东军区后勤部政治委员、部长兼政治委员。中华人民共和国成立后于1955年被授予中将军衔。

兰国清（1911—？）　又名兰明清。湖南人。1927年加入中国共产党。1928年7月参加平江起义。曾任红三军团排长、连长、营长，第四师第十一团参谋长，红军陕甘支队第二纵队第十一大队参谋长。参加了中央苏区的反"围剿"斗争和中央红军长征。到达陕北后，任红十五军团参谋长、第七十三师参谋长。抗日战争时期，任八路军第一一五师第三四四旅第六八七团参谋长，第五支队第六团政治委员。1939年在山西叛变。

冯燊（1898—1970）　曾用名运筹。广东恩平人。1925年加入中国共产党。曾任广东省罢工委员会航务处党代表、特派员主任，中共广东区委特派员，全国海员总工会负责人，先后在广东、香港、上海等地从事地下工作。1933年进入中央苏区，任中华全国总工会苏区执行局社会经济部副部长。1934年10月参加长征，任红三军团第六师政治部组织科科长。抗日战争和解放战争时期，任中共广东中区特委书记、南路特委书记、西江特委书记，中共粤中区委书记，解放军粤中地区游击队政治委员，粤中纵队政治委员。

冯文彬（1910—1997）　曾用名冯锡林、冯汉臣、冯天渊。浙江诸暨人。1927年9月加入中国共产主义青年团。1928年转入中国共产党。曾任上海市工联总务部部长。1929年11月起，历任中共红四军前委秘书，红一军团交通队政治委员，中共红一方面军总前委特务大队政治委员。1931年初，任方面军无线电队第一任政治委员。参与领导了全军第一批无线电报务员的训练和对敌无线电通讯的侦听工作，给红一方面军领导机关及时提供了准确情报。后任少共（共青团）福建省委书记，少共国际师政治委员、政治部主任，红五军团第十五师政治部主任，红一军团政治部组织部副部长兼巡视团主任，红一方面军政治部组织部部长，陕甘支队第一纵队第一大队政治处主任等职。参加了苏区历次反"围剿斗争和中央红军长征。到达陕北后，任红一军团第一师第一团政治处主任、政治委员，红十五军团政治部副主任兼组织部部长，共青团中央局书记，中共中央青年部部长。参加了东征战役，参与领导了陕甘宁边区的青年抗日救亡运动。抗日战争和解放战争时期，任中共中央青年工作委员会书记，中国民主青年联合会全国委员会主席。在中国新民主主义青年团第一次全国代表大会上当选为团中央书记。

冯达飞（1899—1942） 曾用名冯文孝、冯国琛、冯洵。广东连县人。1924年5月考入黄埔军官学校第一期学习，同年加入中国共产党。1925年7月赴苏联学习。1927年冬回国，同年参加广州起义。1929年12月参加百色起义。历任红七军第二纵队第二营营长、纵队长，第二十师第五十八团团长，军教导队队长。参加了红七军远征。1931年到达湘赣苏区后，任湘赣军区参谋长兼红军学校第四分校校长，红八军军长。1932年春到中央苏区，驾驶红军在漳州缴获的飞机飞回瑞金。后任中央军事政治学校上干队队长，军委干部团上干队地方工作科科长，红军大学炮兵科科长。参加了中央苏区第四、第五次反"围剿"斗争和中央红军长征。到达陕北后，任西北红军学校炮兵科主任教员，红军大学军事教员，抗日军政大学第二、第四大队大队长。抗日战争开始后，任新四军教导总队教育长，教导总队副总队长兼教育长，新编第二支队副司令员。1941年在皖南事变中被俘。1942年6月8日在江西上饶茅家岭被国民党杀害。

冯光生（？—？） 籍贯不详。1936年1月任红六军团第十七师第四十九团团长。

边延赞（？—1937） 又名边沿钻。河南邓县人。早年参加国民党。参加了北伐战争。1931年12月由宁都起义参加红军，后任红五军团司令部管理科科长。参加了中央苏区的反"围剿"斗争和中央红军长征，1935年9月，随红五军团留在红四方面军工作，后任红五军司令部第四科科长。1937年春在甘肃张掖作战负伤被俘，不久就义。

边章五（1900—1954） 曾用名边章伍。河北束鹿人。保定陆军军官学校毕业。曾任国民党第二十六路军的团参谋长、旅参谋长。1931年12月由宁都起义参加红军。1932年加入中国共产党。历任红五军团第十四军第四十师师长，第十三军第三十七师师长。参加了中央苏区第四、第五次反"围剿"斗争和中央红军长征。到达陕北后，任红一方面军司令部第五科科长，中华苏维埃共和国中央革命军事委员会局长、副主任。抗日战争和解放战争时期，任八路军总司令部参谋处副处长、处长，中共晋冀鲁豫中央局社会部副部长，旅大市公安总局局长，解放军辽南军区副司令员，东北军区司令部副参谋长兼第五处（教育处）处长，辽宁军区司令员，辽东军区司令员。

六画

毕克（？—？） 籍贯不详。1935年11月任红六军团第十八师卫生部部长。

毕士悌（1898—1936） 曾用名毕斯蒂、毕士梯、金勋、杨林、杨宁、杨州平等。朝鲜平安北道人，侨居于中国吉林朱河（今黑龙江尚志）县。云南陆军讲武堂炮科毕业。曾任黄埔军官学校区队长、中校技术主任教官，国民革命军第四军独立团营长。1925年加入中国共产党。1927年赴苏联学习。1930年回中国后，任中共东满特委委员、军委书记，中共满洲省委委员、军委书记。1932年秋到达中央苏区，后任中华苏维埃中央政府劳动与战争委员会参谋长，江西军区会（昌）寻（乌）安（远）军分区司令员，红二十三军军长，中央革命军事委员会总动员武装部参谋长，红一方面军补充师师长，红一军团参谋长，粤赣军区司令员，中华苏维埃中央执行委员。参加了中央苏区第四、第五次反"围剿"斗争。1934年10月参加长征，任军委第一野战纵队第四梯队（即干部团）参谋长。到达陕北后，任红十五军团第七十五师参谋长。1936年2月参加东征，2月23日在山西石楼贺家凹战斗中牺牲。

毕占云（1903—1977） 曾用名毕瑞祥。四川广安人。早年参加国民党湘军第八军，曾任营长。1928年10月率部起义，参加红军。1929年加入中国共产党。历任红四军特务营营长、第二纵队第四支队支队长，红二十一军第五纵队纵队长，红军新编第十二军第一〇二团团长、军参谋长、代理军长，红七军第十九师参谋长，红二十二军第六十六师师长、军参谋长，红一军团第一师参谋长、补充第一师师长，军委供给部科长。参加了保卫井冈山革命根据地及中央苏区历次反"围剿"斗争和中央红军长征。1935年9月，留在红四方面军工作，后任红五军参谋长、红九军参谋长。抗日战争和解放战争时期，任中央军委第一局副局长，八路军后方留守兵团绥德警备司令部参谋长，太岳军区、太岳纵队参谋长，解放军冀东军区、豫皖苏军区、河南军区副司令员。中华人民共和国成立后于 1955 年被授予中将军衔。

吕杰（1911—1937）1931 年 12 月由宁都起义参加红军，同年加入中国共产党。曾任红五军团第十三师某团参谋长。参加了中央苏区第四、第五次反"围剿"斗争和中央红军长征。1935 年 9 月随红五军团留在红四方面军，后任红九军第二十五师第七十五团参谋长。1937 年 3 月在甘肃临泽梨园口战斗中牺牲。

吕官印（？—1934）又名吕观音、吕冠英。中国共产党党员。曾任红五军团第三十四师第一〇二团团长。1934 年 11 月底在掩护中央红军主力过湘江的战斗中牺牲。

吕克先（？—？）广西人。1935 年 12 月任红六军团第十七师第四十九团团长。

吕振球（1901—1947）江苏淮安人。1922 年参加革命工作，不久加入中国共产党。曾在上海从事地下工作。1931 年由中共中央派到赣东北苏区，在红十军从事政治工作。1933 年初随红十军到达中央苏区，部队改编后任红十一军副政治委员、代理政治委员、红七军团第十九师政治部主任、代理政治委员、政治委员。参加了中央苏区第四、第五次反"围剿"斗争和中央红军长征。从 1935 年冬起，任红军卫生学校政治委员，总卫生部后方卫生部政治委员，红军总司令部卫生部政治委员。抗日战争和解放战争时期，任军委卫生部政治委员，陕甘宁边区保安司令部政治部主任、副政治委员，陕甘宁晋绥联防军警备第三旅副政治委员，八路军第一二九师政治部主任，河南人民抗日军、河南军区政治部主任，解放军中原军区第一纵队、鄂西北军区政治部主任。1947 年在鄂西北作战中牺牲。

吕黎平（1917—2001）曾用名吕济熙、吕继熙、吕维先。江西兴国人。1931 年加入中国共产主义青年团。1932 年转入中国共产党，同年参加红军。曾任兴国县少年先锋队总队长，中央军事政治学校政治部青年干事、机要秘书，红军总部第一局参谋。参加了中央苏区的反"围剿"斗争。1934 年 10 月参加长征。1935 年 7 月任红军前敌总指挥部作战科副科长。9 月随红军总部留在红四方面军工作，后任红四方面军总指挥部第一局作战科副科长，西路军总指挥部情报科科长。抗日战争时期，在新疆航空队学习航空技术。解放战争时期任东北民主联军航空学校飞行教员队队长、训练处处长，南京航空器材接收处处长。中华人民共和国成立后于1961年晋升为少将。

成钧（1911—1988） 湖北石首人。1927年参加农民协会。1929年参加赤卫队。1930年参加中国工农红军。1931年加入中国共产党。土地革命战争时期，任红三军第七师十九团排长、副连长、连长，贵州独立师第一团副团长，红二军第四师第十团营长，第六师第十八团团长。参加了长征。抗日战争时期，任新四军第四支队第八团营长，第五支队挺进团团长，第十团团长，新四军第二师第五旅旅长兼淮南路西分区司令员。解放战争时期，任山东野战军第二纵队第五旅旅长，第七师师长，华中野战军第七纵队司令员，第三野战军第二十五军军长。中华人民共和国成立后于1955年被授予中将军衔。

朱明（1903—1964） 曾用名朱良玉、朱耀华。江西兴国人。1928年春参加农民起义。1929年参加红军游击队，同年加入中国共产党。曾任兴国区农民协会主席，兴国县苏维埃土地部部长，县雇农工会委员长，中共南康、上犹、崇义县委书记。参加了中央苏区历次反"围剿"斗争。1934年10月参加长征，任红九军团政治部地方工作部部长。1935年9月，随红九军团留在红四方面军，后任红三十二军政治部主任，中共大金省委组织部部长，红二方面军政治部组织部部长。抗日战争和解放战争时期，任八路军第一二〇师政治部组织部部长，第三五八旅政治部主任，解放军雁门军区政治委员兼中共雁门区委书记，晋绥第二地委书记，西北野战军第三纵队政治部主任，第三军政治委员，第二兵团政治部主任。中华人民共和国成立后于1955年被授予中将军衔。

朱辉（1911—？） 曾用名朱运林、宋协辉、王振刚、王振华。江西上饶人。1927年参加革命工作。1929年加入中国共产主义青年团。1933年转入中国共产党。曾任共青团上饶县委青年部部长，中华全国总工会苏区执行局组织科科长，中共中央党校总支书记。参加了赣东北和中央苏区反"围剿"斗争。1934年10月参加长征，任补充师地方工作团团长。到达陕北后，任全总陕北办事处主任，中共吴起（今吴旗）中心县委书记，中共三边（靖边、定边、安边）特委组织部部长。

参加了保卫陕甘苏区的斗争。抗日战争和解放战争时期，任新四军驻景德镇办事处主任，中共赣东北特委书记，浙西北特委书记，中共苏皖区委组织部部长，解放军华中军区兵站部政治部主任，华东野战军南下先遣纵队第四支队副政治委员。

朱瑞（1905—1948） 江苏宿迁人。1924年加入中国社会主义青年团。1926年赴苏联学习。1928年加入苏联共产党。1930年回国后，任中共中央军委参谋科参谋，中共中央长江局军委秘书长兼参谋长，中央军委兵运科科长，主持兵运训练班工作。1932年初进入中央苏区，后任红军总部第二科（侦察科）科长兼第三科（交通科）科长，中央军事政治学校政治部主任，同年6月起，任红五军团第十五军政治委员，红三军政治委员，参加了南雄水口、乐安宜黄等战役，同年12月，任红五军团政治委员，中华苏维埃中央执行委员，红一军团政治部主任。参加了中央苏区第四、第五次反"围剿"斗争和中央红军长征。到达陕北后，参加了直罗镇、东征、西征等战役。三大主力红军会师后，任红二方面军政治部主任兼红二军团政治部主任。抗日战争开始后，任中共中央北方局军委书记，第十八集团军驻第一战区长官司令部联络处处长，八路军第一纵队政治委员，山东军政委员会书记，中共中央山东分局书记，延安炮兵学校代理校长，东北民主联军炮兵学校校长，东北军区炮兵训练处处长，炮兵司令员兼炮兵学校校长。1948年10月1日在辽宁义县触地雷不幸牺牲。

朱德（1886—1976） 原名朱代珍，字玉阶。四川仪陇人。1922年11月在德国加入中国共产党。1906年春入四川南充县高等小学堂读书，下半年考入顺庆府中学堂学习。1907年春考入四川高等师范学堂附设的体育学堂，年末毕业。1908年春起任四川省仪陇县高等小学堂体育教习兼庶务。1909年11月考入云南陆军讲武堂，同年加入中国同盟会。1911年辛亥革命爆发后在云南参加武装起义，10月起任新编陆军第十九镇第三十七协第七十四标第二营左队副目、司务长、排长、连长。1912年由中国同盟会会员转为中国国民党党员，同年秋起任云南讲武学校学生队区队长兼军事教官。1913年夏起任云南陆军第一师第三旅步兵第二团营营长，第二团副团长、团长。1915年底参加反对袁世凯称帝的起义。1916年1月起任滇军步兵第十团团长，云南护国军第一军第三梯团第六支队支队长，第二梯团第三支队支队长。1917年参加护法战争，任靖国军第二军第十三旅旅长第三混成旅旅长。后任云南陆军宪兵司令部司令官，兼任催收铁路局借款处专员、复查锡务公司账项委员长。不久改任云南省警务处处长兼省会警察厅厅长。1922年9月赴德国留学。1924年3月入德国哥廷根盖奥尔格——奥古斯特大学哲学系学习，1925年1月当选为中国国民党驻德支部执行委员，负责组织工作，并主编《明星》杂志。7月赴苏联入莫斯科东方劳动者共产主义大学学习，数月后转入莫斯科郊外的秘密军事训练班学习军事。1926年7月回国后，受党委派到国民革命军第二十军任党代表并兼任代政治部主任。1927年初在江西南昌任国民革命军第五方面军总参议，创办国民革命军第三军军官教育团，任团长，同年4月起兼任南昌市公安局局长。8月1日参加并领导南昌起义，任起义军第九军军长。起义失败后收集余部，隐蔽于国民革命军第十六军范石生部，曾任第十六军总参议等职。1928年1月发动湘南起义，所部改称工在革命军第一师；4月率部上井冈山，同毛泽东领导的秋收起义部队会师成立工农革命军（后改称中国工农红军）第四军，任军长和红四军前敌委员会委员，11月任红四军军委书记。1929年8月至10月任红四军前敌委员会代理书记。1930年6月起任中国工农红军第一军团总指挥；8月起任中国工农红军第一方面军总司令，随即改任中国工农红军总司令；10月起任中共苏区中央局委员、苏维埃区域革命军事委员会委员。1931年1月起任中华苏维埃中央革命军事委员会委员、副主席。1931年11月至1936年12月任中华苏维埃共和国中央革命军事委员会委员、主席，中华苏维埃人民共和国中央革命军事委员会委员、主席。1934年1月在中共六届五中全会上当选为中共中央政治局候补委员，后成为中共中央政治局委员。1934年10月参加长征。1936年12月起任中华苏维埃人民共和国中央革命军事委员会委员、主席团成员。抗日战争时期，任国民革命军第八路军总指挥、第十八集团军总司令，中共中央军委委员、副主席，中共中央军委前方分会（后称华北分会）委员、书记。1938年3月起任第二战区东路军总指挥。1939年3月起任第二战区副司令长官。1940年5月回到延安，兼任筹备中共第七次全国代表大会的军事问题委员会负责人，中共中央海外工作委员会主任，军事教育委员会和军事学院负责人，东方各民族反法西斯大同盟执行委员，中共中央政治工作委员会成员，延安新体育会会长。1945年6月在中共七届一中全会上当选为中共中央政治局委员、中共中央书记处书记。解放战争时期，任中共中央军委委员、副主席，中国人民解放军总司令。1947年3月起任中央工作委员会委员、常务委员。1949年6月起任新政治协商会议筹备会常务委员会委员。中华人民共和国成立后于1955

年被授予中华人民共和国元帅军衔和一级八一勋章、一级独立自由助章、一级解放勋章。

朱水秋（1910—1939）　又名朱瑞秋。湖南人。早年参民革命军。参加了北伐战争。1927年8月参加南昌起义。1928年1月参加湘南起义，同年加入中国共产党。曾任红四军排长、连长，第十一师第三十一团团长，红一军团第二师第五团营长、第六团团长，红军陕甘支队第一纵队第六大队大队长。参加了中央苏区历次反"围剿"斗争和中央红军长征。到达陕北后，任红一军团第一师第十三团团长，红一方面军总部特务团团长。参加了直罗镇、东征、西征战役。抗日战争开始后，任八路军总部特务团团长。后因体残不适宜部队工作，被中共中央派回湖南从事统战工作。1939年6月在"平江惨案"中被国民党军杀害。

朱少伯（？—？）　湖北石首人。1936年任红二军团某团团长。

朱立文（1914—1941）　又名朱礼文、朱理文。广东三水人。1929年12月参加百色起义，后加入中国共产党。历任红七军排长、连长，红三军团第五师营副政治教导员、团参谋长。参加了红七军远征、中央苏区第三至第五次反"围剿"斗争和中央红军长征。到达陕北后，任中央军委副主席周恩来的随从副官。抗日战争开始后，任新四军第四支队第八团留守处副参谋长，游击支队第三团参谋长、第五团副团长，豫鄂挺进纵队第六团团长，新四军第五师第十五旅副旅长兼第四十三团团长、政治委员。1941年12月在湖北汉阳侏儒山战斗中牺牲。

朱世伯（？—1936）　湖南桑植人。1935年11月任红六军团第十六师第四十七团参谋长。1936年1月7日在贵州铜仁田心坪阵亡。

朱良才（1900—1989）　曾用名吴鸿宾。湖南汝城人。1925年参加农民运动。1927年加入中国共产党。1928年参加湘南起义。井冈山会师后，任红四军军部秘书，第十二师第三十六团连党代表，红四军第三十一团第一营营部书记、连党代表，红四军第三纵队第七支队政治委员，红三军第九师政治委员，红五军团第十五军政治委员，红九军团第十四师政治委员，红五军团第三十四师政治部主任、代理政治委员。参加了中央苏区历次反"围剿"斗争和中央红军长征。红一、红四方面军会师后，任红三十一军政治部主任，大金省军区指挥部司令员，红四方面军教导团团长兼政治委员。三大主力红军会师后，任红军总卫生部政治委员，援西军政治部组织部部长。抗日战争和解放战争时期，任八路军晋察冀军区第三军分区政治委员兼第四支队政治委员，晋察冀军区政治部副主任、主任，华北军政大学副政治委员，华北补训兵团政治委员。中华人民共和国成立后于1955年被授予上将军衔。1989年2月22日病逝。

朱绍田（1912—1992） 湖南桑植人。1929年参加中国工农红军。1931年加入中国共产主义青年团。1932年转入中国共产党。土地革命战争时期，任红二军军部警卫班长，警卫营政治委员，第四师、第九师政治委员，湖南模范师政治委员，第四师十团政治委员。参加了长征。抗日战争时期，任八路军第一二〇师第三支队特务大队主任，冀中军区第六支队政治委员，晋绥军区第八军分区游击队政治委员，延安温家沟兵工厂政治委员，中原军区第三军分区政治部副主任。解放战争时期，任中原军区第三军分区政治部主任，独立一旅副政治委员，晋绥军区第五旅政治部副主任，第十军分区副政治委员，第十旅政治委员，第一野战军第十九师政治委员。中华人民共和国成立后于1955年被授予少将军衔。

朱绍清（1913—1989） 湖南省华容县人。1928年加入中国共产主义青年团。1929年参加中国工农红军。1930年由团转入中国共产党。土地革命战争时期，任红二军团第四师十二团排长、连长、副营长、营长，十团团长。参加了长征。抗日战争时期，任新四军第四支队第八团第二大队大队长、营长、副团长，江苏六合县军事科科长，新四军江北游击纵队参谋长，第二师第六旅参谋长、第二师第四旅参谋长、副旅长、旅长。解放战争时期，任山东野战军第二纵队第四旅旅长，华东野战军第二纵队第四师师长，第二纵队副司令员兼参谋长，第三野战军第二十八军军长。中华人民共和国成立后于1955年被授予少将军衔。

朱涤新（1909—2002） 湖北阳新人。1927年春参加农民运动。1929年3月加入中国共产主义青年团。1930年3月参加红军，同年5月转入中国共产党。曾任红五军第五纵队第二大队文书、支部书记第三师第八团连政治指导员、团特派员，红三军团第六师特派员。参加了中央苏区历次反"围剿"斗争和中央红军长征。到达陕北后，任红一军团政治保卫局局长、军团政治部保卫部部长。参加了直罗镇、东征和西征战役。抗日战争和解放战争时期，任八路军第一一五师政治部保卫部部长，鲁西军区政治部主任，苏鲁豫支队、教导第一旅、新四军第三师第七旅政治委员，东北民主联军热辽纵队政治委员，黑龙江军区政治部主任，嫩江军区司令员。

朱辉照（？—？） 江西莲花人。1935 年 11 月任红二军团第四师第十二团政治委员。1936 年 8 月任第二军团第四师政治部主任。

朱潘显（1913—1939） 江西泰和人。1930 年参加红军，不久后加入中国共产党。历任红一军团排长、连政治指导员，红九军团连政治指导员、团总支书记，军团政治部青年干事、宣传部部长、组织部部长。参加了中央苏区历次反"围剿"斗争和中央红军长征。1935 年 9 月随红九军团留在红四方面军工作，后任红九军政治部组织部部长。抗日战争开始后，任晋察冀军区第二军分区兼第二支队政治部主任。1939 年在河北平山病故。

伍云甫（1904—1969） 曾用名伍永福、吴竞生、至公、左兆桂。湖南耒阳人。1923 年加入中国社会主义青年团。1926 年加入中国共产党。曾任湖南省农民协会特派员，中共耒阳县区委书记、耒阳县委秘书长。1928 年参加湘南起义。1930 年到上海学习无线电技术。1931 年 3 月回到中央苏区。历任红一方面军无线电队政治委员，红军总参谋部通信处政治委员，军委第三局政治委员。参加了中央苏区第二至第五次反"围剿"斗争和中央红军长征。1935 年 9 月随红军总部留在红四方面军工作，后任第三局政治委员兼副局长，红四方面军总部第三局政治委员兼通信学校校长，军委直属第二政治处主任。抗日战争和解放战争时期，任八路军驻西安办事处处长兼新四军驻西安办事处主任，中共中央军委秘书长，北平军事调处执行部中共代表团秘书处处长，中共中央办公厅行政处处长。

伍生荣（1918—2011） 曾用名伍炳桃。江西石城人。1932 年加入中国共产主义青年团。1934 年转入中国共产党，同年参加红军和长征。到达陕北后，任红二十九军教导队军事教员，延川游击队队长，陕北红军独立第一师第二团连长、参谋、副团长。参加了保卫陕甘苏区的斗争。抗日战争和解放战争时期，任晋察冀军区第三军分区第四十一团团长，抗日军政大学第二分校区队长，陕甘宁晋绥联防军教导旅第三十四团团长，解放军第六军第十八师参谋长。中华人民共和国成立后于1964年晋升为少将。

伍修权（1908—1997）　湖北江夏（今武昌）人。1923年加入中国社会主义青年团。1925年10月被派赴苏联莫斯科中山大学学习。1927年9月转入莫斯科步兵学校学习军事。1928年在该校任翻译。1929年调任苏联远东边疆保卫局翻译。1930年12月加入苏联共产党。1931年5月离苏回国，同时转为中国共产党正式党员，同年7月进入中央苏区，历任闽粤赣军区司令部参谋，红军学校连指导员、营教导员、团政治委员等。1933年春后，任红一军团第三师政治委员、福建军区（长）汀连（城）军分区司令员，红军学校第五期团政治委员，共产国际驻中共军事顾问李德的翻译。参加了中央苏区的反"围剿"斗争。1934年10月参加长征。1935年1月列席中共中央政治局在遵义召开的扩大会议，同年4月后，任红三军团副参谋长，红军陕甘支队司令部作战科科长。到达陕北后，任红十五军团第七十三师参谋长。参加了直罗镇、东征、西征战役。1936年夏调中共中央联络局工作。西安事变和平解决后，任中华苏维埃共和国西北办事处外交部秘书长兼交际处处长。1937年夏任陕甘宁边区政府秘书长。抗日战争和解放战争时期，任八路军驻兰州办事处处长，中共中央军委参谋部作战局局长、作战部副部长，东北民主联军司令部第二参谋长，军事调处执行部东北分部参谋长，解放军东北军区司令部参谋长兼军工部政治委员，沈阳军事管制委员会副主任兼沈阳卫戍司令部司令员。

伍晋南（1909—1999）　广东兴宁人。1926年加入中国共产主义青年团。1928年转入中国共产党。曾任中共梅县区委书记，五华赤卫大队政治委员。参加了东江苏区的革命斗争。1931年进入中央苏区，后任红一方面军独立第三师政治部组织科科长，红二十一军政治部宣传科科长，红三军团第五师政治部组织科科长，军团政治部破坏部部长，第十三团政治处主任。参加了中央苏区第四、第五次反"围剿"斗争和中央红军长征。到达陕北后，任西北革命军事委员会后方办事处破坏科科长，红二十八军政治部组织科科长、政治部主任。参加了直罗镇、东征、西征战役。抗日战争和解放战争时期，任八路军第一二〇师第三五八旅第七一六团政治处主任，八路军第四纵队政治部主任，第四纵队第十二支队政治委员，东北民主联军吉辽军区政治部主任，吉林军区吉北军分区政治委员，东北民主联军独立第三师第十纵队第二十九师政治委员，中共吉林省工委副书记，吉林军区副政治委员，中共安东省第四地委书记。

伏得凤（？—1937）　江西人。中国共产党党员。1930 年参加红军。曾任红五军团卫生部供给科科长。参加了中央苏区历次反"围剿"斗争和中央红军长征。1935 年 9 月，随红五军团留在红四方面军工作，后任红五军卫生部供给科科长。1937 年 1 月初在甘肃张掖作战负伤被俘，不久就义。

任昌辉（1916—1989）　江西吉安人。1930 年参加红军。1931 年加入中国共产主义青年团，同年转入中国共产党。历任红十二军第三十六师第一〇七团排长，师工兵连副连长、连长等职。参加了中央苏区历次反"围剿"斗争和中央红军长征。到达陕北后，任陕北独立第一师某团参谋长。参加了保卫陕甘苏区的斗争。抗日战争和解放战争时期，任晋察冀军区第三军分区武装部部长、第七区队区队长、第二团副团长，冀热辽军区第十五军分区副司令员，解放军东北野战军第九纵队第二十七师师长，第四十六军第一三八师师长。中华人民共和国成立后于 1955 年被授予少将军衔。

任质斌（1915—1998）　山东即墨人。1932 年加入中国共产党。1934 年参加红军。历任北平（今北京）少年之友社书记，中央苏区反帝拥苏总同盟代理主任，《红色中华》报社编辑、秘书长、社长，中华苏维埃共和国中央政府西北办事处秘书长，红军教导师政治部宣传科科长等职。参加了中央苏区第五次反"围剿"斗争和中央红军长征。抗日战争和解放战争时期，任新四军豫鄂挺进纵队政治部主任、代理政治委员，新四军第五师副政治委员兼政治部主任、河南挺进兵团政治委员，解放军中原军区第二纵队政治委员、军区副政治委员。

任弼时（1904—1950）　原名任培国。湖南湘阴（出生地今属汨罗市）人。1920 年秋加入中国社会主义青年团。1922 年 12 月转为中国共产党党员。1921 年至 1924 年秋在苏联莫斯科东方劳动者共产主义大学学习。回国后在上海青年团中央工作，同时在上海大学任教。1925 年 1 月当选为中国共产主义青年团第三届中央执行委员，任团中央组织部部长，后任团中央代总书记、总书记。1927 年 5 月当选为共青团第四届中央执行委员，任团中央总书记。1927 年 8 月至 1928 年 7 月任中共中央临时政治局委员。1928 年 5 月至 7 月任中共中央临时政治局常委，同年春在上海参加中共中央工作。1929 年任中共江苏省委常委、宣传部部长。1930 年任中共中央长江局委员兼组织部部长、中共湖北省委书记兼武汉市委书记。1931 年 1 月在中共六届四中全会上当选为中共中央政治局委员，3 月被派往中央革命根据地。1931 年 4 月至 1933 年 5 月任中共苏区中央局委员兼组织部部长。1931 年 11 月被选为中华苏维埃共和国中央执委会委员，同年 12 月起任中共苏区中央局副书记兼组织部部长。1932 年 12 月至 1933 年 3 月任中共中央党校（马克思共产主义学校）校长。1933 年 5 月起任中共湘赣省委书记，同年 12 月任湘赣省军区总指挥部政治委员。1934 年 7 月起任中共中央代表、红六军团军政委员会主席。1934 年 11 月起任中共湘鄂川黔省委书记、湘鄂川黔军区政治委员。1935 年 11 月与贺龙率红二、红六军团长征。1936 年 7 月起任由红二、红六军团及红三十二军组成的红二方面军政治委员。后又任中共中央西北局副书记。1936 年 11 月任红军前敌总指挥部政治委员，同年 12 月起任中华苏维埃人民共和国中央革命军事委员会委员、主席团成员。抗日战争爆发后，1937 年 8 月至 1938 年 3 月任中共中央军委委员、八路军总政治部主任。1937 年 10 月至 1938 年 3 月任中央军委总政治部主任。1938 年 4 月至 1940 年 3 月任中共驻共产国际代表团团长。1940 年 3 月回国后参加中共中央书记处工作。1941 年 9 月起任中共中央秘书长。1943 年 3 月起任中共中央书记处书记。1945 年 6 月在中共七届一中全会上当选为中共中央政治局委员、中共中央书记处书记，任中共中央秘书长。1947 年 3 月中共中央撤出延安后，任中央直属部队司令员。1949 年 4 月起任中国中国新民主主义青年团中央名誉主席。

向仲华（1911—1981） 曾用名向崇如、向镇华。湖南溆浦人。1927 年加入中国共产主义青年团，在湖南从事地下工作，后被捕入狱。1930 年 7 月红三军团进攻长沙时冲出监狱，参加红军，同年加入中国共产党。历任红八军军部秘书，红三军团第四师政治部秘书长，第十一团政治处主任，《红色中华》报社社长。参加了中央苏区历次反“围剿”斗争和中央红军长征。抗日战争和解放战争时期，任《新中华报》社长，陕甘宁晋绥联防军政治部宣传部副部长，晋察冀军区冀东纵队第十三旅副政治委员，晋察冀野战军第二纵队政治部主任，第六纵队政治委员，解放军华北军区第六十八军政治委员，第二十兵团政治部主任。中华人民共和国成立后于1955年被授予中将军衔。

向国登（？—1935） 籍贯不详。曾任红二军团第四师参谋长。1935年7月在围攻湖南龙山作战中阵亡。

危拱之（1905—1973） 女。曾用名危玉辰。河南信阳人。1926年进入武汉中央军事政治学校学习，同年加入中国共产主义青年团。1927年转入中国共产党，同年12月参加广州起义，后随起义军到达海陆丰地区，任《红军生活》编辑。东江地区革命斗争失败后返回河南，任中共河南省委妇女部部长。1929年赴苏联学习。1931年回国，同年进入中央苏区。历任中央军事政治学校教员，苏维埃中央政府办公厅秘书兼俱乐部主任，高尔基戏剧学校俱乐部主任，八一剧团委员，工农剧社副社长，彭杨步兵学校戏剧管理委员会委员，军委干部团总务科科长。参加了中央苏区第四、第五次反"围剿"斗争和中央红军长征。抗日战争和解放战争时期，任中共河南省委秘书长、宣传部部长、组织部部长，河南游击支队政治委员，中共确山地委组织部部长，中共热河赤峰市（今属内蒙古自治区）市委副书记。

关向应（1902—1946） 原名关致祥，曾用名郑勤，笔名关仲冰、李世珍、小关、西一。满族。辽宁大连人。1920年至1923年在大连伏见台公学堂商科学习。1924年春参加中国社会主义青年团。1924年5月入上海大学学习，年底赴苏联入莫斯科东方劳动者共产主义大学学习。1925年1月加入中国共产党。1925年五卅运动后回国，在上海从事工人运动和共青团工作。1925年9月至11月任中国共产主义青年团济南地方执委会书记。1925年12月至1926年6月任共青团青岛执委会书记，1925年12月至1926年10月任中共山东地方执委会委员。1927年共青团第四次全国代表大会后被派往中共河南省委工作，后又调往上海共青团中央组织部工作。1928年7月在中共六届一中全会上当选为中共中央政治局候补委员。会后任共青团中央委员会书记。1929年1月后曾任中共中央军委委员。1929年10月至1930年2月任中共中央军事部副部长，1930年2

月至 1931 年 1 月任中共中央军事部成员、常委。1930 年 2 月至 8 月任中共中央军委常委、书记。1930 年 9 月至 1931 年 1 月任中共中央政治局委员。1930 年冬任中共中央长江局军委书记。1931 年 1 月中共六届四中全会改选后任中共中央政治局候补常委。1931 年在上海被捕入狱，同年经组织营救出狱。1931 年 11 月被选为中华苏维埃共和国中央执委会委员、中华苏维埃共和国中央革命军事委员会委员。1932 年 1 月到湘鄂西革命根据地，任中共中央湘鄂西分局委员、湘鄂西军事委员会主席和中国工农红军第三军政治委员。1934 年 2 月当选为中华苏维埃共和国第二届中央执委会委员；7 月当选为黔东特区革命委员会委员；10 月红三军和红六军团会师后，红三军恢复红二军团番号，任副政治委员。1935 年 11 月奉命率红二、红六军团主力进行长征。1936 年 7 月根据中央命令红二、红六军团组成红二方面军，任红二方面军副政治委员，并任中共中央西北局委员。1936 年 12 月至 1937 年 7 月任中华苏维埃人民共和国中央革命军事委员会委员。1937 年 5 月至 8 月任红二方面军政治委员。抗日战争爆发后，1937 年 8 月至 1941 年 4 月任中共中央军委前方分会委员。1937 年 8 月至 10 月任八路军第一二〇师政训处主任。1937 年 10 月起任第一二〇师政治委员。1940 年 2 月起任晋西北军区政治委员，晋绥军区政治委员，陕甘宁晋绥联防军政治委员，中共中央西北局委员，中共中央晋绥分局书记。1946 年 7 月 21 日在延安逝世。

庄田（1907—1992）　曾用名庄振风、庄龙蟠。广东万宁（今属海南）人。1926 年加入中国共产党。1930 年赴苏联学习。1931 年回国后到中央苏区。历任中央军事政治学校排长、连政治指导员、营政治委员，东南战区模范团政治处主任，红一军团第三师第七团政治委员、师政治部主任，红九军团第三师第七团政治委员，第二十二师第六十五团政治委员。参加了中央苏区的反"围剿"斗争和中央红军长征。1935 年 2 月任红五军团第三十九团政治委员。9 月随红五军团留在红四方面军，后任红四方面军红军大学政治部组织科科长。1936 年 10 月三大主力红军会师后，任红军教导师（庆阳步兵学校）第三团政治委员。抗日战争和解放战争时期，任抗日军政大学第一队队长，抗大第三分校大队长、教育长，陕甘宁边区考察团团长，琼崖人民抗日自卫团独立总队副总队长，琼崖人民抗日游击队独立纵队副司令员，解放军琼崖纵队副司令员，粤桂边纵队司令员，桂滇黔边纵队司令员。中华人民共和国成立后于 1955 年被授予中将军衔。

刘义（1909—1996） 曾用名刘龙榜。江西永新人。1931年加入中国共产主义青年团。1932年转入中国共产党。1934年参加红军。曾任村苏维埃政府主席，区苏维埃政府主席，县苏维埃政府裁判部代理部长，赣南战地特别法庭主席，红五军团政治部军事裁判所所长。参加了中央苏区的反"围剿"斗争和中央红军长征。1935年9月留在红四方面军工作，后任红五军政治部军事裁判所所长。抗日战争和解放战争时期，任八路军第一二九师第三八五旅团政治处主任，师供给部政治处主任、政治委员，解放军冀南军区后勤部政治委员，晋冀鲁豫军区第十纵队供给部部长，湖北军区供给部政治委员。中华人民共和国成立后于1955年被授予少将军衔。

刘元（1900—？） 广西北流人。1928年加入中国共产主义青年团，同年加入中国共产党。1929年参加红军。后随红七军转战到中央苏区，曾任少共国际师卫生部部长兼政治委员，红五军团第十五师卫生部部长兼政治委员。参加了中央苏区第三至第五次反"围剿"斗争。1934年10月参加长征，同年11月底过湘江时作战负伤被俘，后脱离革命队伍。

刘风（？—1935） 江西莲花人。1935年11月任红六军团第十八师参谋长兼第五十三团团长。1935年12月阵亡。

刘英（1905—2002） 女。曾用名郑杰。湖南长沙人。1925年加入中国共产党，曾任中共湖南省委候补委员、妇女部部长。1927年赴苏联学习。1929年国，在上海从事地下工作。1932年到达中央苏区。历任少共（共青团）苏区中央局组织科科长，少共福建省委书记，少共中央局组织部部长。参加了中央苏区第四、第五次反"围剿"斗争。1934年10月参加了长征，后任军委第二野战纵队政治部秘书长。到达陕北后，任少共西北中央局委员、宣传部部长。抗日战争时期在中共中央机关工作。解放战争时期，任中共合江省委委员，中共辽东省委组织部部长。

刘贤（？—1935） 湖北阳新人。中国共产党党员。1929年参加红军。后任红三军团兵站分站政治委员、兵站政治委员。1935年在长征途中病故。

刘昌（1913—1992）　曾用名刘耀聪。福建长汀人。1930年参加游击队。1931年随游击队编入红军。1932年加入中国共产主义青年团。翌年转入中国共产党。历任红十二军第三十四师通信员，江西军区第三军分区警卫连政治指导员，独立第三营政治委员，红八军团第二十一师连政治指导员，第二十三师营政治教导员。参加了中央苏区的反"围剿"斗争和中央红军长征。到达陕北后，任直罗镇独立营政治委员，红二十九军第二五七团政治委员，独立师政治部组织科科长。参加了保卫陕甘苏区的斗争。抗日战争和解放战争时期，任陕甘宁边区独立营政治委员，陇东军分区政治部主任，解放军冀察热辽军区热北军分区政治部副主任，内蒙古军区骑兵第四师政治部主任，骑兵第十师副政治委员，骑兵第三师政治委员。中华人民共和国成立后于1955年被授予少将军衔。

刘昂（1916—2002）　江西吉安人。1930年参加中国工农红军，同年加入中国共产主义青年团。1931年转入中国共产党。土地革命战争时期，任红九军团第三师第九团连政治指导员，红三十二军政治部敌工科科长、团政治委员。参加了长征。抗日战争时期，任八路军第一二〇师第三五九旅第七一八团营长，八路军留守兵团警备第五团副团长，八路军南下支队分队长，湘鄂赣军区东分区参谋长，军政干部学校副校长。解放战争时期，任中原军区干部教导团团长，晋冀鲁豫军区第一军分区参谋长，冀鲁豫军区第一军分区司令员，军区司令部参谋处处长，华北军政大学高级干部队队长、副总队长。中华人民共和国成立后于1955年被授予少将军衔。

刘忠（1906—2002）　曾用名刘永灿。福建上杭人。1929年加入中国共产党。1930年参加红军。历任赤卫军第十三大队军需长，红十二军第二纵队第四支队排长，红四军第三纵队第七支队第十九大队政治委员，第十二师第三十六团、第十一师第三十三团政治委员，红军大学学员兼支部书记，红一军团第二师第五团政治委员，军团政治部组织科科长，军团司令部第二科（侦察科）科长。参加了中央苏区历次反"围剿"斗争和中央红军长征。到达陕北后，参加了东征、西征战役。抗日战争和解放战争时期，任抗日军政大学第三大队大队长、第六分校校长，晋豫联防军区司令员，八路军第一二九师第三八六旅副政治委员、旅长，太岳军区第二军分区司令员兼政治委员，解放军晋冀鲁豫军区第四纵队第十旅政治委员，太岳军区司令员，华北军区第十五纵队司令员，第六十二军军长。中华人民共和国成立后于1955年被授予中将军衔。

刘忠（？—？） 福建上杭人。1935年任红六军团第十七师第五十团团长。1936年9月任红二方面军第六军团第十七师参谋长。

刘放（1909—1985） 曾用名刘震、刘乾元。河南荥阳人。早年学医。1928年参加国民党军。曾任第二十六路军的司药、军医。1931年12月由宁都起义参加红军。1932年加入中国共产主义青年团。1933年8月转入中国共产党。历任红五军团后方医院医生，红三军团第四师第十团卫生队队长，军团卫生部医务训练队队长，方面军兵站医院医务科科长，红军总卫生部材料科科长。参加了中央苏区第四、第五次反"围剿"斗争和中央红军长征。抗日战争和解放战争时期，任八路军第一一五师卫生部医务主任、卫生部副部长，山东军区卫生部副部长，鲁中军区卫生部部长，东北民主联军第四纵队卫生部部长，辽东军区卫生部第二部长，东北军区卫生部医政处处长、医务主任。中华人民共和国成立后于1955被授予少将军衔。

刘炎（1904—1946） 曾用名刘安焕、刘炳生。湖南桃源人。1926年参加农民运动。曾任农民协会委员长。1927年6月参加北伐军，同年8月加入中国共产党，9月参加湘赣边界秋收起义。后随毛泽东到达井冈山，参加创建和保卫井冈山革命根据地的斗争。曾任工农革命军第一军第一师排长，红四军第三十一团连党代表，第三纵队副大队长。1930年后，任红四军第十二师连政治委员、团政治委员，红十二军第三十四师政治部主任，红一军团政治部地方工作部部长等职。参加了中央苏区历次反"围剿"斗争和中央红军长征。抗日战争时期，历任新四军第一支队政治部主任，江南指挥部政治部主任，苏北指挥部政治部主任，新四军第一师兼苏中军区政治委员，中共苏中区委书记兼苏中军区政治委员。1946年11月20日在山东临沂病逝。

刘型（1906—1981） 曾用名刘绍新。江西萍乡人。武汉中央军事政治学校毕业。1927年5月加入中国共产党，同年9月参加湘赣边界秋收起义。后任游击营营长、党代表，红四军第三十一团连党代表，第三纵队政治部民运股股长，第一纵队第一支队政治委员，军教导大队政治委员，红十二军第三十四师第一〇二、第一〇〇团政治委员，第三十四师政治委员，红四军第十二师政治部主任，红五军团第十三军第三十八师政治委员，第十五军政治部主任，军团政治部地方工作部部长、政治部秘书长、军事裁判所所长、供给部政治委员。参加了中央苏区历次反"围剿"斗争和中央红军长征。1935年9月后，先后在红四、红二方面军工作，任红四方面军政治部军事裁判所所长，红二军团第六师政治部主任，红二方面军政治部宣传部部长。抗日战争和解放战争时期，任八路军军政学院政治部主任，第十八集团军独立第一游击支队政治部主任，解放军中原军区政治部主任，东北军政大学政治部主任，东北野战军第十纵队政治委员，中共湖南省委秘书长。

刘晓（1908—1988） 曾用名刘镜清、刘巽斋、林庚汉。湖南辰溪人。1926年考入上海国立政治大学，从事爱国学生运动和反帝国主义、反封建主义的革命活动，同年加入中国共产党。1927年参加上海工人第三次武装起义，后任中共江苏奉贤县（今属上海）县委书记。1929年7月被捕，1931年4月再次被捕入狱。在狱中坚持斗争。1932年1月经营救出狱后，到达中央苏区，任中共闽粤赣省委常委兼组织部部长。闽粤赣省委改称福建省委后，继任省委常委兼组织部部长，并代理省委书记。1933年任粤赣军区政治委员，曾兼任红军第二十三军政治委员。1934年2月当选为中华苏维埃共和国中央执行委员。参加了中央苏区第四、第五次反"围剿"斗争和粤赣边区的根据地建设。1934年10月参加长征，任红一军团政治部地方工作部部长。到达陕北后，任西北革命军事委员会总政治部兼红一方面军政治部地方工作部部长。参加了直罗镇和东征战役。1936年5月后，任红军西方野战军（红一方面军主力）政治部主任，红军援西军政治部主任。参与领导了西征战役。1937年5月，被中共中央派往上海恢复和重建上海地下党组织，任中共上海群众工作委员会书记，中共中央上海办事处主任。抗日战争爆发后，任中共江苏省委书记，中共中央华中局城工部部长，中共中央城工部副部长，组织人力、物力支援新四军和抗日根据地。1945年参加中共第七次全国代表大会，当选为中共中央候补委员。解放战争时期，任中共中央上海局书记。

刘浩（？—1935）　湖南湘乡人。早年参加北伐军。1928年7月参加平江起义，不久加入中国共产党。曾随红五军转战湘鄂赣、湘赣边区。1930年后，任红三军团司令部管理科科长，红九军团司令部管理科科长。参加了中央苏区历次反"围剿"斗争。1934年10月参加长征。1935年6月在西康懋功（今四川小金）病故。

刘涌（1914—1972）　曾用名刘必淳。江西兴国人。1930年参加红军。1931年加入中国共产主义青年团。1932年转入中国共产党。历任红一军团第二师政治部宣传队分队长，师直属队通信连连长、政治指导员，第一师第二团特派员。参加了中央苏区历次反"围剿"斗争和中央红军长征。到达陕北后，任红一军团第四师第十一团特派员、军团政治保卫局巡视员。参加了东征、西征和山城堡战役。抗日战争和解放战争时期，任八路军山东纵队第四支队第二团政治委员，第二支队支队长，第二旅第二、第五团团长，滨海独立军分区司令员，解放军山东军区警备第四旅旅长，第六师师长，华东野战军第九纵队第二十六师师长，胶东军区副司令员，第三十二军副军长兼参谋长。中华人民共和国成立后于1955年被授予少将军衔。

刘彬（1912—1989）　福建上杭人。1928年参加农民暴动。1929年参加红军，并加入中国共产主义青年团。1931年转入中国共产党。历任红四军军部通信员，红一军团司令部译电员。参加了中央苏区历次反"围剿"斗争和中央红军长征。到达陕北后，任军团司令部参谋、机要科科长。参加了东征、西征战役。抗日战争和解放战争时期，任八路军第一一五师司令部机要科科长，晋察冀军区司令部第三科（通信科）科长，陕甘宁晋绥联防军教导第二旅独立团副团长，冀晋军区、北岳军区副参谋长，察哈尔军区副参谋长兼后勤副司令员。中华人民共和国成立后于1955年被授予少将军衔。

刘寅（1910—1985）　江西南昌人。1930年参加红军。1936年加入中国共产党。历任红军第一方面军总电台报务主任，中华苏维埃共和国中央政府电台主任，红军通信学校教务主任等职。参加了中央苏区的反"围剿"斗争和中央红军长征。抗日战争和解放战争时期，任八路军总部无线电通信分队长，军委第三局第一科科长、第三局副局长。

刘琦（1912—？）　原籍江苏徐州，生于天津。中国共产党党员。曾在天津、上海等地从事地下工作。1931年进入中央苏区，后任中华苏维埃共和国国家保卫局文化教员兼联合合作总社主任，中央革命军事委员会科长等职。参加了中央苏区第四、第五次反"围剿"斗争和中央红军长征。1935年9月，随红军总部留在川康边区，后任红四方面军政治保卫局科长、西路军总指挥部科长。抗日战争和解放战争时期，任八路军留守兵团司令部处长，热河铁路局副局长，东北财经委员会运输总公司政治委员、税务局副局长，吉林军区保卫部副部长。

刘鹏（1912—1986）　湖南湘潭人。1926年参加国民革命军。参加了北伐战争。1930年参加红军，同年加入中国共产党。曾任红十二军的支队副官，红二十二军特务团副官主任，红四军司令部参谋、副官长，红一军团司令部通信科长。参加了中央苏区历次反"围剿"斗争和中央红军长征。1936年10月后，任红军前敌总指挥部司令部第三科科长，援西军司令部通信科科长。抗日战争和解放战争时期，任八路军司令部第三科科长，八路军后勤部军工部部长，前方指挥部军工部副部长，解放军晋冀鲁豫军区后勤部军工部部长，华北军区司令部通信处副处长，平津卫戍区防空司令部办公室主任。中华人民共和国成立后于1955年被授予少将军衔。

刘镇（1914—2001）　曾用名刘秀发。江西莲花人。1930年参加红军，同年加入中国共产主义青年团，并转入中国共产党。历任红一军团第一师第一团政治处宣传队队长、连政治指导员、团俱乐部主任，第四师第十一团总支书记、第二师第四团政治委员，师政治部统战科科长。参加了中央苏区历次反"围剿"斗争和中央红军长征。到达陕北后，参加了东征、西征战役。抗日战争和解放战争时期，任军委总后勤部供给部政治处主任，经济建设部经建处副处长，陕甘宁晋绥联防军保卫团团长兼政治委员，延属军分区政治部主任，西北野战军警备第四旅第十团政治委员，解放军第四军第十二师政治部主任、副政治委员。中华人民共和国成立后于1961年晋升为少将军衔。

刘霞（1899—1937）　曾用名刘石。湖南耒阳人。1924年加入中国共产党。曾任中共耒阳地委委员、农民部部长，耒阳县农民协会委员长。1928年参加湘南起义，任县苏维埃主席。后随朱德、陈毅到达井冈山革命根据地，任红四军排长、连党代表。参加了井冈山和赣西南地区的游击战争。1930年后，任红六军第二纵队第五支队政治委员，红三军某团政治委员，红四军卫生部政治处主任，中央革命军事委员会军事裁判所所长，红军总卫生部政治处主任，军委后方办事处政治处主任，总兵站部政治部主任等职。参加了中央苏区历次反"围剿"斗争。1934年10月参加长征，11月留在湘南照顾伤员，后任中共湘南特委委员、军事部部长、组织部部长，湘粤赣边区游击司令。1936年12月被捕。1937年9月17日在耒阳县城就义。

刘干臣（？—1935）　又名刘干成。江西人。中国共产党党员。曾任红一方面军新编师师长。参加了中央苏区的反"围剿"斗争和中央红军长征。1935年2月留在川南地区领导游击战争，后任川南游击纵队参谋长、司令员，中共川滇黔边工特委委员，川滇黔边区游击纵队司令员。1935年12月在四川古宋杉柳湾（今属兴文）牺牲。

刘士清（1910—1937）　江西人。1930年参加红军。1933年加入中国共产党。曾任红五军团无线电队队长兼政治委员。1937年春在甘肃河西走廊作战中牺牲。

刘大兰（1906—1935）　江西赣县人。中国共产党党员。1932年参加红军，曾任赣南军区独立团政治委员。1934年10月参加长征。1935年5月在西康泸定（今属四川）牺牲。

刘子奇（1900—1976）　湖南浏阳人。1928年参加中国工农红军，同年加入中国共产党。土地革命战争时期，任浏阳县游击队区联队队长，湘赣独立第五师第十三团政治委员兼团长，湘赣军区第二军分区司令员，湘鄂川黔军区第二军分区司令员，红六军团第十八师参谋长、副师长。参加了长征。抗日战争时期，任八路军第一二〇师第三五九旅参谋长，第七一八团政治委员，特务团团长，冀中军区第九军分区副司令员、司令员，晋绥军区第二军分区司令员。解放战争时期，任东北人民自治军第七师第二十旅旅长，牡丹江军区司令员，东北军区独立第八师师长，安东军区副司令员。中华人民共和国成立后于1955年被授予少将军衔。

刘少文（1905—1987）　曾用名刘国章、张明。河南信阳人。1925 年 3 月加入中国共产主义青年团，同年 6 月转入中国共产党，并赴苏联学习。1927 年回国后，任苏联共产党驻中国代表团翻译，中共中央翻译科科长，中共中央巡视员，绥察抗日同盟军中共前线委员会委员兼独立第十八师政治部主任。抗日同盟军失败后到达中央苏区，后任中央革命军事委员会秘书兼《革命与战争》杂志编辑，红军总部政治教导员。参加了中央苏区第五次反"围剿"斗争和长征。1935 年 9 月随红军总部留在红四方面军，后任藏民博巴政府顾问，红二方面军政治部宣传部部长，中共中央西北局秘书长。抗日战争和解放战争时期，任八路军驻上海办事处秘书长，中共中央交通处港澳办事处处长，中共中央南方局交通处处长、组织部主任秘书、情报部部长，中共上海工作委员会副书记，中共中央社会部副部长。中华人民共和国成立后于 1955 年被授予中将军衔。

刘少奇（1898—1969）　原名刘绍选，字渭璜。湖南宁乡人。1913 年入湖南省宁乡县第一高等小学学习。1916 年夏入宁乡驻省中学学习。1919 年工读于河北保定育德中学留法预备班。1920 年入上海中国共产党早期组织主办的上海外国语学社学习，为留俄作准备。1920 年 10 月加入中国社会主义青年团。1921 年赴苏俄入莫斯科东方劳动者共产主义大学学习，同年冬加入中国共产党。1922 年夏回国。1923 年起任江西安源路矿工人俱乐部总主任。1925 年 5 月当选为中华全国总工会副委员长。1926 年 5 月起任第二届全国总工会执委会常委、秘书部部长，10 月起任全国总工会汉口办事处秘书长兼湖北省总工会组织部部长。1927 年起任湖北省总工会执委会委员、秘书长。1927 年 5 月起主持中共中央工人运动委员会，6 月在全国第四次劳动大会上当选为全国总工会执委会委员。1928 年 6 月起任中共中央驻顺直省委特派员，参加顺直省委的领导工作。1929 年 4 月起任中共上海沪东区委书记，同年夏起任中共满洲省委书记。1930 年夏赴苏联莫斯科参加赤色职工国际第五次代表大会，当选为执行局委员。会后留赤色职工国际工作。1931 年 1 月在中共六届四中全会上当选为中共中央政治局候补委员，同年秋回国，任中共中央职工部部长、全国总工会组织部部长。1931 年 9 月至 1934 年 1 月任中共临时中央政治局成员。1932 年冬进入中央革命根据地，先后任全国总工会委员长、中共福建省委书记。1934 年 10 月参加长征。其间，任中国工农红军第八军团、第五军团党中央代表，第三军团政治部主任。1935 年 11 月起任全国总工会西北执行局委员长。1936 年春起任中共中央代表、北方局书记。1938年冬起任中共中央中原局书记。1939年4月起任中共中央职工运动委员会书记。1940年11月起任华中新四军八路军总指挥部政治委员。1941年1月皖南事变后任新四军政治委员，中共中央华中局书记，中共中央军委华中分会书记，兼任华中局党校校长、鲁迅艺术学院华中分院院长。1942年底回到延安。1943年3月起任中共中央书记处书记，中共中央军委副主席，中共中央组织委员会书记，并兼任中共中央研究局局长；10月起任中共中央总学习委员会副主任。1945年6月在中共七届一中全会上当选为中共中央政治局委员、中共中央书记处书记（1945年8月至10月毛泽东同志赴重庆谈判期间任中共中央代主席、中共中央政治局代主席、中共中央书记处代主席）。解放战争时期，任中共中央军委副主席。1947年3月起任中共中央工作委员会书记。1948年5月起兼任中共中央华北局第一书记，7月起兼任中共中央马列学院院长。1949年9月在中国人民政治协商会议第一届全体会议上当选为中华人民共和国中央人民政府副主席。

刘少卿（1911—2003）　曾用名江岳洪。湖北黄冈人。1927年参加北伐军，同年12月参加广州起义。1930年参加红军并加入中国共产党。历任红一军团排长、连长，红军学校连长兼教员，红四军第十师第二十八团团长，红一军团第二师第四团参谋长、第六团团长，军团教导大队大队长，军团司令部参谋，先遣支队支队长。参加了中央苏区历次反"围剿"斗争和中央红军长征。到达陕北后，任陇东游击支队司令员，红军教导师（庆阳步兵学校）军事教育主任。抗日战争和解放战争时期，任抗日军政大学游击战术总教员，军委第一局作战科科长，新四军豫鄂挺进纵队、第五师参谋长，鄂豫皖湘赣军区游击总指挥，河南游击兵团司令员，解放军中原军区第一先遣军司令员，华东野战军山东兵团参谋长，南下干部纵队司令员。中华人民共和国成立后于1955年被授予少将军衔。

刘云彪（1912—1942）　福建长汀人。1928年加入中国共产主义青年团。1930年初参加红军，同年6月，任红一军团第一师第三团班长。1931年加入中国共产党。1933年任红一军团某团侦察排排长。参加了中央苏区反"围剿"斗争。1934年参加长征，任红一军团第一师侦察连连长，军团直属侦察连连长。到达陕北后，任红一军团骑兵侦察连连长、骑兵团团长。参加了直罗镇、东征、西征、山城堡战役。1937 年 2 月，被选派到抗日军政大学第一期学习。抗日战争开始后，任八路军第一一五师骑兵营营长（即由红一军团骑兵团改编），率部参加了平型关大战。1940 年初，骑兵营扩编为晋察冀军区骑兵团，任团长。1941 年因肺病入医院。1942 年 4 月 12 日于河北完县逝世。

刘开绪（？—？） 籍贯不详。1935 年 11 月任红二军团第四师第十团团长。

刘心正（1906—1935） 曾用名刘畅。湖南浏阳人。1926 年参加革命活动，同年加入中国共产党。曾任红三军团某师参谋长、团参谋长。参加了中央苏区的反"围剿"斗争和中央红军长征。1935 年 5 月在西康泸定（今属四川）牺牲。

刘世萱（1908—？） 江西兴国人。中国共产党党员。1932 年参加红军。曾任红三军团某团参谋长。1934 年 10 月参加长征后下落不明。中华人民共和国成立后，被追认为革命烈士。

刘永源（1913—1998） 河北文安人。1932 年参加红军，同年加入中国共产党。历任红四军第十师政治部民运干事，红一军团第一师第一团营长。参加了中央苏区第四、第五次反"围剿"斗争和中央红军长征。到达陕北后，任红二十九军党委委员，第二五五团政治委员。参加了保卫陕甘苏区的斗争。抗日战争和解放战争时期，任八路军留守兵团骑兵团政治委员，第三八五旅第四团团长，解放军冀东军区第十二旅旅长，东北军区独立第四师政治委员，东北民主联军骑兵司令部政治部主任，东北野战军第七纵队第二十师师长，第四十四军第一三一师师长。中华人民共和国成立后于 1955 年被授予少将军衔。

刘礼年（？—？） 籍贯不详。1935 年 11 月任红六军团第十六师第四十七团政治委员。1936 年 7 月任红二方面军第六军团第十六师政治部主任。

刘汉卿（？—1935） 湖北长阳人。1935 年 11 月任红二军团第五师第十三团团长。1935 年 11 月 27 日在湖南辰溪浦市阵亡。

刘发任（？—1935） 江西瑞金人。1928 年加入中国共产主义青年团。

1930 年参加红军，同年转入中国共产党。曾任红三军连政治指导员，红一军团第一师第二团政治委员、第二师政治部组织科科长。参加了中央苏区历次反"围剿"斗争和中央红军长征。1935 年 9 月 17 日在甘肃岷县腊子口（今属迭部）战斗中牺牲。

刘亚楼（1911—1965） 曾用名刘振东、王生。福建武平人。1929 年加入中国共产党，同年参加红军。历任闽西游击队排长，红四军随营学校班长，红九军连长、营长兼营政治委员，红四军第三纵队第八支队政治委员，第十二师第三十五团政治委员，第十一师第三十一团政治委员、师政治委员，红一军团第二师政治委员，第一师师长，陕甘支队第二纵队副司令员。参加了中央苏区历次反"围剿"斗争和中央红军长征。到达陕北后，任红一军团第二师师长，红军大学训练处处长，抗日军政大学训练处处长、代理教育处长。参加了直罗镇、东征战役。抗日战争开始后，任抗大训练部部长、教育长。1939 年赴苏联学习。1946 年回国后，任东北民主联军、东北军区暨东北野战军参谋长，解放军第十四兵团司令员，军委空军司令员。中华人民共和国成立后于 1955 年被授予上将军衔。

刘西元（1917—2003） 江西吉安人。1931 年参加红军，同年加入中国共产主义青年团。1932 年转入中国共产党。历任红军学校政治部青年干事。参加了中央苏区的反"围剿"斗争和中央红军长征。到达陕北后，任红一军团第四师政治部青年干事、总支书记，第十二团政治委员。参加了东征、西征和山城堡战役。抗日战争和解放战争时期，任八路军第一一五师第三四三旅第六八六团政治委员，鲁南支队政治委员，山东滨海军区第二军分区政治委员，山东军区第一师政治委员，东北人民自治军通化支队支队长兼政治委员，通化军区副司令员，东北军区独立第二师师长兼政治委员，东北野战军第三纵队、解放军第四十七军副政治委员。中华人民共和国成立后于 1955 年被授予中将军衔。

刘远生（？—？） 籍贯不详。1936 年 7 月任红二方面军卫生部政治委员兼红二军团卫生部政治委员。

刘亚球（？—？） 籍贯不详。1935 年 11 月任红二军团第四师政治部主任。

刘成楷（？—？）　籍贯不详。1934年8月任红六军团第十七师第五十团团长。

刘光明（？—1935）　籍贯不详。1934年10月任红六军团政治部宣传部副部长。1935年3月21日在湖南大庸后坪阵亡。

刘先胜（1901—1977）　曾用名刘为。湖南湘潭人。1924年加入中国共产党。1927年参加湘赣边界秋收起义。历任工农革命军第一军第一师第一团连长，湘赣红军独立第一师第三团营长、副官主任，红九军团直属队党总支书记，第三师第八、第九团政治委员，军团卫生部政治委员，红六军团第十八师第五十二团政治委员。参加了中央苏区、湘赣苏区的反"围剿"斗争和红二、红六军团长征。抗日战争和解放战争时期，任江南人民抗日救国军政治部主任，新四军苏北指挥部第三纵队政治委员，新四军第一师第三旅政治委员兼苏中军区第四军分区政治委员，第十八旅旅长兼第一军分区司令员，第一师参谋长，苏浙军区参谋长，解放军华中军区、华中野战军参谋长，华东野战军副参谋长，苏北军区副司令员。中华人民共和国成立后于1955年被授予中将军衔。

刘廷荣（？—1935）　江西万安人。中国共产党党员。曾任中共粤赣省政治保卫局局长兼粤赣军区政治保卫分局局长。参加了中央苏区历次反"围剿"斗争。1934年10月参加长征。1935年8月在四川西北部草地牺牲。

刘华春（1905—1993）　曾用名刘灿礼。江西吉安人。1930年参加红军。1931年加入中国共产党。历任红军总经理部科员，红一方面军供给部赣南留守处政治委员，广昌警备区政治部组织科科长、总支书记，闽赣军区供给部仓库主任，中央革命军事委员会总供给部被服厂厂长，红三十二军供给部军需科科长。参加了中央苏区历次反"围剿"斗争和中央红军长征。抗日战争和解放战争时期，任八路军留守兵团绥德警备司令部供给部部长，警备第一旅供给部部长，留守兵团供给部部长，陕甘宁边区物资局绥德办事处处长，陕甘宁边区贸易公司驻晋绥办事处处长，晋绥边区贸易局第六分局局长，解放军第一野战军后勤部供给部部长。中华人民共和国成立后于1964年晋升为少将军衔。

刘华香（1913—2007）　　江西吉安人。1929年参加红军，同年加入中国共产党。1930年后，历任红六军第二纵队政治部宣传队队长、机炮连政治委员，红三军第八师第二十四团副政治委员，第九师第二十六团政治委员，红九军团第三师第七团团长、第九团团长。参加了中央苏区历次反"围剿"斗争和中央红军长征。1935年9月随红九军团留在红四方面军，后任红三十二军团长，第九十四师参谋长。抗日战争和解放战争时期，任八路军第一二〇师雁北第六支队支队长，晋西北军区第五军分区参谋长，雁北支队支队长，雁门军区第二军分区政治委，第五军分区司令员，解放军绥蒙军区第五军分区副司令员兼参谋长，绥蒙军区、绥远军区参谋长。中华人民共和国成立后于1955年被授予少将军衔。

刘向三（1910—2007）　　曾用名刘星台。河南邓县人。早年参加国民军。1931年12月由宁都起义参加红军，同年加入中国共产党。历任红五军团、江西军区无线电队队长，红五军团政治保卫分局科长，中央革命军事委员会政治保卫局科长等职。参加了中央苏区第四、第五次反"围剿"斗争和中央红军长征。到达陕北后，任陕甘宁省政治保卫局特派员，红三十军特派员，中华苏维埃中央政府西北办事处外交部交际科科长。抗日战争和解放战争时期，任中共河南省委常委，八路军驻洛阳办事处处长，敌工干部学校校长，总政治部总务处处长，东北民主联军吉黑军区后勤部部长，北满军区哈尔滨北军分区司令员，东北人民政府工矿处处长、工业部秘书长。

刘兴元（1908—1990）　　山东莒县人。1931年参加红军，同年加入中国共产主义青年团并转入中国共产党。历任红一军团第四军后方医院秘书、俱乐部主任，中央革命军事委员会后方办事处文印科科长，红军总卫生部政治部巡视员、组织科科长。参加了中央苏区的反"围剿"斗争和中央红军长征。1935年9月随红军总部留在川康边区，任红四方面军卫生部总务处处长，政治部组织科科长。抗日战争和解放战争时期，任八路军卫生部政治处主任，第一一五师教导大队政治委员、师政治部民运部副部长，教导第五旅政治部主任，新四军独立旅代政治委员，山东滨海军区政治部主任，山东军区第二师政治委员，东北民主联军第二师、东北野战军第五纵队、解放军第四十二军政治委员。中华人民共和国成立后于1955年被授予中将军衔。

刘兴隆（1917—1994） 曾用名刘兴山。江西泰和人。1929年参加红军。1931年加入中国共产主义青年团。1933年转入中国共产党。历任中央革命军事委员会警卫团排长、连长，红一军团第一师第三团营长。参加了中央苏区历次反"围剿"斗争和中央红军长征。到达陕北后，任陕北红军独立第一师参谋长，红军总部特务团参谋长。参加了保卫陕甘苏区的斗争。抗日战争和解放战争时期，任八路军晋察冀军区第二支队第六大队大队长，第三军分区第二十团团长、军分区参谋长，解放军热河军区热东军分区、第十九军分区司令员，东北军区临时整训第四师师长，江西军区南昌军分区司令员。中华人民共和国成立后于1955年被授予少将军衔。

刘志坚（1912—2006） 湖南平江人。早年曾参加反对"二十一条"和抵制日货运动。1928年4月参加平江农民暴动。1930年加入中国共产主义青年团。1931年转入中国共产党。曾任平江县长寿区赤色工会委员长，红三军团政治部秘书科科长、青年部部长、宣传部部长。参加了中央苏区历次反"围剿"斗争和中央红军长征。1935年9月留在红四方面军工作，任红四方面军政治部宣传部部长，红四军政治部主任。抗日战争和解放战争时期，任八路军第一二九师政治部宣传部部长、政治部副主任，东进纵队政治委员，冀南军区政治部主任，军委总参谋部第一局副局长，解放军晋冀鲁豫军区第十纵队政治委员，桐柏区党委书记，桐柏军区政治委员，第四兵团副政治委员兼政治部主任。中华人民共和国成立后于1955年被授予中将军衔。

刘志高（？—1935） 江西莲花人。1934年8月任红六军团第十七师第五十团政治委员。1935年3月21日在湖南大庸后坪阵亡。

刘坚定（？—1936） 籍贯不详。1935年11月任红六军团第十七师第四十九团政治委员。1936年6月7日在西康理化阵亡。

刘护平（1911—1986） 江西人。1929年参加红军。1930年加入中国共产党。曾任红五军团政治保卫局侦察部部长。参加了中央苏区历次反"围剿"斗争和中央红军长征。1935年9月随红五军团留在红四方面军，后任红五军政治保卫局局长。1936年因反对张国焘分裂红军被判刑半年。1939年赴苏联学习。1941年回国途中，在新疆被反动军阀盛世才扣押。1946年获释回到延安，后任解放军第四军政治部副主任。

刘伯承（1892—1986） 原名刘明昭。重庆开县人。早年在四川万县参加学生军，响应辛亥革命。1912年入重庆军政府将校学堂学习。1913年参加四川讨袁（世凯）军。1914年加入孙中山领导的中华革命党。1916年参加护国战争。1917年参加护法运动。在护国、护法战争中任连长、旅参谋长、团长。1923年在讨伐吴佩孚的战争中任东路讨贼军第一路前敌指挥官。1926年5月加入中国共产党。入党后曾任中共重庆地委军委委员。1926年12月参与发动和领导泸州、顺庆起义，任起义军国民革命军川军各路总指挥。1927年8月参加领导南昌起义，任中共前敌委员会参谋团参谋长。后赴苏联，先后入莫斯科高级步兵学校、伏龙芝军事学院学习。1930年夏回国后任苏维埃区域革命军事委员会委员、中共中央长江局军委书记，同年12月到上海，协助中央军委书记周恩来处理军委日常工作。1931年1月至1934年12月任中共中央军事部参谋长。1931年11月起任中华苏维埃中央革命军事委员会委员。1932年1月进入中央革命根据地，任工农红军学校校长兼政治委员，中华苏维埃共和国中央革命军事委员会总参谋长。1934年2月当选为中华苏维埃共和国第二届中央执委会委员。在中央革命根据地第五次反"围剿"斗争中，因反对军事顾问李德在军事指挥上的教条主义被撤销总参谋长职务，调任红五军团参谋长。参加了长征。1934年12月复任中央革命军事委员会总参谋长兼军委纵队司令员。遵义会议后曾兼任中央红军北上先遣队司令员。1936年12月起任中华苏维埃人民共和国中央革命军事委员会委员，并兼任红军大学副校长、第二校长。1937年2月起任红军援西军司令员。抗日战争时期，任中共中央军委委员、八路军第一二九师师长，中共中央军委前方分会委员，中共中央太行分局委员，抗日军政大学副校长。1943年9月赴延安入中共中央党校学习。解放战争时期，任中共中央军委委员，晋冀鲁豫军区、中原军区、中国人民解放军第二野战军司令员，中共中央中原局常委，中共中央华东局常委，淮海、渡江战役总前委委员。中华人民共和国成立后于1955年被授予中华人民共和国元帅军衔和一级八一勋章、一级独立自由勋章、一级解放勋章。

刘希平（？—1949） 曾用名刘西平、西屏。江西吉安人。曾加入中国共产党，并参加红军。1931 年后，历任中央军事政治学校学员队政治指导员，红一方面军第十一军政治部主任，独立第一团政治委员，彭杨红军学校政治委员，红五军团政治部组织部部长。参加了中央苏区历次反"围剿"斗争和中央红军长征。1935 年 9 月随红五军团留在红四方面军，后任红四方面军党校校长。1937 年随西路军到新疆。1942 年叛变。1949 年被人民政府处决。

刘贤权（1914—1992）　江西吉安人。1929 年加入中国共产党。1930 年参加红军。曾任红一军团第二师第六团连政治指导员，师卫生部政治委员，师政治部民运科科长等职。参加了中央苏区历次反"围剿"斗争和中央红军长征。抗日战争和解放战争时期，任八路军第一一五师东进抗日挺进纵队第五支队政治委员，鲁西军区第一军分区司令员，教导第六旅兼冀鲁边军区政治部主任，渤海军区第三军分区司令员，东北民主联军牡丹江军区司令员，第一纵队第三师政治委员，解放军第三十八军第一一四师师长。中华人民共和国成立后于 1955 年被授予少将军衔。

刘迪芳（1911—？）　江西莲花人。1930 年加入中国共产主义青年团，同年参加红军。1932 年转入中国共产党。历任红三军团第一师第三团班长，军团卫生部第一队政治委员、第五师政治部敌工干事、军团政治部敌工干事，红二十八军政治部敌工科科长，红军卫生学校党总支书记兼第一队队长。参加了中央苏区历次反"围剿"斗争和中央红军长征。抗日战争、解放战争时期和中华人民共和国成立后继续在部队工作。

刘金龙（？—？）　江西莲花人。1936 年 7 月任红二方面军第六军团第十八师卫生部部长。

刘金轩（1908—1984）　湖南祁阳人。1930 年参加红军。1933 年加入中国共产党。历任红五军第一师第三团排长、连长，红三军团第五师第十四团营长。参加了中央苏区历次反"围剿"斗争和中央红军长征。到达陕北后，任红二十八军某团团长，陕甘苏区第五作战分区（保安特区）司令员，红三十一军第九十一师参谋长。参加了保卫陕甘苏区的斗争。抗日战争和解放战争时期，任八路军第一二九师第三八六旅第七七一团、第三八五旅第七六九团参谋长，新编第十旅第二十八团团长，太行军区第六军分区副司令员，太岳军区第三军分区司令员，第二十四旅旅长，解放军晋冀鲁豫军区第四纵队第十二旅旅长，豫鄂陕军区第四军分区司令员，陕南军区司令员，第十九军军长。中华人民共和国成立后于1955年被授予中将军衔。

刘金定（？—1935）　湖南人。中国共产党党员。1928年参加红军。1930年后，历任红一方面军总司令部代理副官、前站副官、建宁警备区第一兵站站长，建宁兵站站长，中央革命军事委员会总参谋部队列科科长。参加了长沙战役、中央苏区历次反"围剿"斗争和中央红军长征。1935年8月在四川西北部通过草地时病故。

刘宗英（1912—1939）　又名刘忠英。江西兴国人。1929年参加红军。1931年加入中国共产党。历任红一方面军排长、连长、营政治教导员，兴国模范师团政治委员，红三军团第六师政治部民运科科长等职。参加了中央苏区历次反"围剿"斗争和中央红军长征。抗日战争开始后，任八路军冀鲁豫支队第十三大队副大队长、第三团团长，第一一五师第三四三旅第六八五团团长。1939年在江苏丰县赵庄战斗中牺牲。

刘绍文（1912—1981）　江西吉安人。1930年8月参加红军。1931年加入中国共产主义青年团。1932年转入中国共产党。历任红十二军第三十五师第一〇三团副排长，红五军团第十五军第四十四师第一三〇团政治处干事，军政治部青年科科长，第四十四师的团总支书记，红五军团第十三师第三十八团俱乐部主任。参加了中央苏区历次反"围剿"斗争和中央红军长征。1935年9月随红五军团留在红四方面军，后任红四方面军政治部俱乐部主任。抗日战争和解放战争时期，任军委第三局政治处主任，陕甘宁晋绥联防军教导旅第二团政治委员、旅政治部主任，西北野战军第六纵队教导旅副政治委员兼政治部主任。中华人民共和国成立后于1955年被授予少将军衔。

刘转连（1912—1992）　湖南茶陵人。1930年加入中国共产主义青年团，同年参加中国工农红军并转入中国共产党。土地革命战争时期，任湘东南独立师第三团班长、排长，红八军第二十三师第三团连长，红六军团第十七师营长，第四十九团团长，第十七师参谋长、师长，红二方面军第六军模范师师长。参加了长征。抗日战争时期，任八路军第一二〇师第三五九旅第七一七团团长、旅参谋长，南下第二支队司令员，第三五九旅旅长。解放战争时期，任东北民主联军第十纵队第二十九师师长兼合江军区副司令员，第四野战军第四十八军副军长。中华人民共和国成立后于1955年被授予中将军衔。

刘诚达（？—？）　籍贯不详。1935年11月任红六军团第十八师第二十五团政治委员。

刘朋未（？—？）　籍贯不详。1936年任红六军团第十六师卫生部部长。

刘直坤（？—？）　湖北石首人。1936年任红二军团第五师第十五团团长。

刘显宜（1903—1976）　曾用名刘显利。湖南耒阳人。1928年参加工农革命军，同年加入中国共产党。曾任湘南工农革命军第一师连司务长，红四军第四纵队第六支队特务大队司务长，红一军团供给部军实科代理科长、管理科代理科长。参加了井冈山革命根据地、中央苏区历次反"进剿"、反"会剿"、反"围剿"斗争和中央红军长征。抗日战争和解放战争时期，任八路军晋察冀军区司令部管理科科长、副官处处长，军区后勤部副部长，兵站部部长，解放军华北军区后勤部运输部部长。中华人民共和国成立后于1955年被授予少将军衔。

刘贵生（？—？）　湖南浏阳人。1935年11月任红六军团第十七师第五十一团政治委员。

刘美阶（？—1935）　籍贯不详。红二军团第六师第十七团团长。1935年8月在湖南澧州阵亡。

刘振亚（1911—1935）　山东临清人。开封军官学校毕业。1928年加入中国共产党。曾任第二集团军第三十八师参谋，第十三师参谋，第二十六路军第二十五师第七十三旅上尉参谋，中共第二十六路军特别支部书记。1931年12

月参加组织领导宁都起义，后任红五军团第十五军第四十四师第一三○团团长，第十三军第三十七师师长，红五军团第十三师第三十七团团长，第十四师第四十团团长，建（宁）黎（川）泰（宁）警备司令部参谋长，广昌警备区司令员。参加了中央苏区第四、第五次反"围剿"斗争。1932 年 12 月荣获中央革命军事委员会颁发的"红星奖章"。1934 年 10 月参加长征，任红五军团司令部侦查科科长。1935 年 3 月 28 日在贵州遵义鸭溪病故。

刘振球（1911—1997） 福建上杭人。1929 年参加红军。1930 年加入中国共产党。历任红四军第三纵队司令部通信员，红十二军第三十五师第一○五团排长、连政治指导员，江西军区独立第四师连政治指导员，红二十二军第六十四师第一九五团副政治委员，红一军团第二师第六团俱乐部主任，师直属队总支书记，军团政治部统计科干事，军团工兵连政治指导员等职。参加了中央苏区历次反"围剿"斗争和中央红军长征。到达陕北后进入红军大学学习。毕业后，任红一军团第二师第五团总支书记。抗日战争和解放战争时期，任八路军第一一五师直属队政治处主任，独立团政治处主任，晋西独立支队第一团政治委员，解放军东北军区东满护路军政治部主任，合江军区卫生部政治委员，江西军区袁州（今宜春）军分区副政治委员。中华人民共和国成立后于 1955 年被授予少将军衔。

刘浩天（1912—1984） 曾用名刘昆、刘奕生。江西于都人。1928 年加入中国共产主义青年团。1931 年转入中国共产党。1933 年参加红军。曾任少共（共青团）宁都县委副书记兼组织部部长，红一军团补充师政治部地方工作科科长，军团教导营排长、连长，红军大学政治部俱乐部主任。参加了中央苏区历次反"围剿"斗争和中央红军长征。抗日战争和解放战争时期，任抗日军政大学第一分校政治部副主任，八路军第一一五师教导第二旅政治部副主任，胶东军区教导第二团政治委员，北海军分区政治委员兼中共北海地委书记，解放军山东军区第六师政治部主任，警备第五旅政治委员，第五师政治委员，华东野战军第九纵队政治委员，第二十七军政治委员。中华人民共和国成立后于 1955 年被授予中将军衔。

刘培笃（？—1935） 又名刘培都。1931 年 12 月参加宁都起义并加入红军。

后加入中国共产党。1934年10月任红五军团第十三师第三十七团代理团长。1935年在长征途中牺牲。

刘培基（？—1937）　又名刘丕基。陕西人。早年参加国民军。参加了北伐战争。1931年12月由宁都起义参加红军。后加入中国共产党。任红五军团的营政治委员，第十三师第三十七团参谋长、第三十八团参谋长。参加了中央苏区第四、第五次反"围剿"斗争。荣获中央革命军事委员会颁发的三等"红星奖章"。1934年10月参加长征，任第十三师第三十八团团长，军团司令部通信科科长。1935年9月随红五军团留在红四方面军，后任红九军参谋处第一科（作战科）科长，第二十七师参谋长，红五军第十三师参谋长。1937年1月20日在甘肃高台战斗中牺牲。

刘清明（1914—1998）　曾用名刘海鑫、刘问一。湖北汉川人。1933年参加红军，同年加入中国共产党。历任红军第一步兵学校连长兼军事教员，红军大学工兵科战术教员、第三科步兵营主任军事教员，教导师第三团副团长、团长。参加了中央苏区第五次反"围剿"斗争和中央红军长征。抗日战争和解放战争时期，任抗日军政大学大队教育处副主任，抗大第四分校副教育长兼训练部部长，新四军第四师第九旅参谋长兼淮北军区第一军分区参谋长，华中军政大学副校长，华东军政大学副校长。中华人民共和国成立后于1955年被授予少将军衔。

刘随春（1910—1952）　湖南平江人。1928年加入中国共产主义青年团，同年转入中国共产党。1930年参加红军。曾任红三军团第三师政治部党支部书记、连政治指导员，第一师直属队政治指导员、师政治部组织科代理科长，第四师第十团党总支书记、第十二团政治处主任、政治委员，江西军区第二军分区政治委员、军区独立第二团政治委员兼新淦（今新干）军政委员会分会主席。参加了中央苏区历次反"围剿"斗争。1934年10月参加长征，后任军委直属队政治处主任，红三军团第四师第十二团政治委员、第十团政治处主任、政治委员，第十一团、第十三团政治处主任。到达陕北后，任西北革命军事委员会后方办事处补充师总支书记、师政治部组织科科长、政治部主任。抗日战争和解放战争时期，任八路军留守兵团警备第二团政治处主任、警备第七团政治委员，第三八五旅政治部主任，解放军冀东军区第十二旅副政治委员，冀察热辽军区政治部副主任，第四十军副政治委员。

刘惠农（1912—1997）　曾用名卢敬昌。江西万载人。1927年10月加入中国共产主义青年团。1928年12月转入中国共产党。1930年6月参加红军。曾任共青团湘鄂赣特委巡视员，中共红三军团前敌委员会委员、秘书，红三军团总医院政治委员、卫生部政治委员，军团政治部科长。参加了长沙战役、中央苏区历次反"围剿"斗争和中央红军长征。到达陕北后，任红一方面军卫生部政治委员，红军总卫生部政治委员。组织领导了东征、西征、山城堡等战役的医疗保障工作。抗日战争和解放战争时期，任八路军卫生部政治委员，第一二〇师第三五八旅政治部主任，中共中央晋绥分局委员、秘书长，东北民主联军第三纵队副政治委员，辽宁军区副政治委员兼政治部主任。

刘雄武（1906—1937）　曾用名刘殿应。云南宣威人。1929年10月参加红军。不久加入中国共产党。曾任江西永新游击队排长，红一军团第三军第八师第二十三团参谋长、团长，第九师师长，江西军区第五军分区指挥、司令员，东南战区第二十三军军长，红一军团学生团团长、第三师第八团团长，红九军团第三师第八团团长。参加了中央苏区历次反"围剿"斗争。1934年10月参加长征，任红九军团司令部作战科科长。1935年9月，随红九军团留在红四方面军，后任红五军司令部作战科科长，红三十军第八十九师参谋长、第二六七团团长。1937年4月在甘肃安西战斗中牺牲。

刘著昆（？—？）　籍贯不详。1936年任红二军团第五师第十四团团长。

刘道生（1915—1995）　湖南茶陵人。1930年加入中国共产主义青年团，同年转入中国共产党参加红军。曾任少共（共青团）茶陵县区委书记，茶陵游击队宣传队队长、政治指导员，湘赣边区红八军政治部宣传部部长，红六军团政治部青年部部长。参加了湘赣苏区的反"围剿"斗争。1934年后，任粤赣军区、红九军团第二十二师政治部主任，军委干部团步兵第一营政治委员，红三军团政治部组织部副部长，陕甘边第五作战区政治委员，共青团中央局组织部部长，红六军团政治部副主任、主任。参加了中央苏区第五次反"围剿"斗争和中央红军长征。抗日战争和解放战争时期，任八路军第一二〇师第三五九旅第七一七团政治委员，晋察冀军区第三支队政治委员，第十一军分区政治委员兼中共平西地委书记，冀察军区政治委员，中共察哈尔省委书记兼察哈尔军区政治委员，东北民主联军第八纵队政治委员，解放军第十三兵团政治部主任，湖南军区副政治委员。中华人民共和国成立后于 1955 年被授予中将军衔。

刘禄长（1914—1980） 福建上杭人。1929 年加入中国共产主义青年团。1930 年参加红军。1932 年转入中国共产党。历任红十二军第三十四师第一〇〇团政治处宣传干事、宣传队队长，红军学校军事营连政治指导员，中央教导师第三团连政治指导员、连长，红一军团第二师第四团连政治指导员、第一师第一团连政治指导员，陕甘宁军区政治部组织科科长，陕甘宁独立师第一团副政治委员，西北革命军事委员会后方办事处政治部巡视员。参加了中央苏区历次反"围剿"斗争和中央红军长征。抗日战争和解放战争时期，任八路军留守兵团警备第二团营政治教导员、直属政治处主任，八路军艺术学校政治委员，解放军热辽纵队第三旅政治部主任、参谋长，冀热察军区独立第五旅副政治委员，东北野战军第十一纵队第三十三师、第四十八军第一四三师政治委员。中华人民共和国成立后于 1955 年被授予少将军衔。

刘瑞龙（？—1935） 中国共产党党员。曾任红一军团第一师第二团营长、团长。参加了中央苏区的反"围剿"斗争和中央红军长征。1935 年 8 月在四川西北部草地牺牲。

刘锦平（1918—2003） 江西瑞金人。1932 年参加红军。1933 年由中国共产主义青年团转入中国共产党。曾任红一军团第二师第四团第三营青年干事、第六团政治处干事，军团政治部青年训练队排长，军团政治部宣传员，红一方面军第八十一师、第二十七师政治部副科长。参加了中央苏区反"围剿"斗争和中央红军长征。抗日战争和解放战争时期，任八路军第一一五师政治部科长，苏鲁豫支队政治部组织科科长，新四军第三师第七旅第十九团政治委员、旅政治部副主任、主任，东北野战军第六纵队第十六师副政治委员，解放军第四十三军第一二七师政治委员。中华人民共和国成立后于 1955 年被授予少将军衔。

刘德明（1910—1942） 陕西醴泉人。1925 年参加国民军。1931 年 12 月由宁都起义参加红军。1932 年加入中国共产主义青年团。1933 年 3 月转入中国共产党。曾任红五军团副排长、连长、营长，红一军团教导队队长、随营学校队长、第二师第四团团长。参加了中央苏区第四、第五次反"围剿"斗争和中央红军长征。抗日战争开始后，任八路军第一一五师第三四三旅补充团参谋长，独立支队第一团团长、支队参谋长，晋西北新军决死第二纵队副纵队长，决死第二纵队兼晋西北军区第八军分区副司令员。1942 年 2 月 27 日在山西交城南沟村战斗中牺牲。

刘鹤孔（1914—2009） 江西永新人。1930 年加入中国共产主义青年团，同年参加红军，并转入中国共产党。历任团政治处技术书记、青年干事，连政治指导员，红一军团第三师第七团总支书记，红九军团政治部干事、科长，第七团政治处主任等职。参加了中央苏区历次反"围剿"斗争和中央红军长征。1935 年 9 月，随红九军团留在红四方面军，后任红四方面军政治部组织科科长，红三十军第八十九师第二六七团政治委员，西路军总部干部队政治委员。1938 年赴苏联学习。1939 年回国后从事党的秘密工作。解放战争时期，任解放军山东军区情报处科长，华东野战军第七纵队第二十师副政治委员，第八兵团后勤部副政治委员。中华人民共和国成立后于 1955 年被授予少将军衔。

江文（1914—2010） 湖南浏阳人。1928 年加入中国共产主义青年团。1930 年参加中国工农红军。1931 年转入中国共产党。土地革命战争时期，任红军总政治部秘书处科长，红六军团、湘赣军区无线电中队政治委员，红二方面军通信大队政治委员。参加了长征。抗日战争时期，任八路军第一二〇师司令部无线电队政治委员，晋察冀军区司令部通信科科长。解放战争时期，任冀察热辽军区驻东北办事处处长兼政治委员，东北军区通信处处长。中华人民共和国成立后于 1955 年被授予少将军衔。

江华（1907—1999） 曾用名虞上聪、黄春圃、黄琳。瑶族。湖南江华人。1925 年秋加入中国共产主义青年团。1926 年转入中国共产党。曾任湖南汽车工会湘南办事处主任，中共萍乡县委秘书长。1928 年 4 月到井冈山革命根据地，后任中共茶陵县县委书记，中共红四军前委秘书，红四军政治部秘书长，中共闽西特委秘书长。参加了井冈山和赣南、闽西地区的游击战争。1929 年赴上海学习。1930 年春奉命到红五军工作，后任红五军第二纵队第六大队政治委员、随营学校政治教员，第一师第三团政治委员，第一师政治部主任、政治委员，红三军团教导营政治委员、第五师政治部主任、第六师政治委员。参加了长沙战役和中央苏区历次反"围剿"斗争。1934 年夏受到"左"倾冒险主义者的打击，被撤销职务，同年 10 月参加长征，后任红三军团直属队政治处主任、第十三团政治处主任。到达陕北后，任中央军委警卫团政治委员，陕甘军区关中军分区司令员，红二十八军政治部主任，延安城防司令部政治委员。参加了巩固陕甘苏区的斗争。抗日战争和解放战争时期，任八路军山东纵队政治部主任，苏皖纵队司令员兼政治委员，山东纵队第二旅政治委员兼滨海军政委员会书记，中共安东省工委副书记，中共安东省委书记，中共辽东省委第二书记，辽东军区第二政治委员。

江德皮（1912—1935）　江西永丰人。中国共产党党员。1930 年参加红军。曾任江西军区某团政治委员。1934 年 10 月参加长征。1935 年夏在西康（今四川西部）牺牲。

汤平（1903—1968）　曾用名王绍禹、王季钦。湖南浏阳人。1929 年加入中国共产党，同年参加红军。历任红五军第二纵队第六大队军需，第一师第二团连政治委员、团总支书记，第三团政治处主任，红三军团补充团政治委员，红五军第一师政治部地方工作科科长、秘书处处长，红三军团第五师第十三团俱乐部主任、师政治部破坏科（敌工科）科长、宣传科科长，第四师供给部部长，红军陕甘支队第二纵队供给部部长。参加了长沙战役、中央苏区历次反"围剿"斗争和中央红军长征。到达陕北后，任红一军团政治部巡视团团长、直属政治处主任。参加了直罗镇、东征、西征和山城堡战役。抗日战争和解放战争时期，任抗日军政大学队列科科长，抗大第一分校校务处处长，八路军驻晋办事处政治部主任，八路军总政治部秘书处处长，晋西北行政公署财政处处长、粮食处处长、行政公署秘书长，吕梁行署副主任，晋绥行署检察处处长，华北财经委员会副主任。中华人民共和国成立后于 1955 年被授予中将军衔。

汤光恢（1909—2008）　曾用名汤鹏如。江西永丰人。1925 年 11 月加入中国共产主义青年团。1930年参加红军，同年11月转入中国共产党。历任红四军第十一师宣传队队长，师政治部组织科干事，红一军团第二师第五团连政治指导员、师直属队总支书记、侦察大队政治委员，军团政治部组织干事、巡视员。参加了中央苏区历次反"围剿"斗争和中央红军长征，抗日战争和解放战争时期，任新四军政治部组织部副部长、军法处长，保卫部都长，山东野战军第一纵队政治部副主任，华东野战军第一纵队、解放军第二十军副政治委员兼政治部主任。中华人民共和国成立后于1955年被授予少将军衔。

汤成功（？—？）　湖北京山人。1935年11月任红二军团第六师第十八团政治委员。

汤祥丰（？—？）　籍贯不详。1935年11月任红六军团第十七师政治委员。

汤福林（？—1936）　湖南桑植人。1935年11月任红二军团第四师参谋长。1936年5月7日在云南中甸县桥头阵亡。

匡克钧（？—？）　湖南浏阳人。1936年任红二方面军第六军团第十七师供给部部长。

许建国（1903—1977）　曾用名杜理卿。湖北黄陂人。1923年加入中国社会主义青年团，同年转入中国共产党。1930年参加红军。后任红五军的团参谋长，第一师特派员，红三军团政治保卫分局侦察部部长、保卫分局局长。参加了中央苏区历次反"围剿"斗争和中央红军长征。到达陕北后，任红一军团第四师特派员，抗日军政大学第一分校校务处第一科科长。参加了直罗镇、东征、西征战役。抗日战争和解放战争时期，任陕甘宁边区保安处副处长，中共中央社会部保卫部部长，中共中央华北局社会部部长兼华北人民政府公安局局长。

许瑞芳（1906—1934）　江西崇仁人。1926年加入中国共产党。曾任国民党临川县党部执行委员、工人部部长。1927年8月参加南昌起义。起义军南下失败后，回乡从事党的秘密工作。1929年冬参加红军。曾任红四军第十师政治宣传科科长。参加了中央苏区历次反"围剿"斗争。1934年10月参加长征，不久牺牲。

阮平（1915—1970） 曾用名阮金庭。广西田东人。1929 年参加红军。1933 年加入中国共产党。曾任红七军勤务员、通信班班长，红军学校学员，独立师连长、营长，红三军团第四师第十团连长、副营长，独立团团长，第十一团总支委员。参加了红七军远征、中央苏区第三至第五次反"围剿"斗争和中央红军长征。到达陕北后，任红一军团第一师第三团副团长、团长。参加了直罗镇、东征、西征等战役。抗日战争和解放战争时期，任八路军晋察冀军区第三支队第七大队大队长，冀晋军区独立第二旅、晋察冀军区第三纵队第九旅、第四纵队第十二旅、第十旅副旅长，第八纵队第二十四旅旅长，解放军第六十五军第一九五师师长。

阮瑞丰（1904—1942） 曾用名阮得胜、阮阜之。湖南平江人。1927 年加入中国共产主义青年团。1930 年 5 月参加红军。1932 年 2 月加入中国共产党。历任红三军团连政治指导员、团特派员、师直属队特派员等职。参加了中央苏区历次反"围剿"斗争和中央红军长征。到达陕北后，任陕甘宁独立师团特派员、师特派员。参加了保卫陕甘苏区斗争。抗日战争开始后，任八路军总兵站政治处组织股副股长，第一一五师第三四三旅补充团政治处组织股股长，营政治教导员、营长，游击支队政治部主任。1942 年在作战中牺牲。

孙毅（1904—2003） 曾用名孙俊明。河北大城人。曾任国民军团副，第二十六路军中校参谋。参加了北伐战争和反蒋战争。1931 年 12 月由宁都起义参加红军。1933 年加入中国共产党。历任红五军团第十四军司令部谍报科科长，第四十一师参谋长，第十三军第三十八师参谋长，红军学校教员、连长、营长，粤赣军区第二十二师参谋长，中央革命军事委员会教导师参谋长，军委干部团作战科科长，政治保卫团参谋长，红三军团教导大队大队长、军团司令部教育科科长、侦查科科长、作战科科长。参加了中央苏区第四、第五次反"围剿"斗争和中央红军长征。到达陕北后，任红一军团司令部教育科科长、军团参谋长。参加了直罗镇、东征、西征和山城堡战役。抗日战争和解放战争时期，任八路军第一一五师教导大队大队长，晋察冀军区军政干校校长，军区参谋长，八路军第三纵队兼冀中军区参谋长，解放军冀中军区司令员兼晋察冀军区第七纵队司令员，河北军区司令员。中华人民共和国成立后于1955年被授予中将军衔。

孙开楚（1910—1942）　湖南郴县人。1926年参加农民运动。1927年加入中国共产党。曾任区农民协会文书，中央郴县区委委员，游击队党代表。1928年参加湘南起义，后任红四军第三十二团营党代表，第三纵队纵委秘书。参加了井冈山和赣南、闽西地区的游击战争。1930年后，任红四军机要保密员，中华苏维埃中央政府保密员，毛泽东的机要秘书，军委机要科科长。参加了中央苏区历次反"围剿"斗争和中央红军长征。抗日战争开始后，任八路军总部第三科科长、政治部组织部部长、军工部政治委员。1942年5月在山西辽县（今左权县）十字岭反"扫荡"战斗中牺牲。

孙文采（1911—1977）　曾用名孙家灯、孙光彩、孙文山。江西宁都人。1929年参加红军游击队，同年加入中国共产主义青年团。1933年转入中国共产党。曾任游击队中队长，少共（共青团）彭湃县委青工部部长，红五军团第十五师第四十四团政治委员、师供给部政治委员，红一军团政治部组织干事。参加了中央苏区历次反"围剿"斗争和中央红军长征。到达陕北后，任陕甘宁军区政治部统战科科长，陕甘宁独立第四团政治处主任。参加了保卫陕甘苏区的斗争。抗日战争和解放战争时期，任八路军留守兵团警备第七团政治处主任，解放军晋察冀军区冀晋纵队第三旅副政治委员，热河军区第二十军分区政治委员，冀察热辽军区供给部政治委员，热河军区政治部主任。中华人民共和国成立后于1955年被授予少将军衔。

孙仪之（1906—1986）　曾用名孙从礼。安徽六安人。早年在国民党军当军医。1933年参加红军。1936年加入中国共产党。曾任中央苏区卫生学校教员，陕甘苏区卫生学校教务主任、副校长。参加了中央苏区的反"围剿"斗争和中央红军长征。抗日战争和解放战争时期，任抗日军政大学校务部卫生处处长，军委卫生部医务主任、代部长，八路军前方总指挥部卫生部部长兼政治委员，中共中央北满分局代理秘书长，北满军区卫生部部长，东北军区卫生部副部长，东北野战军、第四野战军卫生部部长。中华人民共和国成立后于1955年被授予少将军衔。

孙安定（1909—1935）　福建厦门人。中国共产党党员。1932年参加红军。曾任红一军团第四军政治部宣传科科长。1934年10月参加长征。1935年在长征途中牺牲。

孙润华（1907—1993）　山东平原人。早年参加国民革命军。1931年12月由宁都起义参加红军。1935年加入中国共产党。历任红五军团第十四军经理处科员、军医处文书，中央革命军事委员会教导师师部文书，红三军团第四师第十团文书。参加了中央苏区第四、第五次反"围剿"斗争和中央红军长征。到达陕北后，任关中军分区政治部地方工作科科长。抗日战争和解放战争时期，任陕甘宁边区靖边县县长，定边县县长，中共乌审旗工委书记，中共三边（定边、靖边、安边）地委组织部部长，三边军分区副政治委员。中华人民共和国成立后于1955年被授予少将军衔。

孙继先（1911—1990）　山东曹县人。早年参加国民革命军。1931年12月参加宁都起义，并加入红军。1932年加入中国共产党。曾任江西军区独立第四师教导大队区队长，红二十二军第六十四师连长，江西模范师第二团营长，红一军团第一师第一团营长，陕甘支队第一纵队第一大队连长。参加了中央苏区第四、第五次反"围剿"斗争和中央红军长征，并参加指挥了强渡大渡河的战斗。到达陕北后，任红一军团第一师第一团参谋长，红三十一军第九十三师参谋长。参加了直罗镇、东征、西征和山城堡战役。抗日战争和解放战争时期，历任八路军第一二九师第三八六旅第七七二团参谋长，第一一五师东进抗日挺进纵队津浦支队支队长，山东纵队第二支队支队长，第二旅旅长，教导第一旅旅长，鲁中军区第三军分区、第四军分区司令员，解放军山东军区第四师师长，华东野战军第八纵队副司令员，第三纵队代理司令员，第二十二军军长。中华人民共和国成立后于1955年被授予中将军衔。

孙超群（1906—1967）　安徽阜南人。早年参加国民党军。1929年8月参加红军。1930年8月加入中国共产党。曾任红四军战士，红军学校第一分校班长，红二十二军军部通信排排长，江西军区永丰独立营连政治委员，独立第五师第十四团政治委员，独立第四师师长，红二十二军第六十四师师长，中央军事政治学校营长，红一方面军教导团团长，中央警卫师（工人师）师长，红八军团第二十三师师长。参加了中央苏区历次反"围剿"斗争和中央红军长征。1935年9月留在红四方面军工作，后任共产主义大学（党校）教务主任。抗日战争和解放战争时期，任八路军留守兵团警备第六团团长，山西青年抗敌决死队第四纵队副司令员，晋绥军区第六军分区司令员，解放军雁门军区副司令员，西北野战军第四纵队副司令员，第四军、第七军副军长。中华人民共和国成立后于1955年被授予少将军衔。

七画

严俊（1914—1998） 曾用名严超翰。江西泰和人。1930年参加红军，同年加入中国共产党，历任红二十二军政治部青年干事，第六十四师军需处政治委员，红四军经理处军械科科长，红一军团供给部军实科科长、保管处处长。参加了中央苏区历次反"围剿"斗争和中央红军长征。抗日战争和解放战争时期，任八路军前方总指挥部军需处处长，军委总供给部政治处主任，山西青年抗敌决死队第一纵队供给部部长，决死第一旅供给部部长，太岳纵队兼太岳军区供给部部长，陕甘宁晋绥联防军教导第二旅供给部部长，冀中军区供给部部长，北岳军区后勤司令部副司令员，解放军第十八兵团后勤部部长。中华人民共和国成立后于1955年被授予少将军衔。

苏进（1907—1992） 曾用名苏泮陵、苏玉麟。河南郾城人。1922年参加国民军。曾任学兵连排长、连长，国民军联军总司令部副官、参谋，洛阳军官教导团队长等职。参加了北伐战争。1927年赴日本留学。1930年回国后，任国民党军第二集团军总司令部高级参谋，手枪旅参谋长，第二十六路军第二十五师第七十三旅第一团中校团副。1931年12月由宁都起义参加红军。1932年1月加入中国共产党。后任红五军团第十五军第四十三师第一二七团团长，第四十四师师长，红一军团随营学校总队长，中央军事政治学校军事主任教员、第六期团副团长，红军大学参谋科科长，特科学校训练处主任。参加了赣州、漳州等战役和中央苏区第四、第五次反"围剿"斗争。1934年10月参加长征，任军委干部团上干大队政治科、军事科科长，红军大学骑兵科科长。到达陕北后，任红军学校骑兵科主任教员，红军大学第三科（教导师，后称庆阳步兵学校）训练部部长，抗日军政大学第二分校训练部副部长。抗日战争和解放战争时期，任陕甘宁边区警备司令部参谋长，八路军第一二○师第三五九旅副旅长，东北民主联军铁道司令部司令员，铁道护路军司令员，东北野战军炮兵司令部副司令员兼炮兵纵队司令员，第四野战军特种兵纵队副司令员。中华人民共和国成立后于 1955 年被授予少将军衔。

苏杰（？—1935） 江西永新人。1934 年 8 月任红六军团第十七师第四十九团政治委员。1935 年 7 月 28 日在湖南龙山招头寨阵亡。

苏静（1910—1997） 曾用名苏孝顺。福建海澄（今龙海）人。1932 年 5 月参加红军。1936 年加入中国共产党。曾任红军大学教员，红一军团司令部作战科参谋、侦察科副科长、科长。参加了中央苏区第四、第五次反"围剿"斗争和中央红军长征。抗日战争和解放战争时期，任八路军第一一五师司令部第二科科长，东进支队司令部秘书长兼军法处处长，师政治部保卫部部长兼敌工部部长，山东战时工作推行委员会公安处副处长，山东军区政治部秘书长、司令部参谋处副处长兼情报处处长，东北民主联军司令部情报处处长，东北野战军司令部第一处处长兼第三处处长，中南军区司令部作战处处长兼队列处处长。中华人民共和国成立后于 1955 年被授予中将军衔。

苏鳌（1912—1975） 湖南浏阳人。1928 年参加鄂东南游击队。1929 年加入中国共产党。土地革命战争时期，任湘鄂赣独立师排长，红三军团第十六军第七师第二十团连党代表，红六军团第十七师第四十九团副营长，第十八师第五十二团参谋长，第五十三团团长，第十八师参谋长、副师长。参加了长征。抗日战争时期，任八路军第一二〇师第三五九旅第七一七团营长，独立第四支队支队长，延安卫戍司令部参谋长，南下第一支队五大队大队长，中原军区鄂北军分区副司令员。解放战争时期，任晋绥军区第六军分区司令员，西北军政大学副教育长。中华人民共和国成立后于 1955 年被授予少将军衔。

苏达清（1911—1934） 福建永定人。1928 年 6 月参加永定农民起义。1929 年随游击队编入红军。1930 年加入中国共产党。曾任红十二军班长、排长、连长，红五军团第三十四师第一〇一团团长。参加了中央苏区历次反"围剿"斗争和中央红军长征。1934 年 11 月在湖南嘉禾作战中牺牲。

苏光明（1902—1937） 江西兴国人。中国共产党党员。1931 年参加红军。后任红一军团政治部破坏部（敌工部）部长，红五军团第十三师第三十九团政治处主任。参加了中央苏区反"围剿"斗争和中央红军长征。1935年9月随红五军团留在红四方面军，后任红五军第十三师第三十九团政治处主任，军政治部秘书处处长。1937年1月20日在甘肃高台县城战斗中牺牲。

苏启胜（1909—1967） 福建永定人。1928年参加永定农民起义。1929年随游击队编入红军，同年加入中国共产党。历任红十二军班长、排长、连政治指导员，红一军团第一师第三团连政治指导员、团总支代书记，军委干部团营政治委员，西北红军学校特科大队政治委员，抗日先锋军地方干部大队政治委员。参加了中央苏区历次反"围剿"斗争和中央红军长征。三大主力红军会师后，被调到红二方面军工作，任教导团政治委员。抗日战争和解放战争时期，任八路军第一二○师教导团政治委员、师政治部宣传部部长，独立第二支队政治委员，留守兵团政治部组织部副部长，陕甘宁晋绥联防军政治部副主任，军委军工局政治委员，解放军热河军区政治部主任，冀热察军区副政治委员兼政治部主任，察哈尔军区副政治委员。中华人民共和国成立后于1955年被授予少将军衔。

苏树根（？—？） 籍贯不详。1936年6月任红二军团第六师第十六团政治委员。

苏振华（1912—1979） 曾用名苏七生、苏先星。湖南平江人。1928年春参加平江农民暴动。1929年参加赤卫队，同年8月加入中国共产主义青年团。1930年6月参加红军，8月转入中国共产党。曾任少先队大队长，游击队队长，红五军第一师第一团士兵委员会委员长、排长、连政治委员，红三军团第一师经理处政治委员，第四师第十二团、第十团党总支书记，第五师第十三团政治委员。参加了中央苏区历次反"围剿"斗争。曾荣获中央革命军事委员会颁发的三等"红星奖章"。1934年10月参加长征，后任红三军团第十二团政治委员，陕甘支队第二纵队第十二大队政治委员。到达陕北后，任红一军团第四师第十二团政治委员，抗日军政大学第一分校第二科科长。参加了东征战役。抗日战争和解放战争时期，任抗大政治大队、第一大队大队长、第一团团长，八路军第一一五师第三四三旅、鲁西军区、教导第三旅、八路军第二纵队、冀鲁豫军区政治委员，晋冀鲁豫野战军第一纵队司令员兼政治委员，解放军第五兵团政治委员。中华人民共和国成立后于 1955 年被授予上将军衔。

苏精诚（1915—1941） 曾用名苏脚桶。福建海澄（今龙海）人。1932 年 5 月组织游击队。不久率队参加红军，并加入中国共产党。曾任红一军团政治部宣传队队长、敌工科科长，第四师政治部宣传科科长，第一师政治部宣传科科长。参加了中央苏区第四、第五次反"围剿"斗争和中央红军长征。抗日战争开始后，任八路军第一二九师第三八五旅政训处主任、第三八六旅政治部主任、太岳军区政治部主任。1941 年 1 月 28 日在山西武乡韩壁反"扫荡"战斗中牺牲。

杜平（1908—1999） 曾用名杜豪、杜大久。江西万载人。1930 年 4 月参加红军，同年 6 月加入中国共产党。曾任红三军政治部宣传科科员，第二纵队政治部宣传科科长，红三军军政训练大队大队长，军特务连、军医处、无线电队政治委员，红一军团卫生部、无线电队政治委员。参加了长沙战役、中央苏区历次反"围剿"斗争和中央红军长征。到达陕北后，任红一方面军无线电队政治委员，红一方面军直属队党总支书记，红三十军政治部主任、政治委员兼政治部主任。参加了直罗镇、东征等战役。抗日战争和解放战争时期，任八路军留守兵团警备第三团政治委员，警备第一旅副政治委员，陕甘宁晋绥联防军政治部秘书长，解放军东北民主联军政治部秘书长兼组织部副部长，东北野战军、第四野战军政治部组织部部长。中华人民共和国成立后于 1955 年被授予中将军衔。

杜中美（1899—1934） 又名杜宗美。陕西兴平人。早年参加国民军。曾任新编第一师连指导员。1929 年秘密加入中国共产党，同年 12 月由大冶起义参加红军。1930 年后，历任红三军团第八军第三纵队第二大队大队长，红八军第四师团长、师参谋长，红三军团第四师参谋长，第四师第十团团长。参加了中央苏区历次反"围剿"斗争。1934 年 10 月参加长征，任红三军团第六师参谋长，同年 12 月初在掩护中央机关过湘江时，在广西兴安界首战斗中牺牲。

旷春太（？—？） 江西永新人。1936 年任红二方面军第六军团第十七师供给部部长。

杨刚（1912—1935） 河南人。1931年12月参加宁都起义，不久加入中国共产党，后任军委机要科科长。1935年5月在西康泸定（今属四川）牺牲。

杨忠（1909—1941） 曾用名欧阳吉善。江西安福人。1930年加入中国共产党。1931年参加红军。历任红四军连政治指导员，红一军团第二师营政治教导员，红三军团第五师政治部科长、第十三团政治处股长。参加了中央苏区的反"围剿"斗争和中央红军长征。抗日战争开始后，任八路军第一一五师第三四三旅政治部科长、补充团政治处主任，鲁北支队司令员兼政治委员，第一一五师教导第六旅政治部主任，冀鲁边军区政治部主任。1941年9月3日在山东惠民夹河地区作战中牺牲。

杨宴（？—？） 籍贯不详。1936年7月任红二方面军第六军团第十六师参谋长。

杨勇（1912—1983） 曾用名杨世俊。湖南浏阳人。1926年参加农民运动。1927年4月加入中国共产主义青年团。1930年2月参加红军，同年转入中国共产党。历任红八军政治部宣传大队大队长，红三军团第四师第一团连政治委员，江西军区安远独立营营长兼政治委员，红三军团第二师第五团政治处主任、师政治部政务处处长。1933年后，任红三军团第五师第十四团党总支书记、政治处主任，第四师第十团政治委员，陕甘支队第二纵队第十大队政治委员。参加了中央苏区历次反"围剿"斗争和中央红军长征。到达陕北后，任红一军团第四师第十团政治委员，第一师政治委员，第四师政治委员。参加了直罗镇、东征、西征和山城堡战役。抗日战争和解放战争时期，任八路军第一一五师第三四三旅第六八六团团长兼政治委员，第一旅旅长兼政治委员，第三四三旅旅长兼鲁西军区司令员，教导第三旅旅长，冀鲁豫军区司令员兼晋冀鲁豫野战军第七纵队司令员，第一纵队司令员，解放军第五兵团司令员。中华人民共和国成立后于1955年被授予上将军衔。

杨澹（1905—1934） 曾用名杨柳溪。广西贵县人。1927年加入中国共产党。在广西从事地下工作。1929年12月参加百色起义。后任百色县苏维埃文化委员会主席兼广西第一劳动中学校长。1930年11月随红七军远征，任营政治教导员、军政治部地方工作科科长，同年 12 月下旬在湖南武冈县城战斗中负伤，回家治疗。伤愈后，自筹经费到上海找到党组织，被介绍到中央苏区工作。1934 年 10 月参加长征，不久牺牲。

杨水生（？—1936） 江西吉安人。中国共产党党员。1936 年任陕甘宁独立师（独立第一师）第一团团长，同年在陇东毛居井战斗中牺牲。

杨立三（1900—1954） 曾用名杨永阔、杨世名。湖南长沙人。1926 年开始从事革命活动。1927 年加入中国共产党。曾任国民革命军第十一军第二十四师新兵招募委员、排长。1927 年 9 月参加湘赣边界秋收起义，后随毛泽东到达井冈山，任工农革命军第一军第一师副官，红四军副官，第三纵队第九支队党代表。参加了井冈山和赣南、闽西地区的革命斗争。1930 年后，任红十二军军需处处长，红一方面军副官长兼经理处处长，中央革命军事委员会财务部部长，总经理部后方办事处主任，总兵站部部长，军委抚恤委员会委员。领导了中央苏区历次反"围剿"的物资供应和兵站保障工作。1934 年 10 月参加长征。到达陕北后，任西北革命军事委员会总兵站部部长，抗日军政大学第一分校校务处处长。抗日战争和解放战争时期，任八路军后勤部部长兼政治委员，前方总指挥部后勤部部长兼政治委员，第一二九师兼晋冀鲁豫军区后勤部部长兼政治委员，中共晋冀鲁豫中央局经济部部长，八路军前方指挥部副参谋长，解放军总后勤部部长，晋冀鲁豫边区军政联合办事处主任，华北财经办事处副主任，华北军区后勤司令员。

杨兰史（1909—1938） 曾用名杨兰更、杨衍祥。广东大埔人。1927 年参加革命工作。不久加入中国共产党。曾在东江、闽西地区从事革命工作。1933 年后，任红军学校政治部宣传科科员，第一步兵学校政治部宣传科科长、政治部秘书长，红军通信学校政治委员，抗日军政大学教育科科长等职。参加了中央苏区反"围剿"斗争和中央红军长征。1938 年 10 月 17 日在陕西延安病故。

杨成武（1914—2004） 曾用名杨能俊。福建长汀人。1928 年 12 月加入中国共产主义青年团。1929 年 1 月参加古城农民暴动，同年加入红军。任少年武装先锋队大队长，闽西红军第三路指挥部秘书。1930 年随部队编入红一军团第四军，同年5月转入中国共产党。曾任干事、连政治委员、师教导大队政治委员、师直属队党委书记、师秘书长、团政治委员等职。参加了中央苏区历次反"围剿"斗争。1934年10月参加长征，任红一军团第二师第四团政治委员，率部担负前卫任务。指挥所部血战湘江、强渡乌江、飞夺泸定桥、攻占天险腊子口等战役战斗，为中央红军主力北上开辟了通路。到达陕北后，任红一方面军第一军团第一师政治委员。红军大学毕业后，改任第一师师长兼政治委员。参加了直罗镇、东征战役。抗日战争时期，任八路军第一一五师独立团团长、独立第一师师长兼晋察冀军区第一军分区和第一支队司令员，后兼政治委员、地委书记，冀中军区司令员等职。解放战争时期，任晋察冀野战军第三纵队司令员（后兼政治委员），晋察冀野战军第二政治委员，中国人民解放军华北野战军第三兵团司令员，第二十兵团司令员等职。中华人民共和国成立后于1955年被授予上将军衔。曾荣获朝鲜民主主义人民共和国一级自由独立勋章两枚，中国人民解放军一级八一勋章、一级独立自由勋章、一级解放勋章、一级红星功勋荣誉章。

杨至成（1903—1967）　又名杨至诚。贵州三穗人。1926年进入黄埔军官学校学习，同年加入中国共产主义青年团。1927年转入中国共产党。曾任国民革命军第二十军连政治指导员，参加了北伐战争。1927年8月参加南昌起义，后任第二十军第三师第六团连长。起义军南下失败后，随朱德、陈毅转战闽南、赣南、粤北。1928年1月参加湘南起义，后任红四军第二十八团连长。参加了井冈山和赣南、闽西地区的革命斗争。1930年后，任红十二军副官长，中央军事政治学校校务部部长，中央革命军事委员会总供给部部长兼政治委员，红军供给学校校长，红一方面军供给部部长，红军大学校务部部长，领导了中央苏区反"围剿"的后勤保障工作。1934年10月参加长征，任中革军委先遣工作团主任（团长）。到达陕北后，任西北革命军事委员会总兵站部部长，红一方面军供给部部长、后方勤务部部长，两延（延川、延长）卫戍司令员。抗日战争开始后，任抗日军政大学校务部部长。1938年赴苏联学习。1946年回国后，任东北人民自治军、东北民主联军后勤部政治委员，东北野战军后勤部副政治委员，东北军区、第四野战军后勤部军需部部长。中华人民共和国成立后于1955年被授予上将军衔。

杨光池（1905—？） 曾用名杨鉴成。四川富顺人。1927年加入中国共产主义青年团。1930年6月转入中国共产党，同年参加红军。曾任红三军团第八军特务队政治委员，军团直属队总支书记，第四师第二团政治委员，红三军团无线电队政治委员，军团政治部巡视员。参加了中央苏区历次反"围剿"斗争和中央红军长征。到达陕北后，任红十五军团无线电队政治委员，军团直属队政治处主任。抗日战争和解放战争时期，任抗日军政大学总校秘书科科长、总务处处长、第二团政治委员，新四军盐（城）阜（宁）军区政治委员，盐阜军分区政治部主任，第三师兼苏北军区政治部副主任兼组织部部长，苏北军区第五军分区政治委员，解放军华东野战军第十二纵队第三十六旅副政治委员、纵队副政治委员兼政治部主任，苏北军区政治部主任，江淮军区副政治委员兼政治部主任，皖北军区政治部主任。

杨怀珠（1910—1999） 江西吉安人。1930年参加红军。1932年加入中国共产党。曾任福建军区武平独立团连政治指导员，红军总兵站部第二十兵站政治委员，中央革命军事委员会第二局管理科科长。参加了中央苏区历次反"围剿"斗争和中央红军长征。到达陕北后，任红十五军团侦察队队长。抗日战争和解放战争时期，任八路军第一二九师政治部保卫部侦察科科长，东进纵队、冀南军区政治部保卫科科长，晋冀鲁豫边区政府公安总局第二科科长，南进支队政治部保卫科科长，东北民主联军辽西纵队政治部保卫部副部长，东北野战军第八纵队、第四十五军政治部保卫部部长。中华人民共和国成立后于1961年晋升为少将。

杨秀山（1914—2002） 原名杨木森。湖北沔阳人。1929年加入中国共产主义青年团。1930年参加中国工农红军。1934年转入中国共产党。土地革命战争时期，任红六军政治部宣传员，红三军第七师政治部宣传队长、第七师总支书记，红二军团第四师第十一、第十二团政治委员，第四师副政治委员。参加了长征。抗日战争时期，任八路军第一二○师骑兵营政治委员，第三五八旅第七团政治委员、旅副政治委员，晋绥军区第四军分区司令员。解放战争时期，任西北野战军第二纵队独立第四旅政治委员，第一野战军第四师师长兼政治委员，第二军副军长。中华人民共和国成立后于1955年被授予中将军衔。

杨奇清（1911—1978）　湖南平江人。1928年7月参加平江起义，同年加入中国共产党。1930年5月参加红军。后任红三军团连政治指导员，红军后方卫生部科长，红三军团政治保卫分局执行部（科）部长。参加了中央苏区历次反"围剿"斗争和中央红军长征。到达陕北后，任红十五军团政治保卫分局局长。参加了东征、西征、山城堡战役。抗日战争和解放战争时期，任八路军野战政治部锄奸部部长，前方总指挥部政治部保卫部部长，中共中央北方局社会部部长，解放军晋冀鲁豫军区第四纵队副政治委员，中共晋冀鲁豫中央局社会部部长，中共中央华北局社会部副部长，中央军委公安部副部长。

杨尚昆（1907—1998）　重庆潼南人。大学文化。1925年参加革命工作，同年加入中国共产主义青年团。1926年转为中国共产党党员。1925年至1931年，在成都、重庆、上海等地从事学运和工运工作，在苏联莫斯科中山大学学习并任支部局宣传部副部长、中国问题研究院研究生。1931年至1933年任全国总工会宣传部部长、党团书记，中共江苏省委宣传部部长，上海工会联合会党团书记，中共中央宣传部长，参加组织领导上海工人运动和抗日救亡运动。1933年至1937年任中央苏区《红色中华》《斗争》报编辑，马克思共产主义学校副校长，红一方面军政治部主任，红三军团政治委员，红军总政治部副主任，参加了长征，任陕甘支队政治部主任，野战政治部主任。1937年至1945年任中共中央北方局书记，在延安参加整风。1945年至1948年任中共中央军委秘书长，中央直属队后委副书记。

杨尚高（1908—1983）　湖南平江人。1928年加入中国共产主义青年团。1930年转入中国共产党，同年参加中国工农红军。土地革命战争时期，任红十六军军政学校干事，湘鄂赣独立第二师连政治指导员，湘鄂川黔军区大庸军分区政治部宣传科科长，红第六军团第十八师第五十四团政治委员，第六军团教导大队政治委员。参加了长征。抗日战争时期，任八路军第一二〇师教导团政治委员兼政治处主任，中国人民抗日军政大学第七分校政治部主任。解放战争时期，任晋绥军区第三纵队政治部副主任，西北军区政治部秘书长。中华人民共和国成立后于1955年被授予少将军衔。

杨尚儒（1903—1986）　福建连城人。1929年10月参加农民起义。1930

年 1 月参加红军，同年 3 月加入中国共产党。历任红四军第三纵队第七支队司务长、排长，第十二师第三十六团连政治委员，红一军团第二师第五团营长、团参谋长，第四师第十一团团长。参加了中央苏区历次反"围剿"斗争和中央红军长征。到达陕北后，参加了东征、山城堡战役。抗日战争和解放战争时期，任八路军第一一五师晋西独立支队第二团、第一团团长和代理支队长，教导第四旅副旅长，东北民主联军第七纵队第十九旅副旅长，第一纵队第三师副师长、纵队后勤部部长、纵队参谋长，东北野战军后勤部第二分部部长兼政治委员。中华人民共和国成立后于 1955 年被授予少将军衔。

杨春山（？—？）　湖北人。北伐战争时期加入中国共产党。1927 年 8 月参加南昌起义。曾任红一方面军某团团长。后牺牲。

杨春华（？—1935）　河南人。1931 年 12 月参加宁都起义。曾任红五军团第十三师卫生部部长。1935 年在长征途中牺牲。

杨树根（1915—1998）　江西清江人。1930 年 7 月参加红军，同年加入中国共产主义青年团。1932 年转入中国共产党。历任红一方面军师直属队干事，团宣传队分队长、队长，连政治指导员，营政治委员，团政治委员等职。参加了中央苏区历次反"围剿"斗争和中央红军长征。抗日战争和解放战争时期，任中共晋中地委书记，八路军第一二九师东进纵队先遣支队政治委员，新编第九旅第二十七团政治委员，冀鲁豫军区第三军分区、冀南军区第五军分区、独立第四旅、晋冀鲁豫野战军第十纵队第二十八旅政治委员，解放军第五十八军第一七二师、湖北军区独立第四师师长。中华人民共和国成立后于 1955 年被授予少将军衔。

杨思禄（1917—？）　曾用名张友、方力。江西于都人。1930 年加入中国共产主义青年团。1933 年参加中国工农红军，同年由团转入中国共产党。土地革命战争时期，任红一军团第二师警卫班班长。参加了长征。抗日战争时期，任八路军第一一五师第三四三旅警卫连排长、代连长，冀热察挺进军第三十七团副营长，营政治教导员，冀东军分区特务营营长，冀热辽军区特务团团长。解放战争时期，任冀热辽军区热河纵队第二十五旅旅长，冀东军区第十二军分区副司令员，华北军区教导第三师师长，第二野战军直属教导第二师师长。中华人民共和国成立后于 1961 年晋升为少将军衔。

杨桂林（1911—1935）　江西吉安人。1930 年参加红军。1931 年加入中国共产党。曾任红一方面军排长、连长、营长，独立团团长，参加了中央苏区历次反"围剿"斗争和中央红军长征。1935 年 7 月被调到红四方面军工作，任红三十一军独立团团长，同年 8 月在四川黑水芦花（今黑水县城）战斗中牺牲。

杨家保（1914—1981）　曾用名欧阳家保。江西吉安人。1930 年 9 月参加红军。1931 年 5 月加入中国共产主义青年团。1933 年 2 月转入中国共产党。历任红一军团政治保卫局侦察员、检察科副科长，补充团特派员，红二十九军政治部科长，中央革命军事委员会后方办事处特派员等职。参加了中央苏区历次反"围剿"斗争和中央红军长征。抗日战争和解放战争时期，任新四军第二师锄奸部副部长，淮南行政公署公安局局长，华中野战军第一纵队政治部保卫部部长，华东野战军第一纵队政治部组织部部长，野战军政治部保卫部部长，解放军第二十军第五十九师政治委员。中华人民共和国成立后于 1964 年晋升为少将。

杨梅生（1905—1978）　曾用名杨勋梅、杨熊梅。湖南湘潭人。1927 年初加入工会，同年 4 月参加国民革命军，任第二方面军警卫团副班长。9 月参加湘赣边界秋收起义。1928 年加入中国共产党。历任工农革命军第一军第一师第一团班长，红四军第三十一团上士，第三纵队中队长、副大队长。参加了井冈山和赣南、闽西地区的革命斗争。1930 年后，任红四军军部副官，红十二军特务大队大队长、特务营营长、第三十六师第一〇六团团长，湘赣军区独立第九师第四十三团副团长、政治委员，军区独立第三师师长，红五军团第三十四师第一〇〇团团长，红九军团第三师第八团团长。参加了中央苏区历次反"围剿"斗争和中央红军长征。1935 年 9 月随红九军团留在红四方面军，后任红三十二军的团长，红四方面军总部警卫营营长，金川军区参谋长，总部纵队参谋长，甘肃抗日救国军总指挥部参谋长。抗日战争和解放战争时期，任八路军总部警卫科科长，新四军竹沟留守处参谋长、江北指挥部副参谋长，津浦路东联防司令部司令员，第二师独立旅旅长兼路东军分区司令员，解放军晋察冀军区第一纵队副司令员，热河军区代理司令员，合江军区司令员，第四十六军副军长。中华人民共和国成立后于 1955 年被授予中将军衔。

杨得志（1910—1994） 曾用名杨敬堂。湖南醴陵南阳桥（今属株洲）人。1928 年 1 月参加湘南起义，同年 10 月加入中国共产党。历任湘南工农革命军第七师师部通信员，红四军特务营连士兵委员会主席，第二纵队班长。参加了井冈山和赣南、闽西地区的游击战争。从 1930 年 10 月起，任红四军第十一师师部警卫通信排排长兼士兵委员会主席，特务连连长兼党支部书记，炮兵连连长，红十五军第四十五师司令部管理科科长，红一军团第三十一师第九十三团团长，红一军团第七师第二十团团长。参加了中央苏区第一至第三次反"围剿"斗争和 1932 年的多次进攻战役。1933 至 1934 年任红一军团第一师第一团团长。参加了第四、第五次反"围剿"斗争。曾荣获中央革命军事委员会颁发的三等"红星奖章"。1934 年 10 月参加长征，仍任第一师第一团团长，率部担任前卫和先遣任务。1935 年 5 月指挥由十七名勇士组成的突击队，胜利强渡大渡河，为后续部队打通了前进道路，同年 9 月任陕甘支队第一纵队第一大队队长。到达陕北后，任红一军团第一师第一团团长，第一师副师长，第二师师长。参加了直罗镇、东征、西征和山城堡战役。1937 年 1 月入抗日军政大学学习，同年 7 月毕业。抗日战争和解放战争时期，任八路军第一一五师第三四三旅第六八五团团长，第三四四旅副旅长、代理旅长，八路军冀鲁豫支队支队长，八路军第二纵队代理司令员、司令员兼冀鲁豫军区司令员，陕甘宁晋绥联防军教导第一旅旅长，中共七大代表，解放军晋冀鲁豫军区第一纵队司令员，晋察冀军区第二纵队司令员，晋察冀野战军司令员，华北军区第二兵团司令员，解放军第十九兵团司令员，宁夏军区司令员，陕西军区司令员，中共中央西北局委员，西北军政委员会委员。中华人民共和国成立后于 1955 年被授予上将军衔。

杨焕章（？—1937） 又名杨汉章、杨新章。早年参加国民革命军。1930 年后在第二十六路军任职。1931 年 12 月由宁都起义参加红军，不久加入中国共产党。曾在红五军团工作和战斗。1934 年 9 月后，任红八军团第二十一师第六十一团团长，红五军团司令部侦察科科长。参加了中央苏区第四、第五次反"围剿"斗争和中央红军长征。1935 年 9 月随红五军团留在红四方面军，后任红五军第十三师第三十七团参谋长，军政治部组织科科长，军参谋长等职。

1937 年 3 月在甘肃临泽作战中牺牲。

李干（1902—1935） 广西隆安人。1927 年参加革命工作，不久加入中国共产党，在广西右江地区从事农民运动。1929 年 12 月参加百色起义，曾任广西省农民协会执行委员，隆安县苏维埃主席。参加了创建、保卫右江苏区的斗争。1930 年参加红军。后任红七军第一纵队政治部宣传科科长、军政治部宣传科科长。参加了红七军远征、中央苏区第三至第五次反"围剿"斗争和中央红军长征。1935 年 9 月走出草地后不久牺牲。

李元（1894—1979） 江西吉安人。1930 年参加红军。1931 年加入中国共产党。历任红三军第九师第二十七团连司务长、军经理处出纳、会计，红一军团第一师第二团供给处会计、第二师供给部会计科科长。参加了中央苏区历次反"围剿"斗争和中央红军长征。抗日战争和解放战争时期，任八路军第一一五师供给部会计科科长、出纳科科长，山东滨海军区后勤部副部长，新四军兼山东军区供给部副部长，解放军华东军区供给部副部长，山东军区后勤部副部长。中华人民共和国成立后于 1955 年被授予少将军衔。

李平（1915—1964） 曾用名李彬喜。福建上杭人。1929 年 8 月参加红军。1930 年 1 月加入中国共产党。历任闽西红十二军第三十五师第一〇三团政治处青年干事，红一军团第一师直属队特派员，第二师第六团副特派员，军团卫生部副特派员。参加了中央苏区历次反"围剿"斗争和中央红军长征。到达陕北后，任西北革命军事委员会后方办事处直属队特派员，红三十军特派员。参加了直罗镇、东征战役和东线游击战争。抗日战争和解放战争时期，任抗日军政大学第二分校第二大队、第二团政治委员，晋察冀军区无线电大队政治委员，军区机动旅政治部主任，冀东军区第十五、第十四军分区副政治委员，解放军第四十六军预备师政治委员。中华人民共和国成立后于 1955 年被授予少将军衔。

李达（1905—1993） 原名李德三。陕西省眉县人。1925 年入平凉第二军官学校学习。毕业后任西北军排长、连长。1931 年参加宁都起义。1932 年加入中国共产党。土地革命战争时期，任中国工农红军第五军团连长，湘赣边独立第一师参谋长、第三团团长，红十七师参谋长兼第十三团团长，红六军团参谋长，红二军团参谋长，红二方面军参谋长，援西军参谋长。参加了长征。抗日战争时期，任八路军第一二九师参谋处处长、参谋长，太行军区司令员，晋冀鲁豫军区参谋长。解放战争时期，任中原军区参谋长，第二野战军参谋长兼特种兵纵队司令员、政治委员。中华人民共和国成立后于1955年被授予上将军衔。荣获一级八一勋章、一级独立自由勋章、一级解放勋章和一级红星功勋荣誉章。

李白（1910—1949） 出曾用名李华初、李静安、李朴、李侠。湖南浏阳人。1925年参加工农运动，同年加入中国共产党。1927年9月参加湘赣边界秋收起义，后回乡从事秘密工作。1930年8月参加长沙战役，同年9月参加红军，任红四军宣传员。1931年春到红一方面军无线电训练班学习，毕业后任无线电台报务员，红五军团第十三军无线电队政治委员，红五军团无线电队政治委员。参加了中央苏区历次反"围剿"斗争和中央红军长征。1935年9月随红五军团留在红四方面军，后任红三十一军电台政治委员，红四军电台台长。1937年秋被中共中央派到上海，长期从事秘密无线电通讯工作。1948年12月29日被捕。1949年5月7日就义。

李朴（？—1935） 四川简阳人。1934年8月任红六军团政治部宣传部长。1935年7月3日在湖南永顺小井阵亡。

李贞（1908—1990） 女。湖南浏阳人。1927年加入中国共产党。参加了湘赣边界秋收起义。土地革命战争时期，任浏东游击队士兵委员会委员长，中共平江、吉安县委军事部部长，红六军团政治部组织部部长，红二方面军政治部组织部副部长。参加了长征。抗日战争时期，任八路军妇女学校校长，八路军第一二〇师教导团组织科科长，师直属政治处主任，陕甘宁晋绥联防军政治部组织部组织科科长。解放战争时期，任晋绥军区政治部秘书长，西北野战军政治部直属政治部主任。中华人民共和国成立后于1955年被授予少将军衔。

李治（1899—1989） 江西永新人。1931年参加红军，同年加入中国共产党。历任红军第四医院军医、医务主任，红军总卫生部护士学校校长兼教员，红军第一医院院长，红军总医院直属重伤所所长，红军卫生学校教育长等职。参加了中央苏区历次反"围剿"和中央红军长征中的医疗卫生保障工作。抗日战争和解放战争时期，任陕甘宁边区卫生学校校长兼教育长，军委卫生部保健科科长，陕甘宁边区政府卫生处处长、卫生署署长，西北野战军卫生部副部长。中华人民共和国成立后于 1955 年被授予少将军衔。

李肃（1910—1941） 山东临清人。西北军官学校毕业。1930 年加入中国共产党，在国民党军第二十六路军从事兵运工作，曾任第二十五师第七十四旅第二团书记官。1931 年 12 月由宁都起义参加红军，后任红五军团第十四军政治部宣传部部长，团政治委员，军团随营学校政治委员。参加了中央苏区第四、第五次反"围剿"斗争和中央红军长征。抗日战争开始后，任八路军总政治部电影队支部书记。1941 年在延安病故。

李科（？—1936） 湖南新化人。1936 年 7 月任红二方面军第六军团第十七师参谋长，同年 9 月 18 日在甘肃两当阵亡。

李信（？—？） 湖南浏阳人。1935 年 11 月任红六军团第十八师政治部主任。

李涛（1905—1970） 曾用名李湘舲、李成才、李毓英。湖南汝城人。1925 年参加爱国学生运动。1926 年加入中国共产党。曾任汝城县总工会委员长兼工人纠察队队长。1927 年参加工农革命军，后任工农革命军第二师营党代表，赣西南游击大队党代表，红六军第一纵队第三支队、第三纵队第八支队政治委员，红三军第一纵队、第七师政治委员，红四军政治部主任，红五军团第十三军第三十七师政治委员，红军总政治部宣传部宣传科科长，红一方面军政治部破坏部（敌工部）部长，红九军团政治部主任、政治保卫分局局长，中央革命军事委员会第二局政治委员，中央纵队政治部主任等职。参加了中央苏区历次反"围剿"斗争和中央红军长征。到达陕北后，任西北革命军事委员会总政治部敌工部部长，中华苏维埃中央政府西北办事处政治保卫局局长，红一方面军政治部统战部部长，陕甘宁边区南路军军政委员会副主席。参加了巩固扩大陕甘苏区的斗争。抗日战争和解放战争时期，任八路军驻西安、武汉办事处处长，驻南京办事处主任，中央革命军事委员会总参谋部第一局局长，总参谋部副部长，中央军委经济建设部部长，军委秘书长兼第二局局长，作战部部长兼第一局局长。中华人民共和国成立后于 1955 年被授予上将军衔。

李骏（1902—1934） 江西于都人。北伐战争时期加入中国共产党。参加了北伐战争。1927 年 8 月参加南昌起义，后回乡组织农民武装。1928 年春领导于都北乡农民起义，后任中共于北区委书记，河西特委军事部部长，红七军参谋长，红三军团第五师参谋长等职，参加了赣西南苏区的创建和中央苏区历次反"围剿"斗争。1934 年 10 月参加长征，12 月下旬在黔东地区作战中牺牲。

李基（1904—1993） 湖南平江人。1928 年参加红军，同年加入中国共产党。曾任红五军第三纵队第八大队中队长、第一师第三团连长，连政治委员、师政治部组织科科长，红三军团第四师特派员，参加了中央苏区历次反"围剿"斗争和中央红军长征。1935 年 7 月调红四方面军工作，后任红四方面军政治保卫局预审科科长，红四军保卫部副部长。抗日战争和解放战争时期，任中央革命军事委员会总政治部保卫部第二科科长，八路军总后勤部兵站部副部长，解放军中原军区后勤部副部长，东北民主联军骑兵纵队后勤部部长，第十纵队后勤部部长兼政治委员。中华人民共和国成立后于 1955 年被授予少将军衔。

李湘（1915—1952） 曾用名李祥、李湘林、李秀里。江西永新人。1930 年参加红军。1931 年加入中国共产主义青年团，同年 9 月转入中国共产党。历任红一方面军司号员、通信员、排长、连长、营长等职。参加了中央苏区历次反"围剿"斗争和中央红军长征。到达陕北后，任红一军团骑兵团总支书记、第一师第十三团团长。参加了直罗镇、东征、西征、山城堡等战役。抗日战争和解放战争时期，任八路军留守兵团警备第一团副团长，晋察冀军区第一军分区第六团团长，第三军分区第二团团长、军分区司令员，解放军冀晋军区第三军分区司令员，冀晋纵队第一旅、教导旅旅长，晋察冀野战军第四纵队第十一旅旅长。

李铨（？—？） 籍贯不详。1935 年 11 月任红六军团第十八师政治部主任。

李德（1901—1974） 曾用名奥托·布劳恩、奥伯特·李德、华夫，代号 A、A 同志。德国幕尼黑人。早年加入德国共产党。参加了巴伐利亚苏维埃共和国的战斗和德国中部的工人起义。1928年到苏联，曾任苏联红军的师参谋长。1932年来到中国，任共产国际驻中国军事顾问。1933年进入中央苏区，积极推行错误的军事路线，导致中央苏区第五次反"围剿"的失败和长征初期部队的严重损失。1935年1月在遵义会议上受到批评，被取消对红军的指挥权，后任红军大学教员，陕甘支队编制委员会主任。1939年去苏联。1948年回到民主德国。

李毅（1911—1981）　曾用名李培芬。河南开封人。1927年参加国民革命军。曾任第二十六路军第二十五师第七十三旅军医。1930年秘密加入中国共产党。1931年12月参加宁都起义，并加入红军。后任红五军团卫生部医院院长，第十三师卫生部部长，中央革命军事委员会卫生部后方医院院长。参加了中央苏区第四、第五次反"围剿"和中央红军长征的医疗保障工作。到达陕北后，任红一军团卫生部部长，中央革命军事委员会卫生部后方医院院长，卫生部医政处处长。抗日战争和解放战争时期，任八路军后勤部卫生部医政科科长，新四军竹沟留守处军医处处长，新四军第六支队卫生部政治委员，第四师政治部宣传部副部长、卫生部政治委员、第十一旅第三十二团政治委员，解放军华东野战军第四纵队第十二师政治部主任，第十一纵队第三十一旅副政治委员。中华人民共和国成立后于1955年被授予少将军衔。

李干辉（1904—1974）　曾用名李清。广东惠阳人。1923年参加工人运动。1925年加入中国共产党。曾任全国海员总工会党总支书记。1929年被党组织派到广西工作，同年12月参加百色起义，后任红七军第三纵队营政治教导员，军政治部宣传队队长。参加了右江苏区的革命斗争和红七军远征。到达中央苏区后，历任红二十二军第六十四师政治委员，红三军团第三师政治委员，第四师第十二团政治委员，中央警卫师（工人师）政治委员，红八军团第二十三师政治委员，红三军团第十三团政治委员。参加了中央苏区第三至第五次反"围剿"斗争和中央红军长征。1935年9月后，任红四方面军第三十二军政治委员、政治部主任，红二方面军政治部军人工作部部长，红二方面军红军大学政治部主任。抗日战争和解放战争时期，任抗日军政大学第四分校政治部主任，苏中军区第二军分区政治部主任，第三军分区副政治委员，独立旅政治委员，华东野战军第六纵队政治部主任，第十二纵队政治委员，解放军第三十军政治委员。

李子芳（1910—1942）　曾用名钱子英。福建晋江人。早年到菲律宾谋生。1927年回国。1931年加入反帝大同盟和革命互济会。1932年5月在漳州参加红军。后任红四军政治部组织部统计干事，红一军团政治部组织部干事。1933年4月加入中国共产党。参加了中央苏区第四、第五次反"围剿"斗争和中央红军长征。到达陕北后，任红一军团政治部组织部部长，红一军团党务委员会候补委员。参加了直罗镇、东征、西征和山城堡战役。抗日战争开始后，任新四军政治部组织部部长。1941年1月在皖南事变中被俘。1942年5月上旬在江西上饶集中营被国民党特务毒害。

李井泉（1909—1989）　江西临川人。1927年参加革命工作，同年加入中国共产党。1928年参加红军。参加了井冈山革命根据地的斗争。1929年被派到广东东江，任游击队党代表，共青团梅县县委书记。1930年回到江西，后任红一方面军政治部办公室秘书长，红三十五军政治委员，独立第三师政治委员，红二十一军政治委员，红三军团第四师政治部主任、补充第二师政治委员。参加了中央苏区历次反"围剿"斗争和中央红军长征。1935年9月留在川康边区工作，后任红四方面军红军大学上级政治科科长，红二军团第四师政治委员。抗日战争和解放战争时期，任八路军第一二〇师第三五八旅副旅长、政治委员，第一二〇师大青山支队支队长兼政治委员，第三五八旅兼晋绥军区第三军分区政治委员，中共中央晋绥分局组织部部长兼晋绥军区副政治委员，抗日军政大学总校政治委员，晋绥野战军政治委员，中共中央晋绥分局书记，解放军华北军区第三兵团、第二十兵团政治委员。

李夫克（1915—1988）　又称李富开、李瑚开。江西莲花人。1931年加入中国共产主义青年团，同年参加红军。1933年转入中国共产党。曾任莲花县模范少年队大队长，苏维埃共和国政治保卫局保卫大队大队长。参加了中央苏区的反"围剿"斗争和中央红军长征。到达陕北后，任第三十军参谋长，陕甘宁边区第一作战区参谋长。参加了东征战役和东线游击战争。抗日战争和解放战争时期，任抗日军政大学总校训练部军事训练科科长，八路军第一二〇师第三五八旅兼晋绥军区第三军分区参谋长，师教导团团长，晋绥军区参谋处处长兼第一军分区副司令员，晋绥野战军副参谋长，第三纵队参谋长，解放军西北野战军副参谋长。中华人民共和国成立后于1955年被授予少将军衔。

李天佑（1914—1970）　广西临桂人。曾在桂军独立团当兵。1929年加入中国共产党，同年12月参加百色起义。后任红七军教导营排长、军部特务连连长。参加了右江苏区的革命斗争和红七军远征。到达中央苏区后，任红七军第五十八团副团长、团长，红三军团第五师第十三团团长、第五师师长。参加了中央苏区第三至第五次反"围剿"斗争。曾荣获中央革命军事委员会颁发的三等"红星奖章"。1934年10月参加长征。红一、红四方面军会师后，曾任红三十军参谋长。到达陕北后，任红一军团第四师第十团团长，第二师参谋长、副师长，第四师师长。参加了直罗镇、东征、西征战役。抗日战争开始后，任八路军第一一五师第三四三旅第六八六团团长、副旅长、代理旅长。1939年赴苏联学习。1946年回国后，任北满（吉黑）军区参谋长，松江军区司令员，东北野战军第一纵队司令员，解放军第三十八军军长，第十三兵团副司令员。中华人民共和国成立后于1955年被授予上将军衔。

李木生（1912—1971）　江西吉安人。1929年参加红军。1932年加入中国共产党。曾任红四军第十二师第三十五团排长、连长，红三军团第四师第十团营长、副团长，红一军团第二师第四团副团长等职。参加了中央苏区历次反"围剿"斗争和中央红军长征。抗日战争和解放战争时期，任新四军第二师第五旅第十三团副团长，第六旅第十八团团长，华东野战军第十二纵队第三十四旅副旅长兼苏北军区第五军分区副司令员，第三十四旅旅长，解放军第三十四军第一〇二师师长。中华人民共和国成立后于1955年被授予少将军衔。

李长暐（1909—1987）　江西信丰人。1929年加入中国共产主义青年团。1930年参加红军。1931年加入中国共产党。曾任红二十军连政治委员，红三军团补充第三师政治部组织科科长兼干部教导队政治委员，红三军团无线电队政治委员。参加了中央苏区历次反"围剿"斗争和中央红军长征。到达陕北后，任红二十九军第二五六团政治委员兼总支书记。参加了东线游击战争。抗日战争和解放战争时期，任八路军留守兵团绥德警备区政治部组织科科长，留守兵团司令部副官处处长，陕甘宁晋绥联防军司令部副官处副处长，东北民主联军总后勤部兵站部部长兼政治委员，第四野战军后勤部第五分部部长。中华人民共和国成立后于1955年被授予少将军衔。

李化民（1915—2002）　甘肃临洮人。1929 年参加国民党军，1931 年 12 月由宁都起义加入红军。1932 年加入中国共产主义青年团。1933 年转入中国共产党。历任红五军团第十五师宣传队分队长、队长，红一军团政治部宣传大队副大队长。参加了中央苏区第四、第五次反"围剿"斗争和中央红军长征。到达陕北后，任红十五军团回民师代理政治委员。参加了东征、西征战役。抗日战争和解放战争时期，任八路军第一二九师新编第一旅第二团副团长，冀中军区、晋绥军区第三十二团团长，东北民主联军保安第一旅副旅长，东北野战军第七纵队第二十一师师长，解放军第四十四军副军长。中华人民共和国成立后于 1955 年被授予少将军衔。

李文楷（1909—1942）　福建上杭人。1929 年加入中国共产党，同年参加红军。参加了中央苏区历次反"围剿"斗争和中央红军长征。到达陕北后，任西北革命军事委员会兵站部政治委员，红一方面军后方勤务部政治委员。参加领导了东征、西征战役的后勤保障工作。三大主力红军会师后，任红一、红二、红四方面军总兵站部政治委员，中央革命军事委员会总后方勤务部政治委员、总兵站部政治委员。抗日战争开始后，任中央军委总政治部组织部组织科科长，八路军前方总指挥部政治部组织科科长。1942 年 5 月在山西武乡反"扫荡"战斗中牺牲。

李文清（1910—1999）　湖北松滋人。1930 年参加中国工农红军。1932 年加入中国共产党。土地革命战争时期，任红三军第七师十九团连长、营长，龙桑县独立团团长。参加了长征。抗日战争时期，任中国人民抗日军政大学队长，八路军第一二〇师第三五八旅第七一五团参谋长、团长，晋绥军区第二军分区参谋长，雁北军区第二军分区司令员。解放战争时期，任西北野战军第三纵队参谋长，第一野战军三军参谋长。中华人民共和国成立后于 1955 年被授予少将军衔。

李立国（？—1935）　福建长汀人。中国共产党党员。曾任中央革命军事委员会第二局机要科科长。1935 年 8 月在四川西北部草地牺牲。

李亚民（？—？）　湖北天门人。1935 年 11 月任红二军团随营学校教育长。

李华清（？—？）　籍贯不详。1936年7月任红六军团第十六师卫生部部长。

李兆炳（1909—1992）　福建漳州人。1932年5月参加红军。1935年加入中国共产党。历任红四军政治部宣传科科员，红一军团政治部宣传部干事、宣传队副队长，军团政治部《战士报》主编。参加了中央苏区第四、第五次反"围剿"斗争和中央红军长征。到达陕北后，任军团政治部宣传科科长、教育科科长。参加了直罗镇和西征战役。抗日战争和解放战争时期，任八路军后方政治部、中央革命军事委员会总政治部宣传部宣传科科长、留守兵团政治部宣传部部长，中央军委编译局副局长，解放军冀中纵队第二旅政治部主任，冀晋军区独立第一旅、第二军分区、晋中军区五台军分区副政治委员，华北军区独立第四旅政治委员。中华人民共和国成立后于1955年被授予少将军衔。

李寿轩（1906—1984）　湖南邵阳人。1926年参加国民革命军。参加了北伐战争。1928年7月参加平江起义，同年加入中国共产党。历任红五军第五纵队第十二大队中队长，红五军政治保卫大队大队长，第三师第九团团长，第一师第二团团长，红三军团第六师第十八、第十六团团长，红三军团独立团团长。参加了湘鄂赣、湘赣苏区的游击战争、中央苏区历次反"围剿"斗争和中央红军长征。到达陕北后，任第八十一师参谋长，红二十七军参谋长。参加了直罗镇、东征、西征战役。抗日战争和解放战争时期，任八路军总部参谋处第三科科长，山西青年抗敌决死队第三纵队副司令员，太行军区第三军分区司令员，东北松江军区副司令员，东北军区铁道修复局第一副局长，铁道纵队副司令员，铁道兵团参谋长。中华人民共和国成立后于1955年被授予中将军衔。

李志民（1906—1987）　曾用名李凤瑞、李明阶、李轩。湖南浏阳人。1926年参加农民运动。1927年加入中国共产党。1928年参加红军。曾任乡农民协会副委员长，区委军事委员兼游击队党代表，红五军第二纵队中队党代表，特务大队政治委员，红五军军委秘书长等职。参加了创建湘鄂赣苏区的游击战争和长沙战役。从1930年冬起，任红五军军委组织部部长，红五军随营学校政治委员，红三军团政治保卫大队政治委员，红五军第六师第七团政治委员，第二师政治部主任，军团教导营政治委员，军团卫生部政治委员，军团政治保卫分局第二科科长。参加了中央苏区历次反"围剿"斗争和中央红军长征。到达陕北后，任红一军团第四师第十一团政治委员，红十五军团第八十一师政治部主任，红二十七军政治部主任。参加了直罗镇、东征、西征战役。抗日战争和解放战争时期，任抗日军政大学政治部组织部部长，抗大第二分校政治部主任，晋察冀军区政治部组织部部长，第四军分区政治委员，冀中军区副政治委员，解放军冀中纵队副政治委员，晋察冀军区第三、第二纵队政治委员，第二十兵团政治部主任，第十九兵团政治委员。中华人民共和国成立后于1955年被授予上将军衔。

李志明（1913—2004）　曾用名李亚光。广西田东人。1929年参加赤卫军。1930年参加红军。1931年加入中国共产党。历任赤卫军排长，红七军班长，工农红军学校教员，彭杨步兵学校政治教员，中央教导师第二团政治委员，总政治部破坏部干事，军事干部团连政治指导员，代理营政治教导员。参加了红七军远征、中央苏区第三至第五次反"围剿"斗争和中央红军长征。到达陕北后，任红军大学第三科（教导师）政治部组织科科长。抗日战争和解放战争时期，任八路军总部特务团政治委员，第一一五师教导第三旅政治委员。

李志高（1913—1942）　湖南平江人。1928年1月参加工农革命军游击队，同年2月加入中国共产党，7月参加红军。曾随红五军转战湘鄂赣边和井冈山地区。1929年作战负伤后，同部队失去联系。1930年7月归队，后任红八军第六师连队文书，师部见习参谋、侦查参谋。参加了中央苏区历次反"围剿"斗争和中央红军长征。到达陕北后，任红一方面军北路军司令部第二科科长，中央革命军事委员会直属队队长。参加了东征战役。1937年9月进入抗日军政大学学习，毕业后分配到新四军工作，后任新四军第七师参谋长，新四军总直属队队长。1942年审查干部时不幸遇难。

李克农（1899—1962）　曾用名李泽田、李种禾、李侠公。安徽巢县人。曾任芜湖民主中学校长等职。1926年加入中国共产党。后在芜湖从事中共统战工作，任国民党芜湖县党部宣传部部长。1928年到上海，任中共沪中区委宣传委员。1929年入国民党上海无线电管理局从事情报工作，获取大量机密，保护了中共地下组织。1931年进入中央苏区，后任江西省政治保卫局第三科科长、执行部部长，苏维埃共和国保卫局局长，红一方面军政治保卫局局长，中华苏维埃中央候补执行委员，中央革命军事委员会政治保卫局局长，总政治部红军工作部部长。参加了中央苏区反"围剿"斗争和中央红军长征。到达陕北后，任中共中央联络局局长，西北革命军事委员会政治保卫局局长，红军驻西安办事处主任，西安事变和平谈判中共代表团秘书长，负责建立了红军同东北军、第十七路军的联系。抗日战争和解放战争时期，任八路军、新四军驻上海、南京、桂林办事处主任、处长，八路军总部秘书长，中共中央长江局秘书长，中共中央社会部副部长、情报部副部长，北平军事调处执行部中共代表团秘书长，中共中央社会部部长、总参谋部情报部部长。中华人民共和国成立后于1955年被授予上将军衔。

李连祥（？—1936） 河南洛阳人。1931年12月参加宁都起义，后加入中国共产党。曾任红五军团第十三师第三十七团参谋长。参加了中央苏区第四、第五次反"围剿"斗争和中央红军长征。1935年9月随红五军团留在红四方面军，后任红五军第十三师第三十七团团长。1936年12月在甘肃高台作战中牺牲。

李坚真（1907—1992） 女。曾用名李见珍。广东丰顺人。1926年参加农民运动，同年9月加入中国共产主义青年团。1927年6月转入中国共产党。曾任区农民协会执行委员，丰顺县革命委员会副委员长。1929年进入闽西苏区，任中共长汀县委书记，闽西特委妇女部部长，福建省委妇女部部长，苏区中央局妇女部部长，中华苏维埃中央执行委员。参加了中央苏区反"围剿"斗争。1934年10月参加长征，任中央纵队政治部地方工作科科长，军委干部团妇女班班长，干部休养连政治指导员。到达陕北后，任中共中央西北局妇女部副部长。抗日战争和解放战争时期，任中共中央妇女运动委员会常委，陕甘宁边区妇救会主任，中共江西省委妇女部部长，中共中央华东局妇女部部长，华中局民运部副部长，山东分局妇委书记。

李佐玉（1914—1992） 江西兴国人。1928年春参加农民起义。1932年加入中国共产主义青年团，同年参加红军。1934年转入中国共产党。曾任红一军团政治保卫分局侦察科员，第一师第一团副特派员，西北红军学校特派员。参加了中央苏区第四、第五次反"围剿"斗争和中央红军长征。抗日战争和解放战争时期，任中央军委卫生部第四后方医院特派员八路军通信学校特派员，第一二〇师大青山骑兵支队政治部锄奸科科长、第三团代理政治委员，晋绥军区骑兵支队第一团政治委员，绥蒙军区骑兵旅副政治委员，陕甘宁晋绥联防军第八纵队骑兵第一旅政治委员，解放军绥远军区骑兵第一师政治委员。中华人民共和国成立后于 1955 年被授予少将军衔。

李作鹏（1914—2009） 江西吉安人。1930 年参加红军。1931 年加入中国共产主义青年团。1932 年转入中国共产党。曾任中央革命军事委员会第二局参谋、第二科科长。参加了中央苏区历次反"围剿"斗争和中央红军长征。抗日战争和解放战争时期，任八路军第一一五师司令部侦察科科长、作战科科长、参谋处处长，东北民主联军司令部参谋处处长，第一纵队副司令员，第六纵队副司令员，解放军第四十三军军长。中华人民共和国成立后于 1955 年被授予中将军衔。"文化大革命"期间积极参加林彪反革命集团的阴谋活动。1973 年被开除党籍。1981 年被最高人民法院特别法庭判处有期徒刑 17 年。

李英华（？—1935） 又名李士华。江西永新人。中国共产党党员。1930 年参加红军。曾任红四军班长、排长、连长，红一军团营长。参加了中央苏区历次反"围剿"。曾荣获中央革命军事委员会颁发的三等"红星奖章"。1934 年 10 月参加长征，后任红一军团第二师第四团参谋长，陕甘支队第一纵队第四大队大队长。1935 年 10 月 21 日在陕西保安（今志丹县）吴起镇（今吴旗县城）战斗中牺牲。

李卓然（1899—1989） 曾用名李俊哲、李俊杰、雁鱼。湖南湘乡人。1922 年加入中国社会主义青年团。1923 年加入中国共产党，同年赴法国勤工俭学，1926 年转赴苏联学习。曾任中共旅欧支部委员，中共旅莫（斯科）支部组织委员，1930 年回国后进入中央苏区。后任中央革命军事委员会直属队总支书记，中革军委委员，红军总政治部宣传部部长，红四军、红三军政治部主任，红一军团政治部主任，红五军团政治委员，红军前敌总指挥部政治部副主任等职。参加了中央苏区历次反"围剿"斗争和中央红军长征。主持翻译苏军《政治工作条例》。1935 年 9 月被留在红四方面军，历任红四方面军政治部主任、中共中央西北局委员，西路军政治部主任、军政委员会委员，中共西路军工委书记等职。抗日战争和解放战争时期，任八路军总政治部宣传部教育科科长、宣传部部长，中共陕甘宁区委宣传部部长，中共中央西北局常委兼宣传部部长，中共中央东北局宣传部部长。

李国柱（？—1935）　湖南平江人。中国共产党党员。1928年参加红军。历任红三军团第八军连政治委员，粤赣军区第二十二师第六十四团团长，红九军团司令部侦察科科长、第九团团长等职。参加了中央苏区历次反"围剿"斗争和中央红军长征。1935年春在川南大兴场战斗中牺牲。

李明如（1911—？）　曾用名陈焕文。江西吉水人。1930年参加红军。1931年加入中国共产党。历任红三军第七师排长，红五军团第十四军第四十师第六团营政治教导员，红三军团第六师第十六团营长、军团司令部参谋，红一军团第二师第四团参谋长。参加了中央苏区历次反"围剿"斗争和中央红军长征。抗日战争和解放战争时期，任八路军太岳军区第三军分区司令员，解放军第六十二军第一八六师副师长等职。

李鸣铁（1884—1935）　曾用名李民铁、李气象、李源刘。湖南资兴人。曾在资兴从事农民运动。北伐战争时期加入中国共产党。1928年参加湘南起义，同年4月到达井冈山，后任红四军第三十二团第四连党代表。参加了井冈山革命根据地反"进剿"、反"会剿"斗争。1929年后，随红五军转战湘赣、湘鄂赣边区和中央苏区，历任红五军大队党代表、支队政治委员、第一师第一团政治委员，红三军团政治部秘书长，红军陕甘支队第二纵队政治部秘书长。参加了中央苏区历次反"围剿"斗争和中央红军长征。1935年10月在陕西保安（今志丹县）吴起镇（今吴旗县城）战斗中牺牲。

李质忠（1915—2002）　曾用名李志忠。福建上杭人。1929年参加革命。1930年加入中国共产主义青年团。1933年转入中国共产党。历任中共福建省委文书，中共苏区中央局机要文书，中央革命军事委员会机要科副科长等职。参加了中央苏区历次反"围剿"斗争和中央红军长征。抗日战争和解放战争时期，先后任中央军委机要科科长、机要处处长，中共中央机要局副局长兼机要处处长，机要局局长。

李绍贤（1916—1942）　福建上杭人。1931 年参加红军。1932 年加入中国共产党。曾任红一军团政治部保卫部保卫科科长。参加了中央苏区的反"围剿"斗争和中央红军长征。抗日战争开始后，任八路军第一一五师政治部锄奸部锄奸科科长。1942 年在山东反"扫荡"斗争中牺牲。

李建良（？—？）　湖北荆门人。1936 年 6 月任红二军团第四师第十二团政治委员。

李保珍（？—1935）　江西莲花人。1934 年 8 月任红六军团第十七师第五十团政治委员。1935 年 1 月在湖南大庸火烧坪阵亡。

李屏仁（1908—1937）　江西武宁人。1929 年考入西北陆军军官学校，毕业后到国民党军第二十六路军任职。1931 年秘密加入中国共产党，同年 12 月由宁都起义参加红军。后任红五军团第十五军第四十三师连长、营长，第一二八团团长，军团教导队队长，军团司令部作战科科长，第十三师第三十七团团长。参加了中央苏区第四、第五次反"围剿"斗争和中央红军长征。1935 年 9 月随红五军团留在红四方面军，后任红五军第十三师第三十七团团长，红五军参谋长。1936 年 10 月在甘肃永昌作战中负重伤。1937 年 3 月西路军退入祁连山后，誓死不当俘虏，从容自尽。

李桂林（1913—1981）　湖南平江人。1930 年 6 月参加红军，同年 10 月加入中国共产主义青年团。1931 年春转入中国共产党。历任平江独立团、红五军第三师宣传员，第三师政治部文印股股长，红三军团政治部文印科科长，参加了中央苏区历次反"围剿"斗争和中央红军长征。到达陕北后，任中共中央西北局秘书处文印科科长，中央革命军事委员会后方政治部巡视员，红二十九军政治部巡视员、组织科科长、宣传科科长，参加了保卫陕甘苏区的斗争。抗日战争和解放战争时期，任八路军留守兵团警备第七团政治处主任，第一二〇师第三八五旅第七团、第二团政治处主任，东北军政大学辽宁分校政治部主任，旅顺市公安局局长、副政治委员，东北军区独立第五师政治部主任，解放军第五十军第一四九师政治委员。中华人民共和国成立后于 1955 年被授予少将军衔。

李致远（1907—1978） 曾用名李直远。江西于都人。1930年4月加入中国共产党，同年12月参加红军。曾任红一方面军独立第三师第八团政治处干事、连政治指导员、团党总支书记，粤赣军区信（丰）（南）康支队总支书记，中央革命军事委员会总卫生部训练队队长、临时野战医院总支书记。参加了中央苏区历次反"围剿"斗争和中央红军长征。1935年9月留在红四方面军工作。抗日战争和解放战争时期，任八路军冀热察挺进军第七团政治委员，挺进军政治部组织部部长，解放军冀中军区第九军分区副政治委员，独立第八旅政治委员，晋察冀野战军第六纵队第十七旅、第六十八军第二〇三师政治委员。中华人民共和国成立后于1955年被授予少将军衔。

李爱群（1904—1935） 曾用名李谒民、李霭民。广西岑溪人。1927年参加革命工作，曾任南宁《革命之花》杂志编辑。1929年12月参加百色起义，同年加入中国共产党。后任红七军政治部宣传科科长。参加了红七军远征。到达中央苏区后，长期作政治工作和报纸编辑工作。参加了第三至第五次反"围剿"斗争和中央红军长征。1935年8月在四川若尔盖草地牺牲。

李资平（1910—2004） 广东广州人。1933年参加红军。1934年加入中国共产党。后任中央革命军事委员会总卫生部第一后方医院主治军医，军委干部团干部休养连连长。参加了中央苏区第五次反"围剿"斗争和中央红军长征。到达陕北后，任中革军委总卫生部第一后方医院（永坪医院）院长。抗日战争和解放战争时期，任八路军留守兵团军医处处长，解放军冀热辽军区卫生部部长，东北野战军卫生部医院管理局局长。中华人民共和国成立后于1955年被授予少将军衔。

李继开（1916—1994） 江西新干人。1932年参加红军，同年加入中国共产主义青年团。1933年转入中国共产党。曾任红三军团兵站警卫连排长，中央革命军事委员会警卫营参谋，中革军委第一局参谋。参加了中央苏区第四、第五次反"围剿"斗争和中央红军长征。抗日战争和解放战争时期，历任八路军总兵站部运输科科长，延川办事处处长，八路军总政治部总务科科长，太岳纵队第二支队副支队长，八路军南下支队情报处处长，解放军鄂东军区第一军分区副司令员，独立第二旅参谋长，鄂东军区参谋长，胶东军区副参谋长，华东军区司令部参谋处处长，苏南军区参谋长等职。中华人民共和国成立后于1955年被授予少将军衔。

李梓斌（1914—1986）　湖南平江人。1929年11月参加红军。1931年8月加入中国共产主义青年团。1933年8月转入中国共产党。历任红五军第一师班长、副排长，红三军第六师连长、营长、团参谋长、师司令部侦察科科长。参加了中央苏区历次反"围剿"斗争和中央红军长征。抗日战争和解放战争时期，任八路军第一一五师教导大队大队长，抗日军政大学第一分校支队长，新编第四旅、教导第五旅参谋长，山东滨海军区第三军分区参谋长，山东军区第一师参谋长、副师长，东北民主联军后勤部参谋长，西线后勤司令部副司令员。中华人民共和国成立后于1961年晋升为少将。

李雪三（1910—1992）　曾用名李育林、李雪山。河南修武人。早年参加国民革命军。1931年12月由宁都起义参加红军。1932年1月加入中国共产党。历任红五军团第十三军第三十八师政治部宣传队队长，师政治部技术书记、宣传科科长。参加了中央苏区第四、第五次反"围剿"斗争和中央红军长征。到达陕北后，任红十五军团第七十五师政治部宣传科科长，军团政治部统战部部长，陕南抗日联军第一军政治委员，红十五军团警卫团政治委员。参加了直罗镇、东征、西征战役。抗日战争和解放战争时期，历任八路军第一一五师第三四四旅第六八七团政治处主任，冀鲁豫支队第一大队政治委员，八路军第二纵队新编第二旅政治部主任，第五纵队第二支队代政治委员兼政治部主任，新四军第三师第八旅政治委员，中共江苏省盐（城）阜（宁）区委书记、地委书记，解放军东北野战军第二纵队第四师政治委员，第二纵队政治部主任，第三十九军副政治委员。中华人民共和国成立后于1955年被授予中将军衔。

李彩云（1908—1937）　甘肃临洮人。1926年参加国民军，不久进入西安国民军第二军军官学校学习。毕业后，任排长、副连长等职。1931年12月由宁都起义参加红军，不久加入中国共产党。曾任红五军团第十三军连长、团长，红五军团司令部训练科科长。参加了中央苏区第四、第五次反"围剿"斗争和中央红军长征。1935年9月，随红五军团留在红四方面军，历任红五军司令部训练科科长，大金省军事部部长，金川省军区司令员兼独立师师长，甘肃省抗日救国军第二路司令员，独立第一师师长，西路军骑兵师参谋长。1937年7月，在由甘肃返回延安的途中被错杀。1945年被平反昭雪。

李维汉（1896—1984）　曾用名罗迈、王金。湖南长沙人。1916年考入湖南省立第一师范学校第二部学习，1917年暑期毕业留校任初级部主任。1918年参与组织新民学会。1919年赴法国勤工俭学。1922年6月参与发起成立旅欧中国少年共产党，任中央执委会委员、组织委员。1923年1月转为中国共产党党员。1923年4月至1925年11月任中共湘区执委会书记。1925年11月至1927年5月任中共湖南区委书记。在中共五届一中全会上当选为中共中央政治局委员（任职至1927年8月）。1927年5月任中共中央秘书长。1927年7月至8月任中共中央政治局临时常委会委员。大革命失败后，1927年8月至1928年7月任中共中央临时政治局委员、常委，其间，1927年8月至11月兼任中共中央秘书处秘书长，1927年8月起兼任中共中央组织部部长。1928年中共第六次全国代表大会后任中央巡视员。1928年11月后曾任中共中央代秘书长。1929年任中共江苏省委兼上海市委组织部部长、书记。1930年9月至1931年1月任中共中央政治局候补委员。1930年10月起任中共江南省委书记兼上海市委书记。1931年中共六届四中全会后赴苏联莫斯科学习。1933年回国后任中共中央组织部干事、副部长、部长。1934年1月起任中共中央党务委员会书记，中华苏维埃共和国中央执委会委员、中央执委会主席团成员。参加了长征。其间，任军委第二野战纵队司令员兼政治委员、总政治部地方工作部部长。1936年9月起任中共少数民族工委书记，12月起任中共三边特委书记，中共陕甘省委书记。1936年6月至1938年3月任中共中央党校校长。1938年3月起任陕北公学副校长分校校长、校长兼秘书长、党团书记。1939。年3月起任中共中央干部教育部副部长，中央西北工作委员会委员、秘书长。1940年起任中共中央宣传部副部长兼中央研究院新闻研究室和教育研究室主任。1942年9月至1946年4月任中共中央西北局委员，陕甘宁边区政府秘书长。1946年12月起任中共中央城市工作部副部长，1948年5月起任部长。1948年9月至1964年12月任中共中央统战部部长。

李棠萼（?—1935）　四川重庆人。黄埔军官学校第六期毕业。北伐战争时期加入中国共产党。1927年12月参加广州起义。起义失败后转移到韶关，加入朱德、陈毅领导的部队。1928 年 1 月参加湘南起义，随后参加了井冈山和赣南、闽西地区的游击战争。1933 年后，任红一军团司令部作战科科长，第二师第五团参谋长，第二师参谋长。参加了中央苏区历次反"围剿"斗争和中央红军长征。1935 年 8 月在四川松潘毛儿盖被反动分子杀害。

李景瑞（1914—1969）　江西吉水人。1930 年参加红军，同年加入中国共产主义青年团。1935 年转入中国共产党。曾任红一方面军第三十四师电台报务员，少共国际师（第十五师）电台报务员，粤赣军区无线电队报务主任，中央革命军事委员会电台报务员，红三军团无线电队代理报务主任，红四方面军电台报务主任，红五军无线电队队长，援西军无线电队队长。参加了中央苏区历次反"围剿"斗争和中央红军长征。抗日战争和解放战争时期，任八路军第一二九师第三八五旅电台队队长，新四军第一支队电台中队中队长，苏北指挥部通信科科长、电台总队政治委员，第一师司令部第三科科长兼电信大队大队长，苏浙军区司令部第三科科长，华东军区司令部通信局副局长兼华东野战军司令部通信科科长，第三野战军司令部通信联络处处长兼政治委员。中华人民共和国成立后于 1955 年被授予少将军衔。

李道之（1911—2006）　江西吉水人。1929 年加入中国共产主义青年团。1930 年参加红军，同年加入中国共产党。曾任红四军警卫排排长，红一军团政治保卫分局总务科科长。参加了中央苏区历次反"围剿"斗争和中央红军长征。抗日战争和解放战争时期，任晋察冀军区第二军分区第四区队政治委员、军分区司令部侦察科科长、军分区政治部组织科代理科长、军分区武装部部长，解放军冀热辽军区第十六军分区、冀东军区第十二军分区司令员，第四十五军第十五八师师长。中华人民共和国成立后于 1955 年被授予少将军衔。

李富春（1900—1975）　曾用名一秋、一然、林大盛。湖南长沙人。1917 年长沙长郡中学毕业。1919 年赴法国勤工俭学。1921 年加入社会主义青年团。1922 年加入中国共产党。是中共旅欧总支部领导人之一。1925 年 1 月转赴苏联莫斯科，入东方劳动者共产主义大学学习，同年 8 月回国，任中共广东区委军委委员，国民革命军第二军副党代表兼政治部主任。1926 年参加北伐战争。参与第二军进击江西，攻占南昌的作战指挥，领导全军的政治工作，同年冬起，任中共江西省南昌地委书记，江西省委代理书记，武汉中央军事政治学校政治教官。北伐战争失败后，长期在国民党统治区从事秘密工作，历任中共江苏省委宣传部部长、省委代理书记，中共上海法南区委书记，中共广东省委宣传部部长、省委代理书记，中共中央南方局军事委员会书记。1931年3月到中共中央军委工作。1931年冬进入中央苏区，任中共江西省委书记，江西军区政治委员，同陈毅指挥所属部队，配合了红一方面军于1932年发动的六次进攻战役和第四、第五次反"围剿"斗争。1934年1月，在中共六届五中全会上被补选为中央候补委员；同年2月，在中华苏维埃共和国第二次全国苏维埃代表大会上当选为中央执行委员。1934年10月调任中国工农红军总政治部副主任（代理主任），参加长征。在1935年1月召开的遵义会议上，支持毛泽东的正确主张。会后，继续任红军总政治部副主任、代理主任，同年8月起历任红三军（即红三军团）政治委员，红一方面军政治部主任，红军陕甘支队第二纵队政治委员。到达陕北后，任中共陕甘省委组织部部长。1936年2月随中国人民抗日先锋军参加东征战役，任地方工作委员会副主任，同年5月随西方野战军参加西征战役，任中共陕甘宁省委书记。1937年春任中共中央秘书长。抗日战争时期，历任中共中央组织部副部长，中央财政经济部部长，中央办公厅主任等职。1945年6月当选为中共第七届中央委员。解放战争时期，任中共西满分局书记，西满军区政治委员，中共中央东北局副书记，解放军东北野战军副政治委员。参与领导了解放东北地区的斗争。

李弼庭（1901—1936） 曾用名李敬、李笃中。湖南嘉禾人。1922年加入社会主义青年团。1923年转入中国共产党。曾任社会主义青年团衡阳地委执行委员。1925年秋赴苏联学习。1927年秋被党组织派到法国里昂大学深造。1930年回国后，任中共湘南特委组织部部长。1931年冬进入中央苏区后，任红军总政治部组织部部长。参加了中央苏区第四、第五次反"围剿"斗争和中央红军长征。1936年1月8日在陕西甘泉劳山遭遇国民党军飞机轰炸，负重伤，不久在医院逝世。

李聚奎（1904—1995） 曾用名李新喜、李锦达。湖南安化西坪村（今属涟源）人。1926年参加国民革命军。曾任独立第五师第一团班长，参加了北伐战争。1928年7月参加平江起义，同年加入中国共产党。后任红五军排长、第三大队中队长、第八大队大队长，参加了湘鄂赣、湘赣边区的游击战争。1930年后，任红六军第三纵队第四大队大队长、代理纵队长，第九支队支队长，红三军第九师第二十七团团长，第九、第八、第七师师长，红一军团第一师第二团团长、第一师师长，红七军团第二十师师长，红一军团第一师师长。参加了中央苏区历次反"围剿"斗争和中央红军长征。1935年8月调到红四方面军工作，任红三十一军参谋长，红九军参谋长。抗日战争和解放战争时期，任八路军第一二九师第三八六旅参谋长，青年纵队政治委员，先遣纵队司令员兼政治委员，山西青年抗敌决死队第一纵队副司令员，决死第一旅旅长兼太岳军区第一军分区司令员，解放军冀热辽军区参谋长，西满军区参谋长，东北军区后勤部参谋长兼西线后勤司令员、政治委员，第四野战军后勤部第二部长。中华人民共和国成立后于1955年被授予上将军衔。

吴西（1903—2005）　曾用名吴有良。壮族。广西扶南（今属扶绥）人。北伐战争时期开始投身革命活动。1927年被捕。1929年获释，同年加入中国共产党，并任广西左江第二游击大队政治部主任。1930年2月参加龙州起义，后任红八军连政治指导员，红七军连政治指导员，红三军团第六师政治部敌工科科长。参加了红七军远征、中央苏区第三至第五次反"围剿"斗争和中央红军长征。到达陕北后，任红二十八军政治部宣传科科长。参加了直罗镇、东征、西征和山城堡战役。抗日战争和解放战争时期，任八路军第一二〇师第三五八旅政治部组织科、宣传科科长，师政治部敌工部部长，第八支队支队长，冀中军区第七、第二军分区政治委员，军区政治部副主任，晋察冀军政干校政治部副主任，解放军第十八兵团随营学校政治委员。中华人民共和国成立后于1955年被授予少将军衔。

吴岱（1918—1996）　曾用名吴慕炽炘。福建长汀人。1931年加入中国共产主义青年团。1933年参加红军。1934年转入中国共产党。曾任红一军团补充团连政治指导员，少共国际师（第十五师）直属队青年干事。参加了中央苏区的反"围剿"斗争和中央红军长征。到达陕北后，任红一军团第四师直属队总支书记，军团政治部巡视团巡视员。参加了直罗镇、东征、西征战役。抗日战争和解放战争时期，任八路军第一一五师教导第二旅第四团政治处主任、政治委员、第一团政治委员，山东滨海军区第四团、第六团政治委员，山东军区第一师第一团政治委员，东北民主联军第一师政治部主任，东北野战军第一纵队第一师政治委员，解放军第三十八军政治部主任。中华人民共和国成立后于1955年被授予少将军衔。

吴烈（1915—2001）　曾用名吴西元。江西萍乡人。1930年参加红军，同年加入中国共产党。先后任红一方面军总前委特务连排长、连长，中华苏维埃共和国保卫局保卫大队大队长，中央革命军事委员会政治保卫团营长，红一方面军政治保卫局科长兼保卫大队大队长。参加了中央苏区历次反"围剿"斗争和中央红军长征。到达陕北后，任红十五军团第七八师参谋长。参加了直罗镇、东征、西征战役。抗日战争和解放战争时期，任中央警卫团团长兼政治委员，解放军冀察热辽军区热东军分区副司令员，热河军区热南军分区、冀热辽军区第二十二军分区司令员，东北野战军第八纵队第二十二师、第四十五军第一三三师、华北军区独立第二〇七师师长，中央公安纵队司令员。中华人民共和国成立后于1955年被授予少将军衔。

吴强（1911—1946）　湖南平江人。1927年参加革命，同年加入中国共产主义青年团。1930年7月参加红军，8月转入中国共产党。曾任红三军团第四师政治部宣传队分队长，第二师政治部秘书，第四师政治部技术书记，军团直属队总支书记。参加了中央苏区历次反"围剿"斗争和中央红军长征。到达陕北后，任中央直属队总支书记，抗日军政大学第三科政治教员，中央革命军事委员会卫生部政治处副主任兼卫生学校政治委员。抗日战争开始后，任八路军前方总指挥部直属政治处主任兼总支书记，中央军委总政治部组织部组织科科长，延安军事学院政治部副主任，抗大总校政治部组织部部长、干部训练队学习委员会书记，冀中军区政治部组织部副部长。1946年12月中旬在河北肃宁桥城镇病故。

吴子益（？—1936）　籍贯不详。1934年至1936年曾担任第七师和第六师团长。1936年7月在西康阿西巴牺牲。

吴正南（1900—1981）　曾用名吴东生。湖南平江人。1927年参加工农革命军。1928年加入中国共产党。历任红一方面军班长、排长、连长、营长、代理团长。参加了中央苏区历次反"围剿"斗争和中央红军长征。抗日战争和解放战争时期，任八路军第一一五师卫生部司务长，教导第二旅司令部管理科科长，第三野战军后勤部总务科科长。

吴正卿（？—1936）　河北保定人。1935年11月任红六军团第十七师师长。1936年2月10日在贵州黔西打鼓新场阵亡。

吴冬生（1901—1946）　曾用名吴东生、吴光远。湖南平江人。中国共产党党员。1927年参加革命工作。1928年7月参加平江起义。历任区少年先锋队队长，红五军第一师第三团宣传员、连政治指导员，兴国教导团政治委员。参加了中央苏区历次反"围剿"斗争和中央红军长征。到达陕北后，任第七十四师政治部主任。抗日战争开始后，任八路军留守兵团政治部组织部部长，独立第一游击支队（又称南下支队）第七大队政治委员，解放军中原军区第一纵队政治部副主任，鄂西北军区政治部副主任等职。1946年11月（一说1947年2月）在湖北保康作战中牺牲。

吴自立（1902—1975）　曾用名吴志立、吴课涛、吴钧烈、吴铁钢。湖南平江人。早年参加国民革命军。曾任第六军第十九师第五十六团排长。参加了北伐战争。1928年12月秘密加入中国共产党。1929年2月参加红军。后任红五军第二纵队中队长，特务大队大队长。参加了湘鄂赣边区的游击战争。从1930年6月起，历任红三军团第八军第三纵队第二支队支队长，第六师第七团团长，第四师第三团团长，红五军第一师副官长，红五军副官长，师代理参谋长。参加了长沙战役、中央苏区历次反"围剿"斗争和中央红军长征。到达陕北后，任红一方面军司令部管理科科长，中央革命军事委员会第四局局长。参加了保卫陕甘苏区的斗争。抗日战争和解放战争时期，任新四军副官处处长，中共湘鄂赣边特委军事部部长，中共中央军委总后勤部经济建设部副部长，陕甘宁边区物资局关中分局局长，解放军冀热辽军区后勤部部长，东北行政委员会航务局局长。中华人民共和国成立后于1955年被授予少将军衔。

吴克华（1913—1987）　曾用名吴克家。江西弋阳人。1929年参加红军，同年进入信江红军学校学习，并加入中国共产党。军校毕业后，任红十军第一团排长，军政治部特务连连长，军部特务大队大队长。参加了赣东北苏区的反"围剿"斗争。1933年初，随红十军到达中央苏区，后任红七军团第二十师第六十团营长，少年先锋队中央总队部参谋长，红五军团第十三师第三十九团参谋长、团长。参加了中央苏区第四、第五次反"围剿"斗争和中央红军长征。1935年9月随红五军团转入红四方面军，后任红五军第十三师第三十七团团长。抗日战争和解放战争时期，任山东人民抗日救国军第三军副司令员，八路军山东纵队第五支队、第二支队司令员，第五旅旅长，胶东军区副司令员，山东军区第五师师长，东北民主自治军第二纵队、东北民主联军第四纵队司令员，辽东（南满）军区副司令员，东北野战军第四纵队司令员，解放军第四十一军军长。中华人民共和国成立后于1955年被授予中将军衔。

吴国清（？—1935）　湖南湘乡人。1928年7月参加平江起义。后加入中国共产党。曾任红五军第五纵队第十大队大队长，红三军团第四师某团参谋长。参加了中央苏区历次反"围剿"斗争和中央红军长征。1935年5月在四川西部安顺场（今属石棉）牺牲。

吴法宪（1915—2004）　曾用名吴文玉。江西永丰人。1930年加入中国共产主义青年团，同年参加红军。1932年转入中国共产党。历任红十二军第三十五师第一〇五团青年干事，红二十二军第六十四师政治部青年科科长，红一军团第一师第二团党总支书记、第三团政治委员等职。参加了中央苏区历次反"围剿"斗争和中央红军长征。到达陕北后，任红一军团第二师第二、第六团政治委员。参加了东征、西征战役。抗日战争和解放战争时期，任八路军第一一五师第三四三旅第六八五团政治委员，苏鲁豫支队政治委员，教导第二旅政治委员等职。中华人民共和国成立后于1955年被授予中将军衔。"文化大革命"期间积极参加林彪反革命集团的阴谋活动，1973年被开除党籍，撤销一切职务，1981年被最高人民法院特别法庭判处有期徒刑17年。

吴宝山（1915—1972）　又名吴保山、巫保山。江西赣县人。1930年加入中国共产主义青年团。1934年参加红军，同年转入中国共产党。曾任少共（共青团）赣县县委副书记兼组织部部长，红九军团政治部地方工作科科长。参加了中央苏区的反"围剿"斗争和中央红军长征。1935年9月随红九军团留在红四方面军，后任红三十二军政治部地方工作部部长、组织部部长。抗日战争和解放战争时期，任抗日军政大学第二分校大队政治委员，延安军政大学政治部组织科科长，陕甘宁晋绥联防军第三八五旅第二团政治委员，第五团政治委员、团长，东北野战军第四纵队第十一师副政治委员，解放军第四十一军第一二二、第一二一师政治委员。中华人民共和国成立后于 1955 年被授予少将军衔。

吴树隆（？—？） 籍贯不详。1936 年 7 月任红二方面军第三十二军第九十四师卫生部部长。

吴信泉（1912—1992） 湖南平江人。1926 年参加农民运动。1930 年 7 月参加红军，同年 12 月加入中国共产党。历任红五军第三师司令部参谋、特务连政治指导员，红三军团第四师第十一团营政治教导员、第十二团特派员，第五师第十四、第十五团特派员，军团政治保卫分局执行部部长，陕甘支队第二纵队第十一大队特派员。参加了中央苏区历次反"围剿"斗争和中央红军长征。到达陕北后，任红十五军团政治保卫局第一科副科长，第七十五师特派员、师政治部主任。参加了直罗镇、东征、西征等战役。抗日战争和解放战争时期，任八路军第一一五师第三四四旅第六八七团政治委员，新编第二旅、新四军第三师第八旅政治委员，淮海军分区司令员兼政治委员，中共淮海地委书记，第三师独立旅旅长兼政治委员，东北民主联军第二纵队第六师师长兼政治委员，纵队副司令员兼参谋长，解放军第三十九军政治委员、军长。中华人民共和国成立后于 1955 年被授予中将军衔。

吴亮平（1908—1986） 曾用名吴黎平、黎平。浙江奉化人。上海大夏大学毕业。1926 年加入中国共产主义青年团。1927 年转入中国共产党。曾赴苏联、德国、法国学习。1929 年回国后，任中共中央宣传部文化工作委员会负责人。1932 年秋赴中央苏区，后任红军学校政治部宣传部部长兼政治总教员，苏维埃中央政府国民经济人民委员部副部长，中华苏维埃第二届中央执行委员、国民经济部部长。参加了中央苏区第四、第五次反"围剿"斗争。1934 年 10 月参加长征，任红一军团政治部地方工作部部长，红三军团政治部宣传部部长。到达陕北后，任中共中央西北局宣传部部长，中共中央宣传部副部长。抗日战争和解放战争时期，任中共中央晋绥分局委员、调研室主任、地委书记，中共旅顺市委书记，中共安东地委书记。

吴清涪（1894—1935） 字子佳，曾用名吴清培、吴钦培、吴玉清、吴汝仕。福建崇安人。1927年加入中国共产党。1929年被党组织派到广西从事兵运工作，同年12月参加百色起义，任红七军军医处处长。参加了右江苏区的革命斗争和红七军远征。到达中央苏区后，历任红三军团、红五军团卫生部部长，红军总卫生部卫生学校教员，红九军团卫生部部长兼政治委员。参加了中央苏区第三至第五次反"围剿"斗争和中央红军长征。1935年6月在西康懋功（今四川小金）夹金山牺牲。

吴溉之（1898—1968） 曾用名吴响新、武涛、武维扬。湖南平江人。黄埔军官学校毕业。曾任国民革命军第二十军警卫连排长。1924年4月加入中国社会主义青年团，同年7月转入中国共产党。1927年8月参加南昌起义。起义军南下失败后，返回平江从事秘密工作。1928年7月参加平江起义。后任平江游击队党代表，湘鄂赣红军支队第三纵队纵队长，红五军政治部主任兼第三纵队纵队长。参加了创建湘鄂赣苏区的游击战争。从1930年6月起，历任红三军团政治部主任兼红五军政治部主任，红五军第一师政治委员，红三军团政治部组织部部长，军团直属队工作部部长，军团供给部政治委员，军团军事裁判所所长。参加了中央苏区历次反"围剿"斗争和中央红军长征。到达陕北后，任中共中央党务委员会秘书，红一方面军补充师政治部主任，中共中央西北局秘书长，西北革命军事委员会政治部组织部部长，中共陕北省委军事部副部长、宣传部部长。参加了直罗镇战役和保卫陕甘苏区的斗争。抗日战争和解放战争时期，任八路军总政治部组织部部长兼军法处处长，中央军委总政治部直属工作部部长、锄奸部部长，东北民主联军总后勤部政治委员，通化军区政治委员，东北航空学校政治委员，东北军政大学副政治委员，东北野战军兼东北军区后勤部政治委员，华北军政大学副政治委员。

吴富善（1912—2003） 江西吉安人。1927年参加工人运动。1930年参加红军，同年加入中国共产党。曾任红四军第十二师特务连政治委员、师直属队政治处主任，红三军第七师第十九团政治委员、师政治部宣传科科长，红一军团第一师政治部宣传科科长，援西军政治部总务科科长。参加了中央苏区历次反"围剿"斗争和中央红军长征。抗日战争和解放战争时期，任八路军第一二九师第三支队、第三八六旅第七七一团政治委员，青年纵队政治部主任，新编第四旅政治委员，八路军总后勤部、前方总指挥部后勤部政治部主任，齐齐哈尔市卫戍区司令员，嫩江军区第一军分区司令员、政治委员兼地委书记，西满军区独立第三师师长兼政治委员，东北野战军第七纵队、解放军第四十四军政治委员。中华人民共和国成立后于1955年被授予中将军衔。

吴德峰（？—？）　河北宝康人。1934年10月任红六军团政治保卫分局局长。1936年7月任红二方面军政治保卫分局局长。

利松（？—？）　曾用名李松。广西人。1929年12月参加百色起义。后加入中国共产党。曾任红七军营长，红九军团第三师第八团副团长、团长。参加了中央苏区反"围剿"斗争和中央红军长征。1935年3月在贵州大定（今大方）战斗中负伤，脱离革命队伍。

邱蔚（1913—1957）　湖南浏阳人。1929年参加红军。1932年加入中国共产党。历任红五军第一师第一团排长，红三军团第六师第十七团连长、营长，第四师第十一团参谋长。参加了中央苏区历次反"围剿"斗争和中央红军长征。到达陕北后，任红一军团第一师第十三团副团长。参加了直罗镇、东征、西征战役。抗日战争和解放战争时期，任八路军晋察冀军区第一支队第三大队大队长，第三团团长，第一军分区第一团团长，教导第二旅第一团团长，陕甘宁晋绥联防军教导旅副旅长，晋察冀野战军第四纵队第十旅旅长，第八纵队司令员，解放军第六十五军军长。中华人民共和国成立后于1955年被授予少将军衔。

邱一涵（1907—1956）　女。曾用名邱信贞、李晏温。湖南平江人。1924年加入中国社会主义青年团。1930年6月参加红军，同年转入中国共产党。曾任共青团区委书记，红三军团政治部青年干事。参加了湘鄂赣边区的革命斗争。红三军团攻占长沙后，协助袁国平接收国民党报社，创办了《红军日报》。后任中共湘鄂赣省委妇女部部长。1932年到中央苏区，历任红军总卫生部巡视员，红军大学总支书记、教员。参加了中央苏区反"围剿"斗争和中央红军长征。

1937 年后，任中共陇东特委妇女部部长，新四军教导队宣传科科长，中共中央华中局组织部组织科、干部科科长，华中军政大学政治部主任。

邱会作（1914—2002） 江西兴国人。1929 年参加红军。1930 年加入中国共产主义青年团。1932 年转入中国共产党。曾任红五军团政治部宣传队队长，中央革命军事委员会总供给部政治指导员、第四局第三科科长，中革军委总后方勤务部供给部粮秣处处长。参加了中央苏区历次反"围剿"斗争和中央红军长征。抗日战争和解放战争时期，任中央军委总后勤部供给部部长，豫皖苏边区政府财经委员会主任，新四军第四师供给部政治委员、师政治部组织部部长，热河军区第二十二军分区政治委员，热辽军区政治部主任，东北野战军第八纵队政治委员，解放军第四十五军政治委员。中华人民共和国成立后于 1955 年被授予中将军衔。"文化大革命"中积极参加林彪反革命集团的阴谋活动，1973 年被开除党籍，撤销党内外一切职务，1981 年被最高人民法院特别法庭判处有期徒刑 16 年。

邱创成（1912—1982） 曾用名邱桂生。湖南平江人。1927 年加入中国共产党。1928 年参加游击队，同年参加红军。曾任平（江）浏（阳）游击队队员，红五军第一纵队第四大队班长，第一师第一团连长，红五军团第十五军第四十四师第一三〇团连政治指导员，第四十五师第一三四团政治委员，红一方面军第三十一师第九十二团政治委员，红三军团第五师第十五团政治委员，建（宁）黎（川）泰（宁）警备区黎川独立团政治委员，闽赣军区贵溪挺进游击队政治委员，江西军区独立第二团政治委员，红三军团供给部政治委员。参加了中央苏区历次反"围剿"斗争和中央红军长征。到达陕北后，任红一军团第四师供给部政治委员、部长，红一方面军特务团政治委员。参加了直罗镇、东征、西征战役。抗日战争和解放战争时期，任八路军总部特务团、独立团政治委员，炮兵团团长兼政治委员，延安炮兵学校政治委员，东北民主联军炮兵学校政治委员，东北野战军炮兵司令部副政治委员，第四野战军炮兵纵队政治委员。中华人民共和国成立后于 1955 年被授予中将军衔。

邱兴国（？—1935） 又名邱国兴。江西兴国人。中国共产党党员。1931 年参加红军，后任红五军团第十三师第三十八团政治委员。1935 年在川西大藏寺病故。

邱国光（1918—2001） 福建上杭人。1930年加入中国共产主义青年团。1932年参加红军，同年转入中国共产党。历任红一军团供给部会计、卫生部供给处主任等职。参加了中央苏区反"围剿"斗争和中央红军长征。抗日战争和解放战争时期，任八路军第一一五师野战医院院长，山东军区卫生部供给管理主任、军区司令部管理科科长，解放军东北民主联军辽东军区供给部副部长、兵站部部长，东北野战军后勤部第三分部部长，第十三兵团后勤部部长。中华人民共和国成立后于1955年被授予少将军衔。

何长工（1902—1987） 曾用名何坤。湖南华容人。1919年赴法国勤工俭学。1924年加入旅欧中国少年共产党，不久转入中国共产党，同年春，因参加学生运动被法国当局驱逐回国。后任湘西农民自卫军总指挥。1927年"马日事变"后参加国民革命军，任第二方面军警卫团副连长；同年9月参加湘赣边界秋收起义，任工农革命军第一军第一师第一团连党代表；同年冬被派到广东韶关，同朱德部建立了联系。1928年初归队后，到王佐、袁文才部进行争取改造工作，后任第二团党代表、红四军第三十二团党代表。参加了井冈山革命根据地的反"进剿"、反"会剿"斗争。1929年转到红五军工作，先后担任红五军第五纵队政治部主任、政治委员，红八军军长、政治委员，中央军事政治学校第一分校校长，红军学校副政治委员、代理政治委员、校长，红三军团政治部主任，红五军团第十三军政治委员，红军大学校长兼政治委员，粤赣军区司令员兼政治委员，教导师政治委员。参加了中央苏区历次反"围剿"斗争。1934年10月参加长征，后任中央纵队第二梯队司令员兼政治委员，红九军团政治委员。1935年9月随红九军团留在红四方面军，任红三十二军政治委员。抗日战争和解放战争时期，任中共中央军委第一局局长，八路军留守兵团两延（延川、延长）河防司令部司令员，抗日军政大学第五大队大队长，抗大总校副校长兼教育长，东北军政大学副校长，通化军区司令员，东北军区军工部部长兼军械部部长。

何廷一（1916—2007） 曾用名何廷英、何俊卿。福建长汀人。1929年加入中国共产主义青年团，同年参加红军。1933年转入中国共产党。历任红四军第四纵队政治部秘书、青年干事。后到地方工作，任汀州市职工会秘书长，少共（共青团）汀州市委书记。1933年率少先队再次参加红军。后任少共国际师（第十五师）司令部参谋，红一军团司令部科员，中央革命军事委员会第二局参谋。参加了中央苏区历次反"围剿"斗争和中央红军长征。抗日战争和解放战争时期，任八路军前方总指挥部参谋处第一科科长，中央军委第一局第二科科长，解放军热河军区热中军分区、冀热辽军区第二十二军分区副司令员，冀察热辽军区独立第三师副师长，东北野战军第十一纵队第三十三师副师长、纵队参谋长，第四十八军参谋长，第十四兵团司令部参谋处处长。中华人民共和国成立后于1955年被授予少将军衔。

何运洪（1912—2001）　江西吉水人。1928年参加红军游击队。1931年加入中国共产主义青年团。1932年转入中国共产党。历任江西公略（今吉安县东固地区）警卫连连长、兴国补充师特派员，中央革命军事委员会教导第三团特派员，红三军团第四师第十二团特派员，红一军团第四师特派员。参加了中央苏区历次反"围剿"斗争和中央红军长征。到达陕北后，参加了东征、西征战役。抗日战争和解放战争时期，任八路军第一一五师政治部保卫部代理部长，师教导大队政治委员，东北松江军区第二军分区副政治委员，合江军区第四支队政治委员，东北军政大学第三团政治委员，解放军第五十军政治部主任。中华人民共和国成立后于1955年被授予少将军衔。

何克全（1906—1955）　曾用名光全、凯丰。江西萍乡人。1927年加入中国共产主义青年团。曾任共青团武昌区委宣传委员。北伐战争失败后赴苏联学习，1930年12月回国，并转入中国共产党。后任中共中央巡视员，共青团广东省委书记，共青团中央宣传部部长、中央书记等职。进入中央苏区后，任少共（共青团）苏区中央局书记。1934年当选为中共第六届中央委员、中央政治局候补委员，中华苏维埃中央执行委员。参加了中央苏区第四、第五次反"围剿"。1934年10月参加长征，任中共中央驻红九军团代表，中央革命军事委员会总供给部政治委员。到达陕北后，任少共中央西北局书记，西北革命军事委员会政治部兼红一方面军政治部地方工作部部长，苏维埃中央政府西北办事处粮食部部长，中共中央宣传部部长。参加了直罗镇和东征战役。抗日战争和解放战争时期，任中共中央长江局、南方局宣传部部长，中共中央宣传部副部长、代理部长兼中央青年工作委员会书记，中共中央东北局宣传部部长，中共沈阳市委书记。

何流佳（1911—1935） 江西上犹人。中国共产党党员。1930年参加红军。曾任红一方面军某团参谋长。1935年在陕北作战中牺牲。

何敬之（1904—1973） 四川万县人。1929年6月参加红军。1930年1月加入中国共产党。曾任红六军第一纵队第二支队排长，红军学校第三分校队长，红一军团侦察队队长，第二师第四团通信主任、供给处处长、师司令部管理科科长。参加了中央苏区历次反"围剿"斗争和中央红军长征。抗日战争和解放战争时期，任八路军第一一五师第三四三旅司令部管理科科长、师直属队供给处处长、师供给部副部长，山东军区供给部副部长，东北民主联军、第四野战军司令部第四处处长。中华人民共和国成立后于1955年被授予少将军衔。

何维忠（？—？） 湖南平江人。1936年任红二方面军第六军团供给部部长。

何德全（1897—1983） 曾用名何正杰。湖南长沙人。早年参加湘军。参加了北伐战争。1930年参加红军，同年加入中国共产党。后任红五军第三师特务营连长、营长，第三师第十团团长，红三军团特务团团长，军团教导营连长，军团司令部管理科科长，第五师第十五团、第四师第十二团参谋长，陕甘支队第二纵队第十二大队参谋长。参加了中央苏区历次反"围剿"斗争和中央红军长征。曾荣获中央革命军事委员会颁发的三等"红星奖章"。到达陕北后，任红一军团第四师第十二团团长，第四师参谋长，军团教导营营长，军团随营学校校长。参加了直罗镇、东征、西征等战役。抗日战争和解放战争时期，任八路军第一一五师教导大队大队长，独立旅兼鲁西军区参谋长，第三四三旅参谋长，教导第三旅兼鲁西军区参谋长，八路军第十八兵站站长，解放军东北军区护路军司令员，松江干部学校校长，东北军政大学第一团团长，中南军政大学湖南分校校长。中华人民共和国成立后于1955年被授予中将军衔。

余非（1911—2001） 曾用名余辉、余镜波。湖南平江人。1930年5月参加红军。1931年加入中国共产主义青年团。1932年转入中国共产党。历任红五军第二师政治部青年科干事、科长，红三军团第四师第十二团政治处宣传队队长、俱乐部主任、宣传干事等职。参加了中央苏区历次反"围剿"斗争和中央红军长征。1935年8月调到红四方面军工作，后任红四方面军政治部文娱科科长，红四军政治部宣传部部长。抗日战争和解放战争时期，任八路军第一二九师第三八五旅第七七〇团政治处主任，第一二〇师第三五九旅第七一八团政治委员，留守兵团警备第一旅第八团政治委员、旅供给部政治委员，解放军晋冀鲁豫军区第七纵队第二十旅副政治委员，第二野战军司令部军政处处长。中华人民共和国成立后于1955年被授予少将军衔。

余心清（？—1935） 江西人。中国共产党党员。曾任红九军团没收委员会主任。1935年4月中旬在贵州大定（今大方）瓢儿井因武器走火不幸牺牲。

余立金（1913—1978） 湖北大冶人。1928年参加中国工农革命军。1930年加入中国共产党。土地革命战争时期，任鄂东南独立第三师机枪连副排长、连政治指导员，中国工农红军第六军团第十八师第五十三团政治委员，第十八师政治部主任、政治委员。参加了长征。抗日战争时期，任新四军政治部组织部副部长，新四军教导总队政治处主任，中国人民抗日军政大学第五分校政治部主任。解放战争时期，任新四军第二师政治部副主任，淮南军区政治部主任，华中党校副校长。中华人民共和国成立后于1955年被授予中将军衔。

余古海（？—？） 籍贯不详。1935年11月任红二军团随营学校校长。

余导群（？—1935） 湖南平江人。1936年任红六军团第十八师第五十三团团长，1935年在忠堡负伤后牺牲。

余泽洪（1903—1935） 曾用名余世恩、因心、晓野。四川长宁人。上海大学毕业。1922年秋加入社会主义青年团。1925年春加入中国共产党。曾任中共江浙区委候补委员、学生运动委员会书记，中共江苏省委秘书长，湖北省委宣传部部长，中共中央组织部秘书长、中央代理秘书长，中共顺直省委宣传部部长等职。1931年8月进入中央苏区，后任中共宁都中心县委、广昌中心县委、建宁中心县委书记，建（宁）黎（川）泰（宁）军分区政治委员，闽赣军区政治部主任。参加了中央苏区第三至第五次反"围剿"斗争。1933年被"左"

倾冒险主义者作为"罗明路线"的代表加以批判，并被降职为彭湃（福建宁化安远镇）城防司令员、红军大学教员。1934 年 10 月参加长征，任军委干部团政治科科长。1935 年 2 月留在川南领导游击战争，后任中共川南特委委员、川滇黔边特委书记，川滇黔边游击纵队政治部主任、政治委员，同年 12 月 15 日在四川江安碗厂坡战斗中牺牲。

余宜光（？—？）　籍贯不详。1936 年 7 月任红二方面军第三十二军第九十六师政治部主任。

余秋里（1914—1999）　江西吉安人。1929 年参加中国工农红军，同年加入中国共产主义青年团。1930 年转入中国共产党。土地革命战争时期，任江西吉安赤卫大队分队长、中队长，湘赣省苏维埃政府工农检查委员会委员，红军大学第四分校连政治指导员，红六军团政治保卫队队长，红二军团团政治委员。参加了长征。抗日战争时期，任军委直属政治处副主任，总政治部组织科科长兼巡视团主任，八路军第一二〇师支队政治委员、团政治委员、旅政治部主任、旅政治委员。解放战争时期，任晋绥野战军旅政治委员，第一野战军第一军副政治委员。中华人民共和国成立后于 1955 年被授予中将军衔。

余瑞祥（1905—1935）　湖南平江人。1929 年参加红军。1930 年加入中国共产党。曾随红五军转战湘鄂赣边区和中央苏区，参加了中央苏区历次反"围剿"斗争。历任红三军团第一师排长、连政治指导员，团党总支书记，第六师第十六团政治委员，独立团政治委员，军团卫生部政治委员。1934 年 10 月参加长征。1935 年 8 月在四川西北部草地病故。

余德胜（？—1935）　湖南人。中国共产党党员。1930 年参加红军，任红五军第一纵队某支队政治委员。此后长期在红三军团从事政治工作。参加了中央苏区历次反"围剿"斗争和中央红军长征。1935 年 2 月在云南镇雄水脑被土匪杀害。

谷广善（1909—2007）　河北高邑人。早年参加国民革命军。1931 年 12 月由宁都起义参加红军。1936 年加入中国共产党。曾任红五军团第十五军卫生处卫生科科长、第四十四师卫生队队长，第十三军第三十八、第三十九师卫生队队长，第十五师卫生部部长，红一军团野战医院卫生所所长，第一师卫生部部长，军团卫生部副部长。参加了中央苏区第四、第五次反"围剿"斗争和中央红军长征。抗日战争和解放战争时期，任八路军第一一五师卫生部部长、政治委员，辽东军区后勤部政治委员，东北野战军东线后勤部政治委员，第四野战军后勤部参谋长、运输部部长兼政治委员。中华人民共和国成立后于1955年被授予少将军衔。

况开田（1912—1983） 江西莲花人。1931年参加红军，同年4月加入中国共产主义青年团。1932年11月转入中国共产党。历任红三军团特务营政治处宣传员，红一方面军供给部财务科副科长、会计科副科长、科长。参加了中央苏区反"围剿"斗争和中央红军长征。三大主力红军会师后，任前敌指挥部供给部财务处第二科科长。参加了山城堡等战役的后勤保障工作。抗日战争和解放战争时期，任八路军晋察冀军区第二军分区供给处处长，冀察军区供给部部长、后勤部部长兼供给部部长，晋察冀军区供给部政治委员，晋察冀野战军后勤指挥所副主任，解放军第十九兵团后勤部政治委员。中华人民共和国成立后于1955年被授予少将军衔。

汪东兴（1916—2015） 江西弋阳人。1932年参加红军，同年加入中国共产党。历任红一方面军的排长、干事、特派员、大队教导员、党总支书记，中央革命军事委员会总卫生部第二野战医院政治委员。参加了赣东北、中央苏区反"围剿"斗争和中央红军长征。抗日战争和解放战争时期，任中央军委总卫生部政治部副主任，八路军总医院（白求恩国际和平医院）政治委员，中共中央社会部第二室主任，中央直属队司令部参谋长，中央书记处办公处处长兼警卫处处长。中华人民共和国成立后于1955年被授予少将军衔。

汪洪清（1911—1990） 曾用名汪宏清。湖北汉阳人。1926年加入中国共产主义青年团。后参加国民革命军。1931年12月由宁都起义参加红军。1932年加入中国共产党。曾任红五军团电话员，红十五军政治部青年干事，第十三师第三十七团连政治指导员、团政治委员，红九军团政治部破坏部（白军工作部）部长。参加了中央苏区第四、第五次反"围剿"斗争和中央红军长征。

1935 年 9 月随红九军团留在红四方面军，后任红四军政治部白军工作部部长，第十师政治部主任，军政治部统战部部长。抗日战争和解放战争时期，任中央军委总政治部组织科科长，八路军第一一五师留守处副主任，陕甘宁边区保安第三团政治委员，解放军晋冀鲁豫军区第二纵队第五旅、独立第四旅、第十纵队第二十八旅副政治委员，桐柏军区汉南军分区、河南军区许昌军分区副政治委员。中华人民共和国成立后于 1955 年被授予少将军衔。

汪祖美（1915—1993） 曾用名汪祖米。江西上高人。1930 年 8 月参加红军，同年加入中国共产党。历任红三军第七师第十九团连长，江西军区补充第一师第三团营长，补充第八团副团长。参加了中央苏区历次反"围剿"斗争和中央红军长征。到达陕北后，任陕甘边红军独立第二团团长，红二十九军第一团（第二五五团）团长。参加了直罗镇战役和东线游击战争。抗日战争和解放战争时期，任八路军留守兵团第三八五旅第七、第七七○团参谋长，东北民主联军第二十四旅第七十团、第三师第十旅第三十团、第二纵队第五师第十五团团长，第四野战军铁道纵队第三支队副支队长。中华人民共和国成立后于 1961 年晋升为少将。

沈述清（？—1934） 湖南益阳人。中国共产党党员。1930 年参加红军，后随红三军团转战江西、福建，曾任排长、连长、营长，第三师第十团团长。参加了中央苏区历次反"围剿"斗争和中央红军长征。1934 年 11 月 29 日在广西兴安光华铺战斗中牺牲。

沈新发（1914—1993） 江西万载人。1930 年参加红军，同年加入中国共产主义青年团。1932 年转入中国共产党。参加了中央苏区历次反"围剿"斗争和中央红军长征。到达陕北后，任红十五军团师特派员、师政治部组织科科长。抗日战争和解放战争时期，任八路军留守兵团政治部处长，晋绥军区第五军分区政治部副主任、主任，陕甘宁晋绥联防军第八纵队第十四旅副政治委员，解放军第八军第二十三师副政治委员。

宋任穷（1909—2005） 曾用名宋韵琴。湖南浏阳人。1926 年 6 月加入中国共产主义青年团，同年 12 月转入中国共产党。曾任区农民协会委员长，浏阳工农义勇队中队党代表。1927 年 9 月参加湘赣边界秋收起义，后任工农革命军第一军第一师第一团连文书、营文书，营士兵委员会主席，红四军第三十二团连党代表。参加了井冈山革命根据地的斗争。1929 年 1 月红四军向赣南出击途中，同部队失去联系。后到国民党军队从事兵运工作。1930 年 2 月率部分士兵起义参加红军，历任红十二军第三十五师第一〇三团政治委员，红五军团第十五军第四十四师第一三〇团政治委员，第十三军第三十八师政治委员，第十五军第四十五师政治委员兼政治部主任，红五军团第十三师政治委员，军团政治部民运部部长兼第十三师政治委员。参加了中央苏区历次反"围剿"斗争。1934 年 10 月参加长征，任军委第一野战纵队第四梯队政治委员兼干部团政治委员，红军大学特科团政治委员，陕甘支队干部营（随营学校）政治委员。到达陕北后，任红军学校政治委员，红军北路军政治委员，红二十八军政治委员。参加了东征、西征和山城堡战役。抗日战争和解放战争时期，任八路军第一二九师政治部主任，东进纵队政治委员，冀南军区司令员兼政治委员，中共冀南区委书记、冀南行政公署主任，冀鲁豫军区司令员，中共中央平原分局代理书记，中共第七届中央候补委员，晋冀鲁豫野战军第二纵队政治委员，中共中央豫皖苏分局书记，豫皖苏军区政治委员，华东野战军第三副政治委员，中共安徽省委书记、省人民政府主席。中华人民共和国成立后于 1955 年被授予上将军衔。

宋时轮（1907—1991）　曾用名宋继克、宋际尧、宋之光。湖南醴陵人。1925 年考入黄埔军官学校第五期（后转入第六期）学习。1926 年加入中国共产主义青年团。1927 年转入中国共产党。1927 年"四一二"政变后被捕入狱。1929 年出狱后，回乡组织游击队，任萍（乡）醴（陵）游击队队长，莲花县苏维埃军事部部长，中共湘东南特委委员，湘东南游击队（茶陵游击队）第二纵队政治委员，红军学校第四分校校长。参加了湘赣苏区的斗争。1931 年进入中央苏区，任红一方面军第三十五军参谋长，独立第三师参谋长、师长，红二十一军参谋长兼第六十一师师长，江西军区司令部作战科科长、代理参谋长，西方军参谋长，红军大学教员、第二大队大队长。参加了中央苏区第二至第五次反"围剿"斗争和中央红军长征。到达陕北后，任红十五军团司令部作战科科长，红三十军、红二十八军军长。参加了直罗镇、东征、西征等战役。抗日战争和解放战争时期，任八路军第一二〇师第三五八旅第七一六团团长，雁北支队（宋支队）支队长兼政治委员，冀热察挺进军第十二支队司令员，第四纵队司令员，冀察热辽军区司令员，山东野战军参谋长，渤海军区副司令员，第七师师长，华东野战军第十纵队司令员，解放军第九兵团司令员，淞沪警备区司令员。中华人民共和国成立后于1955年被授予上将军衔。

宋景华（1919—2014）　曾用名宋金泉。江西吉水人。1931年参加红军。1932年加入中国共产主义青年团，同年转入中国共产党。曾任红五军团第十五师（少共国际师）连政治指导员，红一军团第一师第一团俱乐部主任。参加了中央苏区反"围剿"斗争和中央红军长征。到达陕北后，任第八十一师政治部组织科科长，红二十七军政治部组织科科长。参加了直罗镇、东征、西征战役。抗日战争和解放战争时期，任八路军留守兵团警备第四团政治委员，富（县）甘（泉）警备区政治部主任，第三八五旅第七七〇团政治委员，辽吉军区第二十四旅政治部主任，吉林军区吉南军分区副政治委员，东北野战军独立第十一师兼长春卫戍区政治委员，东北军区第一六四师、炮兵第六师政治委员。中华人民共和国成立后于1955年被授予少将军衔。

宋裕和（1902—1970）　湖南汝城人。1926年参加农民运动。1927年5月加入中国共产党。曾任区农民协会委员长。1928年8月到井冈山革命根据地参加红军，后任红四军教导队学员，军政治部宣传员，士兵委员会主席，连党代表。参加了井冈山和赣南、闽西地区的游击战争。1930年后，任红六军第一纵队第一支队政治委员，红三军第七师第十九团政治委员，红四军经理处处长，红一方面军无线电队政治委员，红军总政治部秘书处处长，中央革命军事委员会总参谋部第三局局长、第四局局长、副局长，红一方面军司令部第四科科长，陕甘宁边区粮食局局长。参加了中央苏区历次反"围剿"斗争和中央红军长征。抗日战争和解放战争时期，任新四军军需处处长、供给部部长，解放军山东军区后勤部部长兼供给部部长，华东军区供给部部长、后勤部部长（司令员）。

张涤（？—1936）　河南舞阳人。1931年12月参加宁都起义。不久加入中国共产党。曾任红五军团补充团政治委员。参加了中央苏区第四、第五次反"围剿"斗争和中央红军长征。1936年12月在甘肃河西走廊作战中牺牲。

张雄（1908—1963） 江西瑞金人。1930年参加红军，同年加入中国共产党。后任红四军政治部宣传员、干事，军政治委员办公厅秘书，军特务营连政治委员，红一方面军野战医院政治委员，红一军团司令部第四科科长。参加了中央苏区历次反"围剿"斗争和中央红军长征。抗日战争和解放战争时期，任八路军第一一五师司令部作战科科长，鲁南支队政治部主任，师政治部秘书长、统战部部长，抗日军政大学第一分校政治委员兼政治部主任，鲁南军区第二军分区司令员兼政治委员，第一军分区司令员，山东军区第十师政治委员，鲁南军区、鲁中军区政治部主任，解放军第三十五军副政治委员。中华人民共和国成立后于1955年被授予少将军衔。

张雄（？—？） 湖南浏阳人。1935年12月任红六军团第十八师第五十二团团长。

张辉（？—1936） 江西安福人。1935年11月任红六军团第十六师第四十六团团长，第二方面军第六军团第十六师师长。1936年10月7日在甘肃天水罗家堡阵亡。

张静（？—1934） 河北河间人。1931年12月参加宁都起义。1932年加入中国共产党。1933年后，历任红五军团第十三师第三十九团参谋长、第三十四师第一〇一团团长。参加了中央苏区第四、第五次反"围剿"斗争和中央红军长征。1934年12月初在掩护中央红军主力抢渡湘江的战斗中牺牲。

张震（1914—2015） 曾用名张见生、张祖寿。湖南平江人。1926年参加劳动童子团。1930年4月加入中国共产主义青年团，5月参加红军，7月转入中国共产党。曾任劳动童子军团副团长，红五军第二纵队特务大队宣传员、团宣传队队长，第一师第一团连政治委员、师司令部文书，红三军团第四师第十团通信主任、第三营营长，第十二团参谋长。参加了中央苏区历次反"围剿"斗争和中央红军长征。到达陕北后，任红一军团第四师参谋。参加了直罗镇、东征、西征等战役。抗日战争和解放战争时期，任八路军驻晋办事处参谋、科长，新四军游击支队参谋长、第六支队参谋长，河南省委军事部参谋长，豫皖苏边区保安司令部司令员，第十八集团军第四纵队参谋长，新四军第四师参谋长兼第十一旅旅长、第十一旅旅长兼淮北军区路西军分区司令员，抗日军政大学第四分校副校长，华中野战军第九纵队司令员兼政治委员，华东野战军第二纵队副司令员、第一兵团参谋长，第三野战军副参谋长、参谋长，华东军区参谋长。中华人民共和国成立后于1955年被授予中将军衔。1988年被授予上将军衔。

张一吾（？—？）　湖南浏阳人。1934年8月任红六军团第十七师第四十九团政治委员。

张力雄（1913—　）　福建上杭人。1929年加入中国共产主义青年团。1931年转入中国共产党。1932年参加红军。后任红五军团第三十四师第一〇〇团连政治指导员、团政治处主任、团政治委员、军团直属队总支书记、军团政治部巡视员、军团随营学校政治委员。参加了中央苏区第四、第五次反"围剿"斗争和中央红军长征。1935年9月随红五军留在红四方面军，后任红五军第十五师第四十五团政治委员。抗日战争和解放战争时期，任抗日军政大学第六分校政治处主任，太行军区独立大队政治委员，第七军分区政治部主任，河南军区第六支队政治委员，解放军中原军区第一纵队第三旅政治委员，野战旅政治委员，华东野战军第十二纵队政治部副主任，第二野战军特种兵纵队政治部主任。中华人民共和国成立后于1961年晋升为少将军衔。

张子文（1894—1935）　福建永宁人。中国共产党党员。1928年参加红军。后任红军总供给部会计科科长、财务处处长。1935年7月在西康懋功（今四川小金）牺牲。

张子意（？—？）　湖南醴陵人。1934年8月任红六军团政治部主任兼第十七师政治部主任，同年10月任红二军团政治部主任。

张元寿（1913—1947）　福建永定人。1928年3月参加龙岩后田农民起义。1929年6月随游击队编入红军，1931年加入中国共产党。曾任红一方面军连长，中央革命军事委员会总供给部科长、办事处主任，中华商业公司经理。参加了中央苏区历次反"围剿"斗争和中央红军长征。到达陕北后，任陕北省苏维埃财政部部长。抗日战争开始后，任中央军委供给部部长，新四军兵站处处长，军参谋处处长，第二师第五旅兼淮南军区路西军分区参谋长，山东野战军第二纵队第五旅参谋长，华中野战军、华东野战军副参谋长。1947年3月在山东周村视察工作时，遭国民党军飞机空袭牺牲。

张元和（？—？）　籍贯不详。1935年11月任红二军团第四师第十二团政治委员。

张元培（1913—1981）　曾用名张绍南。福建永定人。1930年参加红军。1931年加入中国共产主义青年团。1932年转入中国共产党。历任红四军第二纵队政治部宣传员，红十二军政治部保卫科科员，红军总部特务团副官主任，总经理部监护队队长、粮服科副科长、科长，红一方面军供给部军实科科长，广昌警备区供给处处长，红一方面军归化（今明溪）兵站站长，中央革命军事委员会总供给部军实处处长。参加了中央苏区历次反"围剿"斗争和中央红军长征的后勤保障工作。抗日战争和解放战争时期，任八路军驻西安办事处经理科科长，驻衡阳办事处处长，驻重庆办事处副处长，新四军军需处处长，第六师第十七旅第五十一团、独立团政治处主任，沿江支队副政治委员，第七师司令部参谋处处长，华东野战军第七纵队副参谋长，第三野战军后勤司令部参谋长，上海市军管会海军部副部长。中华人民共和国成立后于1955年被授予少将军衔。

张云逸（1892—1974）　字胜之，曾用名张运镒。广东文昌（今属海南）人。1908年考入广东陆军小学。1912年转入广东陆军速成学校。毕业后，任粤军排长、连长、营长，国民革命军旅长。先后加入中国同盟会、中国国民党。参加了辛亥革命和讨袁护国战争。1926年加入中国共产党。参加了北伐战争，任国民革命军第四军第二十五师参谋长。1927年大革命失败后，在广东、香港从事地下工作。1929年7月奉中共中央指示到广西，任警备第四大队大队长，掌握部队，准备武装起义，同年12月11日同邓小平等领导百色起义，组成红七军，任军长，参与创建右江苏区。1930年10月同邓小平、李明瑞等率部离开右江苏区，转战桂、黔、湘、粤、赣边界地区。1931年3月到达湘赣苏区，任河西红军临时总指挥部总指挥，河西总指挥部参谋长，参与领导赣江以西地区红军反"围剿"斗争和配合红一方面军反"围剿"斗争。1931年7月率红七军到达中央苏区，任红七军参谋长，同年11月调任中央革命军事委员会总参谋部作战局局长。1933年5月调任中国工农红军副总参谋长兼红一方面军副参谋长，参与组织指挥了中央苏区反"围剿"斗争和红军参谋工作建设。1934年10月参加长征。到达陕北后，任西北革命军事委员会副参谋长兼军委后方办事处参谋长，红一方面军副参谋长，中央革命军事委员会委员，红军后方司令部代理司令员。抗日战争时期，任新四军参谋长兼第三支队司令员、江北指挥部指挥，新四军副军长兼第二师师长，代军长。挫败日伪军多次"扫荡"，巩固和发展了淮南抗日根据地。1945年6月当选为中共第七届中央委员。解放战争时期，任新四军副军长兼山东军区副司令员，华东军区副司令员兼山东军区司令员，中共中央华东局委员。1947年在国民党军对山东解放区发动重点进攻时，指挥地方部队就地坚持斗争，配合主力部队外线作战。中华人民共和国成立后于1955年被授予大将军衔。

张云清（？—1935）　又名张玉清。河南许昌人。中国共产党党员。曾任红一军团第二师副团长。1935年11月在陕西富县直罗镇战斗中牺牲。

张太生（1913—1981）　又名张泰生。江西吉安人。1932年2月参加红军。1933年加入中国共产主义青年团，同年8月转入中国共产党。历任红三军团第四师第十二团排长、连长等职。参加了中央苏区第四、第五次反"围剿"斗争和中央红军长征。到达陕北后，任红十五军团第七十八师第二三四团营长、团参谋长。参加了直罗镇、东征、西征等战役。抗日战争和解放战争时期，任新四军第六支队第一团团长兼政治委员，八路军第五纵队第五旅副旅长兼第十三团团长，新四军第四师第十一旅副旅长兼第三十一团团长，宿（县）东游击支队支队长兼政治委员，淮北军区第四军分区司令员兼政治委员，第三军分区政治委员，华中野战军第九纵队第十二旅政治委员，豫皖苏军区独立旅政治委员。中华人民共和国成立后于1955年被授予少将军衔。

张凤光（？—1935）　曾用名张凤岗、张公理、张宏光。湖南耒阳人。北伐战争时期加入中国共产党。1929年参加红军，曾任红一军团第四军第十一师第三十二团团长，师政治部主任，中央革命军事委员会第四局科长。参加了中央苏区历次反"围剿"斗争和中央红军长征。1935年2月被中共中央留在黔北领导游击战争，后任黔北游击队政治委员，川滇黔边游击纵队第一支队支队长，游击纵队副政治委员，同年7月20日在云南扎西（今威信）长官司战斗中牺牲。

张书祥（1911—1986） 湖南平江人。1929年参加红军。1930年加入中国共产党。曾任红三军团第二师第六团排长，连政治指导员，第四师第十一团营政治教导员。参加了中央苏区历次反"围剿"斗争和中央红军长征。到达陕北后，任红二十九军司令部作战科科长，第二五七团团长。参加了直罗镇战役和东线游击战争。抗日战争和解放战争时期，任八路军留守兵团警备第二团、第三八五旅第二团参谋长、第四团副团长，解放军冀东军区第十六军分区副司令员、第十二军分区司令员，第四十八军第一四四师师长。中华人民共和国成立后于1955年被授予少将军衔。

张水发（1919—2007） 福建连城人。1931年加入中国共产主义青年团。1932年参加红军。1935年转入中国共产党。曾任中央革命军事委员会第二局译电员、译电组组长。参加了中央苏区第四、第五次反"围剿"斗争和中央红军长征。到达陕北后，任中共陕甘宁省委机要科科长，省军事部政治部青年科科长。参加了直罗镇战役。抗日战争和解放战争时期，任中共中央军委总参谋部通信科科长、通信处处长，作战局科长、处长，第一局第二室副主任。中华人民共和国成立后于1964年晋升为少将军衔。

张文化（？—？） 湖南浏阳人。1934年8月任红六军团第十八师第五十二团政治委员。

张正光（1916—2004） 曾用名张积厚。湖南平江人。1930年参加红军。1932年加入中国共产党。曾任红五军政治部宣传员、团宣传队队长、军政治部青年干事、政治教员、红军大学第二科队政治指导员、教导师(庆阳步兵学校)特科团政治处主任。参加了中央苏区历次反"围剿"斗争和中央红军长征。抗日战争和解放战争时期，任抗日军政大学大队政治处主任，抗大第三分校政治部副主任，八路军留守兵团政治部宣传部部长，中共鄂东中心县委书记兼军事指挥部政治委员，解放军冀鲁豫军区第八军分区副政治委员、军区军政干校政治委员、军区政治部副主任。中华人民共和国成立后于1955年被授予少将军衔。

张平化（1908—2001）　原名张楚材，又名张光照、张矢进。湖南酃县人。1926年8月参加革命工作，1926年入武汉国民革命军前敌总指挥部政治部工作人员训练班学习，后任国民革命军第三十六军第九团第三营政治指导员。大革命失败后，回家乡从事农民运动，在湖南省酃县参与组织农民起义。1927年12月加入中国共产党。1927年至1935年任中共酃县二区区委书记、县委委员，中国共产主义青年团酃县县委书记、中共酃县县委宣传部部长、县委书记，酃县游击大队党代表。湘赣军区第二军分区政治委员，湘赣红军大学第四分校政治部主任，湘赣军区政治部宣传部部长。参加了长征。后任红六军团政治部宣传部部长，红二方面军政治部宣传部部长，红二方面军三十二师政治部主任、四师政治部主任，红军步兵学校一团政治委员。抗日战争爆发后，任八路军第一二〇师政治部宣传部部长，第一二〇师第三五八旅政治部主任、第三五八旅代政治委员，第一二〇师独立第二旅政治委员兼晋西北军区第二军分区政治委员。1941年入延安中共中央党校学习。1942年起任晋绥军区政治部副主任兼晋绥军区独立第二旅政治委员、晋绥军区政治部代主任、主任。解放战争时期，任中共中央晋绥分局委员、中共中央西满分局常委，其间任西满分局民运部部长、蒙古工作部部长。曾任东北民主联军政治部副主任，西满军区政治部主任。

张达立（？—？）　江西永新人。1935年11月，红六军团第十八师供给部部长。

张平凯（1909—1990）　曾用名张试频、夏远。湖南平江人。1926年12月加入中国共产主义青年团。1927年5月转入中国共产党。1928年参加红军。曾任游击队团支部书记，共青团区委书记，红五军第三纵队教导队副分队长，第九大队大队长，红三军团炮兵团政治委员。参加了创建湘鄂赣苏区的游击战争和长沙战役。从1930年冬季开始，历任红三军团后方留守处主任、军团炮兵团政治委员，第二师第五团政治委员，福建军区独立第十师政治委员，东南战区第一纵队政治委员，红十九军第五十六师政治委员、师长，红军学校第五期团政治处主任、上干队政治协理员，游击队干部学校主任教员。参加了中央苏区历次反"围剿"斗争和中央红军长征。到达陕北后，任红军学校政治教员，红军教导师（庆阳步兵学校）第一团政治委员。抗日战争和解放战争时期，任抗日军政大学第二分校政治部副主任，晋察冀军区政治干部训练大队大队长、军区直属队政治部主任，解放军冀察热辽军区后勤司令部参谋长。中华人民共和国成立后于 1955 年被授予少将军衔。

张令彬（1902—1987） 曾用名张伯茂。湖南平江人。1925 年参加农民运动。1926 年加入中国共产党。1927 年 9 月参加湘赣边界秋收起义，后任工农革命军第一军第一师第一团教导队区队长，红四军第三十一团教导队代理队长，红四军第三纵队中队长、副官、副官长、卫生队队长。参加了井冈山和赣南、闽西地区的游击战争。1930 年后，任红十二军第三十四师卫生队队长，红十二军军医处处长兼闽西军区军医处处长，红一方面军第一兵站医院院长兼政治委员，红九军团卫生部部长、供给部部长。参加了中央苏区历次反"围剿"斗争和中央红军长征。1935 年 9 月随红九军团留在红四方面军，后任红四方面军第四局管理科科长、方面军直属供给处处长，红军总部第四局第二科科长，教导师（庆阳步兵学校）供给处处长，抗日军政大学第二分校校务处副处长、处长。抗日战争和解放战争时期，任中共中央军委副官处副官长，八路军兵站部政治委员，中央军委总后勤部供给部部长、兵站部部长，经济建设部部长，陕甘宁晋绥联防军后勤部部长，冀察热辽军区副参谋长、后勤司令部司令员，天津市军事管制委员会接管部副部长，解放军总后勤部军需部副部长。中华人民共和国成立后于 1955 年被授予中将军衔。

张有来（？—1943） 江西余干人。1929 年 8 月参加红军。1930 年加入中国共产党。曾任红十军、红十一军某团政治处主任。参加了赣东北、中央苏区反"围剿"斗争和中央红军长征。到达陕北后，任中共中央直属机关政治处主任。抗日战争时期，任新四军滨海总队政治处主任。1943 年 3 月赴延安途中，在江苏连云港以北海面同日军遭遇，在战斗中牺牲。

张尧阶（？—？） 曾任红五军团野战医院院长。后在战斗中牺牲。

张汝光（1914—2000） 河南渑池人。早年参加国民党军。1931 年 12 月由宁都起义参加红军。1936年加入中国共产党。历任红军总医院医生、标本所所长，红军总卫生部卫生科科长，红九军团卫生部部长。参加了中央苏区第四、第五次反"围剿"和长征的医疗救护工作。1935年9月随红九军团留在红四方面军，后任红三十二军卫生部部长。抗日战争和解放战争时期，任八路军第一二〇师卫生部医务主任，晋西北军区、晋绥军区卫生部副部长，西满军区、辽西军区卫生部部长，东北野战军西线后勤部卫生部部长，第四野战军后勤部卫生部第一副部长，华中军区后勤部卫生部副部长。中华人民共和国成立后于1955年被授予少将军衔。

张如心（1908—1976） 曾用名张恕心、张恕安。广东兴宁人。1925年参加革命工作。1926年赴苏联学习。1929年11月回国后，在上海从事革命文化工作。1931年5月加入中国共产党，同年8月进入中央苏区，后任红军总政治部《红星》报主编，团政治委员训练班主任，红军后方政治宣传部部长兼中央军事政治学校团政治委员、训练班主任，红军学校政治部宣传部部长，红军总政治部破坏部部长。参加了中央苏区反"围剿"斗争和中央红军长征。到达陕北后，任红军学校政治教员，军委后方政治部宣传部部长，红军大学政治主任教员、政治教育科科长。抗日战争和解放战争时期，任抗日军政大学政治教育科科长，八路军军政学院教育长，中央党校第三部副主任，延安大学副校长，华北联合大学教务长，东北大学校长、党委书记。

张应侯（？—1935） 又名张英侯。广西人。中国共产党党员。1929年12月参加百色起义。后任红三军团无线电台报务主任、军团司令部科长。1935年病故。

张启龙（1900—1987） 湖南浏阳人。1925年冬加入中国共产主义青年团。1926年3月转为中国共产党党员。大革命时期曾任中共湖南浏阳永和区委书记、县委工运委员。1927年参加秋收起义，任工农革命军三团中共支部组织委员。1928年春任浏阳县游击队党代表兼中共浏阳县委书记，同年10月起任红五军二纵队党代表、中共湘鄂赣特委委员，湘鄂赣边区军事委员会主任，中共湘东特委书记兼湘东革命委员会主席，中共湖南省委委员，湘鄂赣苏区办事处组织部部长。1931年秋起任中共湘赣省委常委兼湘赣省苏维埃政府执委会副主席、党团书记，省军事部部长。1932 年 1 月起任湘赣军区总指挥部总指挥。1934 年 8 月起任湘鄂川黔省革命委员会总务处处长，革命委员会秘书长。参加了长征。1935 年 10 月起任红二方面军六军团供给部部长。1936 年起任红六军团党委常委兼军团统战部部长。1937 年底入延安中共中央党校学习，任党总支部书记、校管理委员会委员。1938 年调马列学院学习，任党总支部书记。1943 年 9 月起任抗日军政大学第七分校政治委员。1944 年 6 月起任中共中央党校第四部主任。1945 年任八路军南下第二支队政治委员。抗日战争胜利后，1946 年 1 月起任中共吉辽省委、吉林省委副书记，吉辽军区、吉林军区副政治委员。1947 年夏至 1949 年 5 月任中共合江省委副书记、书记，合江军区副政治委员、政治委员。1949 年 5 月起任中共黑龙江省委书记、黑龙江省财委主任。

张际春（1900—1968） 曾用名余戴春。湖南宜章人。1926 年加入中国共产党。1928 年 1 月参加湘南起义。随后参加了井冈山和赣南、闽西地区的游击战争。1929 年后，历任红四军第二纵队政治部宣传科科长，红四军军委秘书长，红一方面军总政治部宣传处处长，红三军秘书长，红四军第十一、第十三师政治委员兼政治部主任，红十五军第四十五师、红十一军第三十一师政治委员兼政治部主任，红一军团政治部宣传部部长兼军事裁判所所长，红军第二步兵学校（公略步兵学校）政治委员兼政治部主任，红五军团政治部宣传部部长等职。参加了中央苏区历次反"围剿"斗争和中央红军长征。1935 年 9 月转到红四方面军工作，后任红四方面军红军大学高级指挥科政治主任教员、政治部主任。三大主力红军会师后，任红军大学第二分校政治部主任。抗日战争和解放战争时期，任八路军后方政治部副主任，绥德警备区政治部主任，抗日军政大学政治部主任、代理政治委员，中共中央北方局宣传部部长，八路军野战政治部副主任，解放军晋冀鲁豫军区、晋冀鲁豫野战军副政治委员兼政治部主任，中共晋冀鲁豫中央局常委兼宣传部部长，中原军区兼中原野战军政治部主任，中共中央中原局宣传部部长，第二野战军政治部主任。

张纯清（1910—1944） 曾用名张南杰、张赤潮、张文彬、刘宗义。湖南平江人。1925 年加入中国共产主义青年团。1927 年转入中国共产党，同年进入武昌中央农民运动讲习所学习。"马日事变"后返回平江，组织革命武装，后任中共平江县委军事部部长兼平江工农赤卫军党代表。参加了"平江扑城"

斗争。1928 年 9 月后，任红五军第一纵队第一大队党代表、纵队党代表，中共湘赣边界特委委员、候补常委，红四军第六纵队政治部主任，红五军第四纵队党代表，第三纵队党代表兼政治部主任，中共红五军前委委员。参加了红五军在湘赣、湘鄂赣边区的游击战争。1930 年后，任红五军政治委员，中共红三军团前委委员，红七军政治委员，红三军团政治保卫分局局长，中华苏维埃第二届中央执行委员，红军陕甘支队第二纵队政治保卫分局局长。参加了中央苏区历次反"围剿"斗争和中央红军长征。曾荣获中央革命军事委员会颁发的二等"红星奖章"。到达陕北后，任中共中央秘书处处长，红军驻国民党第十七路军代表，红军驻兰州办事处主任。参加了直罗镇、东征战役。抗日战争开始后，任中共中央南方工作委员会书记，中共广东省委、粤北省委书记，中共中央南方局南方工委副书记兼组织部部长。1942 年 6 月 6 日在广东大埔高陂镇被国民党当局逮捕。在狱中坚贞不屈，1944 年 8 月 25 日在江西泰和马家洲监狱被折磨致死。

张松平（1907—1966） 陕西长安人。早年参加国民军。1931 年 12 月参加宁都起义，并加入红军，同年加入中国共产党。曾任红五军团第十五军第四十三师特务连、军军医处司务长，红五军团第十三师第三十七团卫生队队长，军团供给部管理科、军实科科长，援西军供给部军实科科长。参加了中央苏区第四、第五次反"围剿"斗争和中央红军长征。抗日战争和解放战争时期，任八路军第一二九师供给部军实科科长，新编第四旅供给部部长，冀南军区供给部、后勤部部长，平原军区供给部部长，中共冀南区委财政经济部副部长、财经办事处秘书长，冀南行政公署工业处处长，湖北省人民政府商业厅厅长。中华人民共和国成立后于 1955 年被授予少将军衔。

张国华（1914—1972） 江西永新人。1929 年参加红军。1930 年加入中国共产主义青年团。1931 年转入中国共产党。历任红四军班长、干事、连政治指导员，红一军团政治部巡视团主任、第二师第六团党总支书记，军团教导大队政治委员、第二师第四团特派员，晋西游击支队政治部主任。参加了中央苏区历次反"围剿"斗争和中央红军长征。抗日战争和解放战争时期，任八路军第一一五师直属队政治处主任，独立旅第二团兼运（河）西军分区政治委员，黄河支队政治委员，教导第四旅兼（微山）湖西军区政治委员，中共湖西区委书记，冀鲁豫军区第四、第九军分区政治委员，解放军晋冀鲁豫军区第一纵队副政治委员兼政治部主任，第七纵队副政治委员，豫皖苏军区司令员，第十八军军长。中华人民共和国成立后于1955年被授予中将军衔。

张青山（？—？）　籍贯不详。1936年任红二军团第五师第十三团政治委员。

张明远（1909—1996）　甘肃岷县人。早年参加国民军。1931年12月参加宁都起义，并加入红军，同年加入中国共产党。后任红五军团第十四军第四十一师排长，红一方面军政治保卫局特务队队长，红一军团政治保卫分局侦察科科长，红三军团司令部侦察科科长、徒步侦察队队长。参加了中央苏区第四、第五次反"围剿"斗争和中央红军长征。1935年9月入红四方面军工作，后任方面军政治保卫局侦察科科长，岷县独立团团长，中华苏维埃中央政府西北办事处外交部交通局局长。抗日战争和解放战争时期，任八路军总部交通管理局局长，军委军事工业局总务处处长，中共中央党校第一部校务处处长，解放军冀察热辽军区兵站部部长，合江军区后勤部部长，东北军区后勤部军械部部长，第四野战军后勤部军械部部长。中华人民共和国成立后于1955年被授予少将军衔。

张宗逊（1908—1998）　陕西渭南人。1924年5月加入中国社会主义青年团，1926年2月转为中国共产党党员。1926年入黄埔陆军军官军校，为新四期第二队学员。1927年毕业后，任国民革命军第四集团军第八军第三师第九团政治指导员办公室干事兼第二营政治指导员，国民革命军第二方面军第二十四师新兵训练处排长、第二十四师新兵营（后为国民政府警卫团第三营）第十连连长。1927年参加秋收起义，任工农革命军第一团连长、参谋。1928年5月起任中国工农红军第四军第三十一团连长。1929年2月任红四军第三纵队第九支队副支队长、支队长。1930年6月至10月任红一军团第十二军参谋长。1930年10月至1932年10月任红十二军第三十六师师长。1932年10月至1933年6月任红一方面军第十二军军长。1933年6月起任红一方面军独立团团长，11月起任红五军团第十四师师长。1934年4月至6月任红九军团第十四师师长，6月至9月任红一方面军红军大学校长兼政治委员。参加了长征。1934年10月起任红军中央纵队参谋长、红三军团第四师师长。1935年2月起任红三军团第十团团长，5月起任中央休养连连长，7月起任红四方面军第四军参谋长。1935

年 10 月起任红四方面军红军大学教育长，1936 年 4 月起任红军大学参谋长兼高级指挥，1936 年 11 月起任红军大学第二学校上级干部队队长。到达陕北后，1937 年 1 月起任中央革命军事委员会第一局（作战局）局长兼警备司令员。抗日战争时期，1937 年 9 月至 1945 年任八路军第一二〇师第三五八旅旅长。其间，1940 年 11 月至 1942 年 8 月兼任晋西北军区第三军分区司令员，1942 年 8 月起兼任晋绥军区第三军分区司令员，曾任"张纵队"司令员。抗日战争胜利后，任中共中央晋绥分局委员，中共吕梁地委书记、吕梁军区司令员兼政治委员。晋绥军区野战军副司令员。1946 年 11 月起任晋绥军区第一纵队司令员。曾任大同战役野战指挥部司令员。1947 年 2 月至 3 月任陕甘宁野战集团军司令员、第一纵队司令员，3 月起任西北野战兵团副司令员、第一纵队司令员。1947 年 9 月至 1949 年 2 月任西北野战军第一副司令员。1949 年 2 月起任中共中央西北局委员、中国人民解放军第一野战军第一副司令员。中华人民共和国成立后于 1955 年被授予上将军衔。曾获一级八一勋章、一级独立自由勋章、一级解放勋章。1988 年 7 月被授予中国人民解放军一级红星功勋荣誉章。

张经武（1906—1971） 曾用名张仁山。湖南酃县人。早年进入建国豫军军官学校学习。毕业后任参谋、排长、连长、副营长，干部教育团大队长。1930 年 4 月加入中国共产党。1931 年冬参加红军。1932 年后，任中央军事政治学校第三队队长、军事团（步兵团）团长，红军学校政治营营长，红一军团第三师师长，中央警卫师（工人师）政治委员，红五军团第十四师师长兼广昌基地（警备区）司令员，中央革命军事委员会第五局副局长，教导团团长，教导师师长。参加了中央苏区第四、第五次反"围剿"斗争。1934 年 10 月参加长征，后任军委第二野战纵队参谋长，军委纵队参谋长，中革军委第二科科长，陕甘支队第三纵队参谋长。到达陕北后，任红一方面军司令部第二科科长。参加了直罗镇、东征、西征战役。抗日战争和解放战争时期，任中共中央长江局军事部高级参谋，八路军山东纵队司令员，留守兵团副司令员，陕甘宁晋绥联防军参谋长，解放军晋绥军区参谋长，北平军事调处执行部中共代表团参谋长，西北军区参谋长。中华人民共和国成立后于 1955 年被授予中将军衔。

张经展（？—？） 籍贯不详。1935 年 11 月任红二军团供给部部长。

张南生（1905—1989） 福建连城人。1929年参加革命工作。1930年加入中国共产党，同年参加红军。历任红十二军第二纵队第一支队的大队政治委员，红四军第三纵队第七支队第二十一大队政治委员、第十一师第三十三团连政治委员，红五军团第十三军第三十九师第一一六团政治委员、代理团长，第一一七团政治委员，军团司令部政治指导员兼党总支书记，红五军团第十三师第三十九团政治处主任，第三十七团政治委员，国家保卫局保卫总队政治委员、保卫团政治委员。参加了中央苏区历次反"围剿"斗争和中央红军长征。1935年9月转入红四方面军工作，后任红三十一军政治部组织部部长。抗日战争和解放战争时期，任八路军第一二九师第三八六旅第七七一团政治委员，先遣支队、独立支队政治委员，师政治部组织部部长，八路军野战政治部组织部副部长，解放军晋冀鲁豫军区政治部组织部部长，中共晋冀鲁豫中央局组织部副部长，华北军区政治部组织部部长。中华人民共和国成立后于1955年被授予中将军衔。

张树才（1914—1969） 湖北黄冈（住区今属新洲）人。1927年8月参加南昌起义。1928年1月参加湘南起义，1929年加入中国共产党。参加了井冈山和赣南、闽西地区游击战争。1930年后，任红四军特务营连副政治委员，红一军团直属队党总支书记，红四军教导团政治委员，军委第二局参谋。参加了中央苏区历次反"围剿"斗争和中央红军长征。到达陕北后，任红十五军团第八十一师政治部副主任，军委后方政治部组织科科长兼巡视团主任。参加了直罗镇、东征、西征战役。抗日战争和解放战争时期，任新四军直属政治部、第四支队政治部副主任，第二师第四旅、淮南军区路东军分区政治部主任，第五师政治部副主任，解放军中原军区第二纵队政治部主任，陕南军区第一军分区政治委员，陕南军区政治部主任，中原野战军第十二纵队政治部主任兼江汉军区政治部主任。中华人民共和国成立后于1961年晋升为少将军衔。

张闻天（1900—1976） 上海浦东人，曾永明洛浦、思美。五四运动时参加学生运动。1925年加入中国共产党并参加革命工作。入党后被派往苏联莫斯科学习，曾任助教、翻译，兼任共产国际东方部报道员。1931年2月起任中共中央宣传部部长，3月任中共中央党报委员会书记。1931年9月至1934年1月任中共临时中央政治局成员、常委。1934年1月至1945年任中共中央政治局委员、常委，1934年1月至1943年3月任中共中央书记处书记。1934年2

月当选为中华苏维埃共和国第二届中央执委会委员、中央执委会主席团成员、中央执委会人民委员会主席。1934 年 2 月至 1936 年 12 月任中华苏维埃共和国中央革命军事委员会委员、中华苏维埃人民共和国中央革命军事委员会委员。参加了长征。遵义会议后，1935 年 2 月代替博古在中共中央负总责，1935 年 2 月至抗日战争初期主持中共中央日常工作。1937 年 7 月至 1941 年 6 月兼任《解放》周刊总负责人。1938 年 5 月至 1941 年 12 月兼任延安马列学院院长。1938 年 11 月至 1941 年 5 月兼任西北工作委员会主任。1939 年 10 月至 1941 年 8 月兼任《共产党人》杂志总负责人。长期兼任中共中央宣传部部长。1945 年 6 月任中共中央政治局委员。1945 年 8 月至 10 月任中共中央政治研究室主任。1945 年 8 月至 1949 年任中共中央东北局常委。1946 年 1 月至 5 月任中共中央北满分局委员。1946 年 6 月至 1948 年 5 月任中共合江省委书记，合江军区政治委员，曾任军区党委书记。1948 年 6 月至 12 月任中共中央东北局组织部部长。1948 年 6 月起任东北局办公厅副主任，12 月起任东北财政经济委员会副主任。1949 年 5 月起任中共辽东省委书记。1949 年 8 月起任东北人民政府委员。

张济民（1896—1987） 江西泰和人。1929 年参加红军。1930 年加入中国共产党。曾任江西红军独立第四团司务长、书记官。参加了赣西南苏区的反"会剿"斗争。1930 年后，任红六军第二纵队、红三军第八师政治部秘书长，红三军政治部组织部科长，红军总政治部组织部调查统计科科长，红军大学教育干事。参加了中央苏区历次反"围剿"斗争和中央红军长征。抗日战争和解放战争时期，任抗日军政大学校务部供给科科长、供给部部长、政治委员，东北民主联军总供给部部长、政治委员，东北军区后勤部经理部第二部长。中华人民共和国成立后于 1955 年被授予少将军衔。

张振山（1905—1937） 湖南醴陵人。早年参加国民革命军。1931 年 12 月由宁都起义参加红军。不久加入中国共产党。曾任红一军团第二师第五团团长，红军陕甘支队第一纵队第五大队大队长。参加了中央苏区第四、第五次反"围剿"斗争和中央红军长征。到达陕北后，任红一军团第二师第五团团长，红军总部特务团团长。参加了直罗镇、东征、西征战役。1937 年在陕西保安（今志丹）遭国民党军飞机轰炸牺牲。

张振坤（？—？）　湖南浏阳人。1935年11月任红六军团第十八师师长兼政治委员。

张爱萍（1910—2003）　四川达州人。原名张端绪，曾用名艾平。1925年3月参加革命工作。1926年春加入中国共产主义青年团，1928年夏转为中国共产党党员。1925年至1929年，在四川达县初中学习并参加学生运动和农民运动，任党支部书记、县委委员。1929年秋到上海，在法租界、闸北区从事地下秘密工作，任闸北区委委员。1929年12月参加中国工农红军，1930年任红十四军第一师第一支队第二大队小队长、中队政治指导员、大队政治指导员、大队长，中央苏区共青团闽西特委常委、宣传部部长。1931年起任共青团苏区中央局秘书长，共青团江西省万太特委书记。1932年起任共青团江西省委常委、宣传部部长，中央苏区反帝拥苏大同盟青年部部长。1933年起任少年先锋队中央总队部训练部部长、参谋长、总队长。1934年2月当选为中华苏维埃共和国第二届中央执委会候补委员。后入红军大学上级指挥科学习。1934年秋起任红三军团四师第十二团政治委员。参加了长征。其间，任红四师政治部主任。1935年夏起任红三军团第十一团政治委员、第十三团政治委员。后任红一军团政治部组织部干事、中央军委骑兵团政治委员兼代团长。1936年夏入红军大学一科学习。1937年春起任延安抗日军政大学教员。抗日战争爆发后，任中共江浙省委常委、军委书记。1938年春起任八路军驻武汉办事处参谋，后任豫皖苏边区鹿邑亳州特委书记。1939年春起任中共豫皖苏省委书记，第一战区游击纵队参谋长，新四军游击支队特派员，八路军、新四军皖东北办事处处长，苏皖边区军政委员会书记，新四军第六支队第四总队总队长兼政治委员，八路军苏皖纵队政治委员。1940年起任八路军第五纵队第三支队司令员。1941年任新四军第三师九旅旅长。1941年冬起任新四军第三师副师长兼苏北军区副司令员。1942年冬起兼任新四军第八旅旅长、政治委员，盐阜军分区司令员、政治委员，中共盐阜地委书记。1944年夏起任新四军第四师师长兼淮北军区司令员。抗日战争胜利后，任华中军区副司令员，中共中央华中局委员。1946年至1948年先后在大连和苏联养伤。1949年春起任中国人民解放军第三野战军前委委员，5月起任华东军区海军司令员兼政治委员，8月起兼任华东海军学校校长、政治委员。中华人民共和国成立后于1955年被授予上将军衔。曾获一级八一勋章、一级独立自由勋章、一级解放勋章。1988年7月被授予中国人民解放军一级红星功勋荣誉章。

张海棠（1912—2004）　江西清江人。1930 年参加红军。1931 年加入中国共产主义青年团。1932 年转入中国共产党。曾任红八军第六师第七团副连长，红三军团第五师第十三团营政治教导员，第六师第十七团、第四师第十一团俱乐部主任，红军大学校部特派员，红二十九军特派员。参加了中央苏区历次反"围剿"斗争和中央红军长征。抗日战争和解放战争时期，任八路军留守兵团警备第六团政治委员，山东纵队特务团政治委员，鲁中军区第二军分区独立大队政治委员，东北民主联军第三纵队第九师第二十五团政治委员、团长、副师长，解放军第四十军第一二〇师政治委员。中华人民共和国成立后于 1955 年被授予少将军衔。

张绩之（？—1934）　江苏阜宁人。1925 年加入中国共产主义青年团。后转入中国共产党。曾在上海从事青年学生运动。1926 年 10 月至 1927 年 3 月参加上海工人三次武装起义。北伐战争失败后赴苏联学习。1930 年回国，任共青团上海法南区委书记。1931 年进入中央苏区。后任少共（共青团）闽粤赣省委组织部部长，少共苏区中央局宣传部部长，少共江西省委书记，中共江西省委委员，中华苏维埃中央执行委员。参加了中央苏区第三至第五次反"围剿"斗争。1934 年 10 月参加长征，任红一军团政治部地方工作团主任，同年 12 月 30 日在贵州剑河作战牺牲。

张鸿卿（？—？）　籍贯不详。1934 年 8 月任红六军团第十七师第五十一团团长。

张福升（1912—1934）　福建上杭人。1930 年 5 月加入中国共产党，同年 9 月参加红军。曾任红十二军第三纵队政治部宣传员，第三十六师政治部宣传队队长，红五军团第三十四师政治部特派员、代理参谋长。参加了中央苏区历次反"围剿"斗争和中央红军长征。1934 年 12 月初，在掩护中央红军主力渡过湘江后，向东突围时牺牲。

张震球（1907—1974）　广西北流人。1924 年加入中国共产党，曾任广西农民协会委员，中共广西特委员、县委委员。1929 年 12 月参加百色起义，后任红七军班长、连长，参加了右江苏区的革命斗争和红七军远征。到达中央苏区后，任红五军团第十四军第四十师第一一八团政治委员，红一方面军卫生部第一兵站医院政治委员。参加了中央苏区第三至第五次反"围剿"斗争和中央红军长征。抗日战争和解放战争时期，任新四军第三师第九旅政治部主任、副旅长，淮北军区第一军分区司令员，解放军华中军区第七军分区司令员，第三十三军第一副军长。

陆秀轩（1899—1981） 广西东兰人。1925 年开始从事农民运动。1929 年 12 月参加百色起义。1931 年加入中国共产党。历任红七军排长，红三军团连政治指导员、科长。参加了红七军远征、中央苏区第三至第五次反"围剿"斗争和中央红军长征。三大主力红军会师后，任红二方面军政治保卫局执行科科长。抗日战争和解放战争时期，任八路军第一二〇师政治部保卫部科长，吕梁军区政治部保卫部部长，解放军第七军政治部保卫部部长。

陆定一（1906—1996） 曾用名郑位。江苏无锡人。1925 年加入中国共产党。曾任共青团上海市法南区委书记，共青团第四届中央候补委员、中央宣传部部长等职。1928 年赴苏联学习和工作，任驻少共国际中国代表，共青团第五届中央委员，少共国际执行委员。1930 年秋回国，任共青团中央宣传部部长。1931 年冬进入中央苏区，任少共（共青团）苏区中央局宣传部部长兼《青年实话》杂志主编等。参加了中央苏区反"围剿"斗争。1933 被"左"倾冒险主义者撤销职务，派到上海从事地下工作。1934 年回到中央苏区，同年 10 月参加长征，任军委第二野战纵队政治部宣传干事、《红星》报主编。到达陕北后，任红一方面军政治部宣传部部长，红军总政治部宣传部部长，红军前敌总指挥部宣传部部长。参加了直罗镇、东征、西征战役。抗日战争和解放战争时期，任八路军总政治部宣传部部长，八路军野战政治部副主任，《解放日报》总编辑，中共中央宣传部部长，中共第七届中央委员。

陈云（1905—1995） 原名廖陈云。上海青浦人。1919 年小学毕业后到上海商务印书馆当学徒、店员。1925 年参加五卅运动，同年 8 月加入中国共产党，任商务印书馆发行所职工会委员长。大革命失败后，回家乡发动并领导农民暴动，任中共青浦县委书记、淞浦特委组织部部长。1929年至1931年春任中共江苏省委沪宁巡视员、省委军委委员、省委常委兼农委书记，中共上海闸北区委书记、法南区委书记，中共江苏省委组织部部长、省委书记。1931年5月起任中共特科书记。1931年9月至1934年1月任中共临时中央政治局成员，其间：1932年3月起任中共临时中央政治局常委并兼任全国总工会党团书记。1933年1月赴中央革命根据地。1934年1月在中共六届五中全会上当选为中共中央政治局委员、常委，兼任中共中央白区工作部部长。1934年2月当选为中华苏维埃共和国第二届中央执委会委员、中央执委会主席团成员。1934年10月参加长征。其间，任中国工农红军第五军团中共中央代表、军委纵队政治委员、遵义警备司令部政治委员。1935年6月到上海恢复和开展党的秘密工作，9月赴苏联莫斯科参加中共驻共产国际代表团的工作。1935年10月入莫斯科列宁学校学习，1936年3月起在莫斯科东方劳动者共产主义大学任教。1937年4月回国，任中共中央驻新疆代表。抗日战争爆发后，1937年11月到延安，任中共中央书记处书记、中共中央组织部部长。1944年3月起任中共中央西北局委员、西北财经办事处副主任兼政治部主任，主持陕甘宁边区的财政经济工作。1945年6月在中共七届一中全会上当选为中共中央政治局委员，8月增补为中共中央书记处候补书记。抗日战争胜利后，任中共中央东北局委员、北满分局书记兼北满军区政治委员。1946年6月起任东北局常委、副书记，东北民主联军副政治委员。1946年10月至1947年底兼任中共中央南满分局书记、辽东军区政治委员。1948年1月至8月任东北人民解放军副政治委员。1948年8月至1949年6月任东北军区副政治委员。1948年5月起任东北财政经济委员会主任，同年10月当选为全国总工会主席，同年11月起任沈阳军事管制委员会主任。1949年5月赴北平组建中共中央财政经济委员会并主持工作。

陈光（1907—1954）　湖南宜章人。1926年参加农民运动。1927年冬加入中国共产党。1928年1月参加湘南起义，后任工农革命军连长，红四军第二十九团连长，第一纵队第一支队第一大队大队长。参加了井冈山和赣南、闽西地区的游击战争。1930年后，任红四军第十师第三十团团长、第十师参谋长、第十二师师长，红一军团第二师第五团团长，红五军团第十五师（少共国际师）师长，红一军团第二师师长，中华苏维埃中央执行委员。参加了中央苏区历次反"围剿"斗争和中央红军长征。曾荣获中央革命军事委员会颁发的二等"红星奖章"。到达陕北后，历任红一军团第二、第四师师长，副军团长、代理军团长，红军大学第一科科长。参加了直罗镇、东征战役。抗日战争和解放战争时期，任八路军第一一五师第三四三旅旅长，第一一五师副师长、代理师长，师军政委员会书记，中共中央山东分局委员、山东军政委员会委员、山东军区司令员，解放军东满军区副司令员，吉东军区司令员，松江军区司令员，东北野战军第六纵队司令员，第四野战军副参谋长。

陈光（1914—1986）　曾用名胡德辉。江西瑞金人。1928年参加革命工作。1930年参加红军，同年加入中国共产主义青年团。1931年转入中国共产党。曾任红十二军第三十四师班长、宣传员，红五军团第十三师政治部科长，军团政治部地方工作科科长，县委副书记，陕甘宁省苏维埃政府巡视员。参加了中央苏区历次反"围剿"斗争和中央红军长征，在山城堡战役中负伤致残。抗日战争和解放战争时期，任中共皖南特委委员兼泾县县委书记，中共江苏丹（阳）北中心县委书记、特委书记，苏南行政公署第四行政区保安司令员、政治委员，中共淮南区委组织部部长，新四军第二师第四旅政治委员兼路东军分区政治委员，中共苏南区委副书记，苏浙军区第一军分区政治委员，中共华中区第二地委书记，扬州市军管会主任，中共镇江地委书记。

陈宏（？—1935）　曾用名陈龙。湖北沙市人。中国共产党党员。土地革命战争初期参加红军，曾任粤赣军区第一军分区司令员，江西军区政治部组织部部长。参加了中央苏区历次反"围剿"斗争。1934年10月参加长征，任军委第二野战纵队第二梯队参谋主任。1935年2月被留在黔北地区领导游击战争，后任黔北游击队队长，川滇黔边游击纵队代理参谋长、参谋长。后被俘，于1935年7月20日（一说11月）在四川宜宾就义。

陈明（1906—1941）　曾用名陈若星、陈少微。福建龙岩人。1923年与邓子恢创办《岩声》月刊，宣传革命思想。1925年10月加入中国共产党。1926年到北伐军东路军总政治部工作。1927年"四一二"政变后，任中共龙溪（今属龙海）县委书记，中共中央驻福建特派员，中共闽南临时特委宣传部部长、特委书记，中共福建临时省委常委、书记，中共福建省委宣传部部长。1928年4月被捕。1929年越狱后，赴苏联学习。1931年回国并进入中央苏区，后任中央军事政治学校教员，中央革命军事委员会总卫生部总务处处长兼红军卫生学校校务处处长，福建军区政治部宣传部部长。参加了中央苏区第四、第五次反"围剿"斗争和中央红军长征。到达陕北后，任红军大学政治教员。抗日战争开始后，任八路军第一一五师政治部宣传部部长，第十八集团军随营学校政治委员，八路军运（河）南支队政治委员，中共中央山东分局党校校长，山东省战时工作推行委员会副主任兼秘书长。1941年在山东反"扫荡"战斗中牺牲。

陈雄（？—1936） 江西永新人。1929年参加红军。1930年加入中国共产党。曾任红一军团连政治指导员、营政治教导员。参加了中央苏区历次反"围剿"斗争和中央红军长征。到达陕北后，任红一军团第二师第五团政治委员。参加了直罗镇、东征、西征战役。1936年11月22日在山城堡战役中牺牲。

陈赓（1903—1961） 原名陈庶康。湖南湘乡人。1922年在长沙参加学生救国运动。1922年12月加入中国共产党。1924年5月考入黄埔陆军军官学校第一期，毕业后留校任连长、副队长。1926年秋赴苏联学习。1927年8月参加南昌起义，南下途中任起义军第二十军第三师第六团第一营营长。1928年起在上海主持中共中央特科和军委的情报工作。1930年后在中国工农红军中工作。1931年1月至9月任中共中央军委委员。1931年9月赴鄂豫皖革命根据地，任红四军第十三师第三十八团团长。1931年11月红四方面军成立，任第十二师师长。1932年9月作战负伤，潜往上海就医。1933年3月被捕，经营救脱险，同年到中央革命根据地。1933年10月至1934年10月任彭（湃）杨（殷）步兵学校（中国工农红军第一步兵学校）校长。参加了长征。1934年10月至12月任第四梯队团长，12月起任中央纵队干部团团长。1935年9月起任红军陕甘支队第十三大队大队长，10月起任红一军团第十三团团长，12月起任红一军团第一师师长。1937年2月入抗日军政大学学习，兼任第一队队长。1937年7月调红三十军工作。抗日战争时期，1937年8月起任八路军第一二九师第三八六旅旅长。1940年6月至1945年任太岳军区司令员。1941年8月起任太岳纵队司令员。1944年10月至1945年10月任抗日军政大学太岳分校校长、政治委员。抗日战争胜利后，1945年8月起任中共晋冀鲁豫中央局委员、晋冀鲁豫边区政府委员。1945年10月至1947年7月任晋冀鲁豫军区第四纵队、晋冀鲁豫野战军第四纵队司令员。1947年7月至1948年5月任晋冀鲁豫野成军陈（赓）谢（富治）集团指挥员、前委书记兼晋冀鲁豫野战军第四纵队司令员。1948 年 5 月起任中共中央中原局委员。1948 年 5 月至 1949 年 2 月任中原野战军第四纵队司令员。1949 年 2 月至 8 月任中共中央华东局委员。1949 年 2 月起任中国人民解放军第二野战军第四兵团司令员兼政治委员、兵团党委书记。1949 年 9 月起任中共中央华南分局常委。中华人民共和国成立后于 1955 年被授予大将军衔和一级八一勋章、一级独立自由勋章、一级解放勋章。

陈熙（1918—1990） 曾用名陈达才。江西兴国人。1931 年加入中国共产主义青年团。1934 年加入中国共产党，同年参加红军。曾任红一方面军补充第五师第十三团连政治指导员，红五军团政治部技术书记、文化科科长。参加了中央苏区的反"围剿"斗争和中央红军长征。1935 年 9 月随红五军团留在红四方面军，后任红三十军政治部秘书长。抗日战争时期在新疆学习航空技术。解放战争时期，任东北民主联军航空学校飞行大队政治教导员、政治委员。中华人民共和国成立后于 1955 年被授予少将军衔。

陈士榘（1909—1995） 湖北钟祥人。1927 年进入湖北军事训练班学习，同年加入中国共产主义青年团，9 月参加湘赣边界秋收起义，10 月转入中国共产党。曾任工农革命军第一军第一师教导队区队长，红四军排长、副连长、副营长、副大队长。参加了井冈山和赣南、闽西地区的游击战争。1930 年后，任红十二军第一纵队参谋处处长、第三十四师参谋长，红一军团司令部作战科科长，军团教导营营长。参加了中央苏区历次反"围剿"斗争和中央红军长征。到达陕北后，任红一军团第四师参谋长，红三十军参谋长、代理军长，红一军团随营学校校长。参加了直罗镇和东征战役。抗日战争和解放战争时期，任八路军第一一五师第三四三旅参谋长，晋西独立支队司令员，第一一五师参谋长、师军政委员会委员，山东滨海军区司令员。解放军山东军区参谋长，华东野战军参谋长兼西线兵团司令员，第三野战军参谋长兼第八兵团司令员，南京警备区司令员。中华人民共和国成立后于 1955 年被授予上将军衔。

陈开录（1913—2003） 曾用名陈开路、陈光照。福建漳平人。1929 年参加红军。1933 年加入中国共产党。历任红十二军第三十六师第一〇八团班长，红一军团第一师第三团连长，参加了中央苏区历次反"围剿"斗争和中央红军长征。到达陕北后，任红一军团第一师第十三团团长。参加了东征、西征等战役。抗日战争和解放战争时期，任冀热察挺进军第三十一团参谋长，晋察冀军区第九军分区第六团参谋长，第二军分区第二十六团副团长，第四军分区第五团副团长、第三十六团团长，解放军察哈尔军区独立第四旅副旅长，华北军区补训兵团第一旅旅长、教导第一师师长。

陈友才（1914—1937） 湖南郴县人。1926年参加农民协会。1928年参加湘南起义。1929年5月加入中国共产党。曾任湘南工农革命军第七师战士、班长，红四军军长朱德的通信员，军党代表毛泽东的警卫员，红军总司令部通信队队长、通信连连长，红军总部参谋，延安城防司令部参谋长，中央革命军事委员会副主席周恩来的警卫参谋、随从副官。参加了中央苏区历次反"围剿"斗争和中央红军长征。1937年4月25日随周恩来去西安途中，在甘泉劳山遭土匪袭击，为掩护领导和战友脱险而牺牲。

陈仁麒（1913—1994） 福建龙岩人。1929年参加农民起义。1930年参加红军。1931年加入中国共产主义青年团。1932年转入中国共产党。曾任闽西红二十一军政治部宣传员、分队长，红十二军特务队政治委员，红二十二军第六十六师第一九六团连政治委员、第一九八团政治委员，红十一军第三十一师政治部宣传科科长、军政治部宣传科科长，红七军团政治部地方工作部部长，红军总政治部巡视员，中央革命军事委员会直属教导第一团政治委员兼政治处主任。参加了中央苏区历次反"围剿"斗争。1934年10月参加长征，后任中革军委干部团教员、特科营政治委员，红军大学第三科（教导师）特科团政治委员。抗日战争和解放战争时期，任中共甘肃镇原县工委书记，中共陇东特委组织部部长，陕甘宁边区保安司令部政治部主任，八路军警备第三旅政治部主任，解放军热河军区第十四旅政治委员，东北野战军第十一纵队政治委员，第四十八军政治委员。中华人民共和国成立后于1955年被授予中将军衔。

陈文彬（？—？） 湖南茶陵人。1936年3月任红六军团第十七师第五十团政治委员。

陈文彪（？—？） 湖北汉川人。1935年11月任红二军团第五师第十五团团长。

陈正才（？—？） 湖南茶陵人。1936年7月任红二军团第四师第十一团政治委员。

陈正湘（1911—1993） 湖南新化人。1926年加入国民革命军。参加了北伐战争。1930年由新城起义参加红军。1931年加入中国共产党。参加红军后，历任红三军班长、排长，红一军团第一师第一团连长、营长，第二师第五团副团长、团长，第十五师（少共国际师）第四十五团团长。参加了中央苏区历次反"围剿"斗争和中央红军长征。任陕甘支队第一纵队第一大队副大队长。到达陕北后，任红一军团第二师第四团团长、第一师第一团团长。参加了直罗镇、东征、西征等战役。抗日战争和解放战争时期，任八路军第三四三旅第六八五团副团长，独立师第一团团长，晋察冀军区第一支队司令员，第四、第一军分区司令员，解放军冀晋军区副司令员，晋察冀野战军第四、第二纵队司令员。中华人民共和国成立后于1955年被授予中将军衔。

陈世才（？—？） 籍贯不详。1935年11月任红二军团第五师第十三团政治委员。

陈外欧（1910—1984） 湖南茶陵人。1929年加入中国共产主义青年团，同年参加中国工农红军。1931年由团转入中国共产党。土地革命战争时期，任红六军团司令部作战参谋，第十七师第四十九团营长，特务团参谋长，第十六师参谋长，军团教导团团长。参加了长征。抗日战争时期，任八路军第一二〇师第三五九旅第七一七团营长、副团长、团长。解放战争时期，任第三五九旅副旅长，晋绥军区独立第三旅副旅长，西北野战军第一纵队参谋长，第一野战军第一军参谋长。中华人民共和国成立后于1955年被授予少将军衔。

陈达太（？—1935） 又名陈达夫。江西兴国人。中国共产党党员。曾任红三军团政治保卫局执行科科长。1935年8月，在长征中于四川西北部草地病故。

陈先多（1905—1935）　福建长汀人。1919年参加五四运动。1924年后加入中国共产党。1928年1月以开办医疗诊所为掩护，从事地下工作。1930年参加红军。后任红四军军医处处长，红一军团卫生部科长，第二师卫生部部长。参加了中央苏区历次反"围剿"和长征的医疗救护工作。1935年2月二渡赤水时牺牲。

陈华堂（1911—1983）　湖北天门人。1930年加入中国共产主义青年团。1931年参加中国工农红军，同年由团转入中国共产党。土地革命战争时期，任红三军第七师警卫营排长，红六军团特务团连长，第四十六团营长，第五十一团参谋长，特务团团长。参加了长征。抗日战争时期，任中国人民抗日军政大学第一分校营长，大队长兼教育处处长，胶东军区第三军分区副司令员、司令员兼第五旅旅长，胶东军区第六师师长，师政治委员，华东野战军第十三纵队副政治委员兼政治部主任，第三野战军第三十一军政治委员。中华人民共和国成立后于1955年被授予少将军衔。

陈坊仁（1916—1967）　曾用名陈旺壬、陈仿仁。江西兴国人。1929年加入中国共产主义青年团。1930年参加红军。1932年转入中国共产党。曾任红一军团第二师第五团连政治指导员、代理营长、团党总支副书记。参加了中央苏区历次反"围剿"斗争和中央红军长征。到达陕北后，任红二十八军第二五二团政治委员、团长。参加了直罗镇、东征、西征和山城堡战役。抗日战争和解放战争时期，任八路军平西支队（宋邓支队）大队长，冀热察挺进军参谋处处长、第七团团长兼政治委员，晋察冀军区第三军分区第四十二团团长，第五军分区司令员，晋察冀军区第四纵队第十一旅旅长，第三纵队第九旅旅长。中华人民共和国成立后于1955年被授予少将军衔。

陈志方（1906—1990）　曾用名陈子骥。江苏无锡人。1924年开始从事革命活动。1926年加入中国共产主义青年团。1927年转入中国共产党。曾任中共无锡县委委员。后在上海、广州等地从事地下工作。1931年进入中央苏区后，任闽西军区军医处处长，中央革命军事委员会抚恤委员会委员，红军总卫生部医政局局长，红军卫生学校教育主任（教育长）。参加了中央苏区反"围剿"和中央红军长征的医疗保障工作。1935年9月被留在红四方面军工作，后任红四方面军卫生学校校长，抗日军政大学第四大队政治委员。抗日战争和解放战争时期，任中共安徽天长县委书记，中共江苏盱眙县工委书记，高（邮）宝（应）县委书记，新四军第三师第八旅第二十二团政治委员，第八旅兼盐（城）阜（宁）军分区政治部主任，解放军东北民主联军第二纵队政治部主任，黑龙江军区政治部主任，第四十九军政治部主任。

陈时夫（1913—1953） 曾用名陈时福。湖北阳新（住地今属通山）人。1929年加入中国共产主义青年团。1932年转入中国共产党。历任少共（共青团）省委组织部部长，红三军团第五军第一师政治部地方工作科科长，少共省委书记，中共县委书记、省委组织部部长等职。参加了中央苏区的反"围剿"斗争和中央红军长征。抗日战争和解放战争时期，任新四军挺进纵队政治部主任，苏北指挥部第二纵队政治部主任，第一师第二旅政治部主任，苏中军区第二、第一军分区政治委员、军区政治部主任，华东野战军第六、第一纵队副政治委员，解放军第二十军政治委员。

陈伯钧（1910—1974） 字少达，号稚勉，曾用名陈国懋。四川达县人。1926年底考入武汉中央军事政治学校。1927年5月加入中国共产党，同年9月参加湘赣边界秋收起义。后任工农革命军第一军第一师第三团排长，第一团副连长，红四军第二十八团连长，赣西第三游击纵队参谋长，江西红军独立第四团参谋长。参加了井冈山和赣西南地区的游击战争。1930年后，任红二十军第二纵队政治委员，第一七三团政治委员，红军军官学校第三分校学生总队政治委员，红三军第七师师长，红五军团第十五军军长，红五军团参谋长、第十三师师长。参加了中央苏区历次反"围剿"斗争。曾荣获中央革命军事委员会颁发的二等"红星奖章"。1934年10月参加长征，不久复任红五军团参谋长，同董振堂一起，指挥部队掩护中央红军主力长征。1935年7月后，调到红四方面军工作，历任红四方面军第九军参谋长兼第二十七师师长，红四军参谋长，红四方面军红军大学上级指挥科科长，红六军团军团长，红三十二军军长，红二方面军红军大学副校长，抗日军政大学第二分校（庆阳步兵学校）步兵团团长、副校长。抗日战争和解放争时期，任八路军第一二〇师第三五九旅旅长，杭大总校训练部部长、第二分校校长，八路军军事学校副教育长，陕甘宁边区保安司令部副司令员，第三八五旅副旅长，陕甘宁晋绥联防军副参谋长，东北军政大学教育长，合江军区司令员，东北军区第一前方指挥所副司令员，解放军第十二兵团第一副司令员兼第四十五军军长。中华人民共和国成立后于1955年被授予上将军衔。

陈希云（？—？）　湖南茶陵人。1934年8月任红六军团供给部政治委员。1936年7月，任红二军团供给部部长。1936年7月任红二方面军供给部部长。

陈奇涵（1897—1981）　号圣涯。江西兴国人。早年进入云南陆军讲武堂韶州（今韶关）分校学习。毕业后曾在滇军、桂军、黄埔军官学校任职。1925年加入中国共产党。1926年被派回赣南发展中共组织，领导农民运动。1927年春任国民革命军第三军军官教育团参谋长兼中共支部书记，同年6月回到赣南，后任中共赣南特委军事部部长兼中共兴国县委常委，中共江西省委军事部赣南办事处主任，兴国、宁都两县行动委员会书记。参加领导了赣西南农民起义和游击战争。1930年后，任红军军官学校第三分校教育长兼校党委书记，中共赣西南特委军委参谋长兼南路纵队政治委员，红三军教导团团长，红三、红四军参谋长，红一军团参谋长，江西军区参谋长、省苏维埃执行委员，1933年受到"左"倾冒险主义者的打击，被撤销职务。后任科长，中央革命军事委员会随营学校校长，红一军团、红五军团司令部教育科科长，陕甘支队随营学校校长。参加了中央苏区历次反"围剿"斗争和中央红军长征。到达陕北后，任红十五军团副参谋长、参谋长，中央军委第四局局长。参加了直罗镇、东征、西征和山城堡战役。抗日战争和解放战争时期，任陕甘宁边区绥德警备区司令员，中央军委参谋部部长兼延安卫戍区司令员，抗日军政大学第三分校校长，解放军冀察热辽军区副司令员，东满军区副司令员，辽宁军区司令员，东北军区第二参谋长，江西军区司令员。中华人民共和国成立后于1955年被授予上将军衔。

陈金泉（1900—1934）　江西瑞金人。1930年加入中国共产党，同年春领导农民起义。后任暴动队队长、区游击大队中队长，赣南红军第二十四纵队队长。参加了赣西南地区的游击战争。1931年后，任红四军司令部科长、红军补充师师长等职。参加了中央苏区历次反"围剿"斗争。1934年10月参加长征，不久牺牲。

陈宗尧（？—？）　湖南茶陵人。1935 年 11 月任红六军团卫生部政治委员。1936 年 7 月任红二方面军红六军团模范师参谋长。

陈宗先（？—？）　籍贯不详。1936 年 7 月任红二方面军红六军团模范师政治部主任。

陈宗德（？—？）　籍贯不详。1936 年 7 月任红二方面军红六军团模范师供给部部长。

陈春甫（1895—1937）　又名陈吉甫。湖北大冶人。1930 年参加红军，同年加入中国共产党。历任红三军团第五军医院院长、军团卫生部医务主任，红五军团卫生部部长等职。参加了长沙战役、中央苏区历次反"围剿"斗争和中央红军长征。1935 年 9 月随红五军团留在红四方面军，后任红五军卫生部部长。1937 年春在甘肃河西走廊牺牲。

陈树湘（1905—1934）　曾用名陈树春。湖南长沙人。1927 年 9 月参加湘赣边界秋收起义，不久加入中国共产党。曾任红四军第三十一团连长、第三纵队大队长。参加了井冈山和赣南、闽西地区的游击战争。1930 年后，任红一方面军司令部特务队队长，红十二军某团团长，红十九军第五十六师师长，红五军团第三十四师第一〇一团团长、第三十四师师长。参加了中央苏区历次反"围剿"斗争。1934 年 10 月参加长征，同年 12 月初率部队掩护中央红军主力渡过湘江后向东突围，在湖南江永左子江战斗中腹部负重伤，旋于道县驷马桥被俘。在被押往长沙途中，自断肠壮烈牺牲。

陈胜富（1915—1935）　江西人。1928 年参加红军。1929 年加入中国共产党。曾任红一军团第一师第二团政治委员。参加了中央苏区历次反"围剿"斗争和中央红军长征。1935 年 1 月下旬在贵州习水土城战斗中牺牲。

陈美福（1914—2000）　江西兴国人。1930 年加入中国共产主义青年团。1931 年参加红军。1932 年转入中国共产党。1933 年后，任红五军团第三十四师第一〇一团排长，中央革命军事委员会警卫营连长、副营长。参加了中央苏区反"围剿"斗争和中央红军长征。到达陕北后，任中央军委警卫团副团长，陕北独立第一师参谋长。参加了直罗镇战役和巩固陕甘苏区的斗争。抗日战争和解放战争时期，任八路军留守兵团警备第五团、警备第一旅第三团参谋长，陕甘宁晋绥联防军司令部作战科科长，东北干部纵队直属支队支队长，旅大市警官学校教育长，旅大市公安总队总队长。中华人民共和国成立后于1955年被授予少将军衔。

陈海涵（1914—1994） 福建上杭人。1928年参加农民起义，同年加入中国共产主义青年团。1930年转入中国共产党。曾任红十二军第三十四师第一○二团连长兼政治指导员，师政治部宣传队中队长，中央革命军事委员会直属炮兵营政治委员，无线电大队政治委员，红三军团第四师第十二团营政治教导员、营长兼政治教导员，第十团政治处主任。参加了中央苏区历次反"围剿"斗争和中央红军长征。到达陕北后，任红一军团第四师第十团党总支书记、第十团政治委员。参加了直罗镇、东征、西征和山城堡战役。抗日战争和解放战争时期，任晋察冀军区特务团、第一团政治委员，第五军分区参谋长，陕甘宁晋绥联防军教导第二旅参谋长，西北野战军第六纵队教导旅旅长、纵队参谋长，解放军第六军参谋长。中华人民共和国成立后于1955年被授予少将军衔。

陈菊生（？—？） 籍贯不详。1934年10月任红二军团第四师第十二团团长。

陈漫远（1911—1986） 曾用名漫衍。广西蒙山人。1926年5月加入中国共产主义青年团。1927年1月转入中国共产党。1929年12月参加百色起义，后任红七军连政治指导员、营政治委员。参加了右江苏区的革命斗争和红七军远征。到达中央苏区后，任红七军第五十六团政治委员、第二十师政治委员，江西军区独立第四师政治委员，红一军团第二师政治部主任，粤赣军区政治部主任。参加了中央苏区第三至第五次反"围剿"斗争。1934年10月参加长征，后任中央革命军事委员会教导师政治部主任，红一军团政治部敌工部部长。到达陕北后，任红十五军团第七十三师政治委员。参加了直罗镇、东征、西征等战役。抗日战争和解放战争时期，任八路军第一一五师第三四四旅参谋长，晋察冀军区第三军分区司令员，冀热察挺进军政治委员，晋西北军区副参谋长，晋绥军区参谋长，中央军委第二局代理局长，华北野战军第一兵团参谋长，解放军第十八兵团副司令员。

邵式平（1899—1965） 曾用名余艳王。江西弋阳人。1925 年加入中国共产主义青年团，同年 11 月转入中国共产党。曾在国立北平师范大学任地下党支部书记，弋阳政务委员会主席，国民党江西省党部监察委员会主任，中共浮梁县委书记兼景德镇市委书记，中共赣东北五县工委委员等职。1928 年 1 月参加领导弋（阳）横（峰）农民起义，后任中共横峰县委书记兼游击队党代表，信江军委主席，赣东北红军学校校长。参加领导了创建赣东北苏区的游击战争。1930 年后，任红十军政治委员兼前敌委员会书记，中共赣东北特委军委主席、中共赣东北省委军委主席、赣东北军区总指挥兼政治委员，中华苏维埃共和国中央执行委员、中央革命军事委员会委员，红十军政治部主任，闽浙赣军区政治部主任。参加领导了闽浙赣苏区的反"围剿"斗争。1933 年调到中央苏区工作，后任中共闽赣省苏维埃主席，闽赣军区司令员兼政治委员，中华苏维埃共和国第二届中央执行委员。参加了中央苏区第四、第五次反"围剿"斗争。1934 年 10 月参加长征，后任军委第二野战纵队政治部主任兼地方工作部部长。1935 年 9 月留在红四方面军工作，后任中共大金省委书记、省苏维埃主席，金川军区政治委员。抗日战争和解放战争时期，任抗日军政大学第二分校副校长，中共辽吉省委副书记兼辽吉军区副政治委员，中共嫩江省委第三书记兼嫩江军区副政治委员。

八画

幸元林（1914—1985） 湖南醴陵人。1930年4月参加红军，同年5月加入中国共产党。后任红军班长、排长、连长，中央革命军事委员会教导第二团政治委员，粤赣军区、红九军团第二十二师第六十四团政治委员，第六十五团团长兼政治委员。参加了中央苏区反"围剿"斗争和中央红军长征。1935年9月随红九军团留在红四方面军，后任红四方面军政治部组织部统计科科长，总务处处长。抗日战争和解放战争时期，任冀中军区教导团政治委员，八路军南下第三支队副支队长，新四军第五师第十五旅第四十四团团长、旅参谋长，陕南军区第五军分区、中原野战军第十二纵队第三十五旅、江汉军区参谋长。中华人民共和国成立后于1955年被授予少将军衔。

幸世修（1915—1991） 曾用名辛世修。江西南康人。1930年参加红军。1931年加入中国共产主义青年团。1932年转入中国共产党。历任红四军通信员、班长、干事，红军总政治部巡视员、青年科科长，红九军团第三师第八团政治委员。参加了中央苏区历次反"围剿"斗争和中央红军长征。1935年9月随红九军团留在红四方面军，后调任红二方面军第三十二军第九十四师政治委员、军政治部主任。抗日战争和解放战争时期，任八路军第一二〇师政治部巡视团主任、干部科科长，山西五寨县武装部部长，第一二〇师独立第一旅副政治委员、代理政治委员，陕甘宁晋绥联防军警备第一旅参谋长，东北民主联军第十六旅副旅长，铁道兵团司令部参谋处处长。

范忠祥（？—？） 湖北天门人。1936年3月任红二军团第四师第十一团政治委员。

范春生（？—1935） 籍贯不详。1935年11月任红二军团第六师第十七团团长。1935年11月27日在湖南溆浦阵亡。

范炳生（？—1935）　籍贯不详。1934 年 10 月任红二军团供给部部长。1935 年 8 月在湖北宣恩沙道沟阵亡。

林青（1911—1987）　曾用名林合、林鸣合。广东文昌（今属海南）人。1929 年 12 月参加百色起义。1930 年加入中国共产党。曾任红三军团无线电队队长，中央革命军事委员会第三局无线电分队分队长。参加了右江苏区的革命斗争、中央苏区第三至第五次反"围剿"斗争和中央红军长征。1935 年夏调到红四方面军，任方面军电台政治委员。到达陕北后，任红军驻西安联络处电台台长。抗日战争时期，任八路军驻重庆办事处电台台长。

林恺（1908—1973）　曾用名谢洪志。河南郾城人。1926 年加入中国共产党。1927 年后在苏联学习和工作。1934 年 3 月回国后，进入中央苏区，任中央革命军事委员会军事工业局政治委员。参加了第五次反"围剿"斗争，同年 10 月参加长征，任军委纵队第二梯队政治部主任。到达陕北后，任军委翻译。抗日战争和解放战争时期，任中共河南省委组织部长，新四军第四支队第八团政治委员，中原野战军第三纵队第八旅副政治委员等职。

林彪（1907—1971）　原名林祚大，字阳春，号毓蓉，曾用名林育蓉、林育荣、尤勇、李进。湖北黄冈人。早年加入中国社会主义青年团后曾任支部干事。1923 年 6 月加入中国社会主义青年团。1924 年任湖北学生联合会主席。1925 年冬转为中国共产党员。1926 年 3 月入黄埔陆军军官学校学习，同年任黄埔陆军军官学校四期第二团第三连中共支部书记，同年冬毕业后分配到军事教导团任排长。1927 年任叶挺独立团排长、连长。大革命失败后，1927 年 8 月参加南昌起义，任起义部队第十一军军部特务连连长。1928 年进入井冈山革命根据地，任中国工农红军第四军营长，年底任红四军第二十八团团长。1929 年起任红四军第一纵队司令员。1930 年起任红四军军长。1931 年 11 月、1934 年 2 月相继当选为中华苏维埃共和国第一、第二届中央执委会委员，1931 年 11 月起任中华苏维埃共和国中央革命军事委员会委员。1932 年起任红一军团总指挥，红一军团军团长。参加了长征。1935 年曾任红一军军长，红军陕甘支队副司令员兼第一纵队司令员。后仍任红一军团军团长。1935 年 11 月至 1936 年 12 月任中华苏维埃西北革命军事委员会委员。1936 年 12 月至 1937 年 7 月任中华苏维埃人民共和国中央革命军事委员会委员。1936年任中国人民抗日红军大学校长，1937年中国人民抗日红军大学改名为中国人民抗日军政大学，继续任校长。抗日战争爆发后，任八路军第一一五师师长。在平型关战役中负伤后，曾返延安再任抗日军政大学校长。1937年8月至1945年8月任中共中央军委委员，其间，1937年8月至1941年4月任中共中央军委前方分会委员。1938年底赴苏联治病。1940年任中共驻莫斯科代表团代理工作人。1942年10月至1943年7月赴重庆协助周恩来同国民党进行谈判。抗日战争胜利后，1945年8月至1949年10月任中共中央军委委员，其间，1948年6月至1949年3月任中共中央军委东北分会委员、主席。1945年10月至1946年1月任东北人民自治军总司令。1946年1月至1947年12月任东北民主联军总司令。1946年6月至1949年5月任中共中央东北局书记。1948年1月至1949年3月任东北军区兼东北野战军司令员、政治委员，东北野战军司令员。1949年3月起任中国人民解放军第四野战军司令员，5月起任中共中央华中局（后为中南局）第一书记、第四野战军兼华中军区（后为中南军区）司令员。中华人民共和国成立后于1955年被授予中华人民共和国元帅军衔和一级八一勋章、一级独立自由勋章、一级解放勋章。"文化大革命"中组织、领导夺取最高权力的阴谋活动，策动武装政变。政变阴谋败露后于1971年9月13日强行乘飞机出逃，在蒙古温都尔汗机毁身亡。1973年8月被开除党籍。1981年1月被中华人民共和国最高人民法院特别法庭确认为"林彪、江青反革命集团案"的主犯。1981年5月中国人民解放军军事法院刑事审判庭依法剥夺其被授予的一级八一勋章、一级独立自由勋章、一级解放勋章。

林龙发（1914—1936）　福建上杭人。1929年参加红军。不久加入中国共产党。曾任红四军战士、司号员、连政治指导员、第十一师第三十三团团长，红一军团第二师第五团营长、第一师第三团政治委员。参加了中央苏区历次反"围剿"斗争和中央红军长征。到达陕北后，任红一军团第二师第五团政治委员。参加了直罗镇、东征战役。1936年5月2日由山西西渡黄河时牺牲。

林伯渠（1886—1960）　字邃园，号伯渠，曾用名林祖涵。湖南临澧人。早年留学日本，并加入中国革命同盟会。曾任湖南省岳州（今岳阳）要塞司令部参议，湖南护国军司令部参议，湖南政务厅代理厅长、财政厅厅长，孙中山广州大元帅府参议等职。1920 年加入上海共产主义小组。1922 年后，任国民党中央执委会常委、总务部副部长、农民部部长、农民运动委员会主席，国民革命军第六军党代表兼政治部主任、中共党团书记，武汉国民政府军事委员会秘书长，中共第五届中央审计委员会委员等职。1927 年 8 月参加南昌起义，任中国国民党革命委员会委员、财政委员会主席。起义军南下失败后赴苏联学习。1932 年回国，不久进入中央苏区，后任苏维埃中央政府国民经济人民委员部部长、财政部部长。参加了中央苏区第四、第五次反"围剿"斗争。1934 年 10 月参加长征，任中央革命军事委员会没收征发委员会主任兼总供给部部长。到达陕北后，任中华苏维埃中央政府西北办事处财政部部长、办事处主席，陕甘宁特区政府主席。抗日战争和解放战争时期，任中共第六届中央委员，中共陕甘宁边区中央局常委，陕甘宁边区政府主席，中共第七届中央政治局委员。

林忠照（1911—1992）　福建龙岩人。1929 年加入中国共产主义青年团，1930 年参加红军。1932 年转入中国共产党。曾任红十二军第三十六师政治部宣传员、第一〇八团机枪连副政治指导员，红一军团第一师第三团连政治指导员，江西军区独立第四团党总支书记，红八军团第二十一师第六十一团副政治委员、第六十二团代理政治委员，红一军团政治部巡视员。参加了中央苏区历次反"围剿"斗争和中央红军长征。到达陕北后，任红十五军团第八十一师第二四一团政治处主任、师政治部敌工科科长，红三十军政治部副主任。参加了直罗镇、东征战役。抗日战争和解放战争时期，任八路军留守兵团警备第三团政治处主任，教导第二旅供给部政治委员，解放军冀察热辽军区热中军分区政治委员，东北野战军第八纵队、第四十五军政治部副主任。中华人民共和国成立后于 1955 年被授予少将军衔。

林保成（1911—？）　江西兴国人。1930 年参加红军。不久加入中国共产党。曾任红一军团第二师政治部组织科科长，红三军团第六师政治部青年科科长、团党总支书记、团政治委员。参加了中央苏区历次反"围剿"斗争和中央红军长征。1935 年 9 月留在红四方面军工作，后任红九军第二十六师政治部组织科科长、宣传部部长，红三十一军政治部地方工作部部长。1937 年后下落不明。

林接标（1914—1989）　曾用名林接义。福建长汀人。1928 年参加农民起义。

1929年加入中国共产主义青年团。1932年参加红军。1933年转入中国共产党。曾任江西会昌县区儿童局书记，少共（共青团）区委组织部部长，红军学校第五期团特派员，红军大学特派员。参加了中央苏区的反"围剿"斗争。1934年10月参加长征，后任军委干部团特派员，红军总供给部特派员，总卫生部政治部主任、特派员、保卫科科长。抗日战争和解放战争时期，任八路军晋察冀军区第二军分区政治部组织科科长，第二支队第六大队政治委员，第十九团政治委员，晋察冀军区政治部组织部副部长，华北军区政治部组织部部长。中华人民共和国成立后于1955年被授予少将军衔。

欧阳文（1912—2003）　湖南平江人。1930年参加红军。1931年加入中国共产主义青年团，同年转入中国共产党。历任红五军第三师政治部宣传员，红三军团第一师政治部文印股股长，第一师第一团宣传队队长，第四师第十二团连政治指导员。参加了中央苏区历次反"围剿"斗争和中央红军长征。到达陕北后，任红一军团第四师第十二团连政治指导员、团党总支书记，师政治部组织科科长。参加了直罗镇、东征、西征战役。抗日战争和解放战争时期，任八路军第一一五师第三四三旅第六八六团、独立团政治处主任，独立旅兼（微山）湖西军区政治部主任，黄河支队、教导第四旅政治部主任，第一一五师政治部秘书长，山东军区第五旅政治部主任，胶东军区政治部副主任，东北民主联军第三纵队政治委员、第四纵队副政治委员，解放军第四十一军副政治委员，中共粤东区委第一书记。中华人民共和国成立后于1955年被授予中将军衔。

欧阳钦（1900—1978）　号惟亮，曾用名欧阳清、杨清、杨文渊。湖南宁乡人。1919年到法国勤工俭学。1924年加入中国社会主义青年团，同年转入中国共产党。1925年转赴苏联学习。1926年回国后，任中央军事部组织科科长。1927年后，任中共中央军事部组织科科长、军事部秘书长，中共中央长江局军委秘书长。1931年春进入中央苏区，后任中共苏区中央局秘书长，中央军事政治学校党总支书记兼特派员、政治部主任，红一方面军政治部组织部部长。参加了长征。到达陕北后，任中共陕西省委西北军工委书记、军委书记、省委书记。抗日战争和解放战争时期，任中共中央西北局秘书长、调查研究局副局长，中共中央冀热辽分局秘书长，中共旅大地委书记。

欧阳竞（1914—1992）　江西兴国人。1931年1月加入中国共产主义青年团，同年10月参加红军。1932年转入中国共产党。曾任红五军团第十三师第三十七团医生，第十五师卫生部卫生所所长，红军第二后方医院第二所所长，抗日军政大学卫生科科长。参加了中央苏区第四、第五次反"围剿"斗争和中央红军长征。抗日战争和解放战争时期，曾任陕甘宁边区医院院长，边区卫生处处长，晋察冀军区白求恩国际和平医院院长，北岳军区卫生部部长，察哈尔军区卫生部部长、党委书记，察哈尔军区后勤部部长，华北行政委员会卫生局副局长。

　　欧阳毅（1910—2005）　湖南宜章人。1927年加入中国共产主义青年团，1928年1月参加湘南起义，同年加入中国共产党。任红四军第二十八、第二十九团团委秘书，第二十八团连党代表，红四军第一纵队政治部秘书。参加了井冈山和赣南、闽西地区的游击战争。1930年后，任红四军第一纵队政治委员、办公厅秘书长，第十师教导队政治委员，师政治部秘书长，军教导大队政治委员、无线电队政治委员，中华苏维埃共和国政治保卫局秘书、秘书长、执行科科长，红五军团政治保卫分局局长。参加了中央苏区历次反"围剿"斗争和中央红军长征。1935年9月随红五军团留在红四方面军，后任红五军政治保卫局局长，红四方面军政治保卫局秘书长，红四方面军总部第一局局长，西路军总部第五局局长。抗日战争和解放战争时期，任抗日军政大学总校秘书长，中央军委总政治部锄奸部副部长，陕甘宁晋绥联防军政治部保卫部部长。中华人民共和国成立后于1955年被授予中将军衔。

　　欧致富（1915—1999）　广西田阳人。1929年12月参加百色起义。1930年加入中国共产主义青年团。1931年转入中国共产党。参加了右江苏区的斗争和红七军远征。到达中央苏区后，任红七军供给部排长，红三军团第五师第十五团连长、第十三团特派员，红一军团政治保卫局侦察科副科长。参加了中央苏区第三至第五次反"围剿"斗争和中央红军长征。1935年9月留在红四方面军工作，后任红三十一军教导营营长，援西军随营学校校长，红三十一军司令部作战科科长。抗日战争和解放战争时期，任八路军总部特务团参谋长、团长，解放军热辽纵队第二十二旅旅长，热河军区热中军分区司令员，第十七旅旅长，东北野战军第十一纵队第三十一师、第四十八军第一四二师师长。中华人民共和国成立后于 1955 年被授予少将军衔。

欧阳家祥（1909—1980）　江西吉安人。1931 年参加中国工农红军。1932 年加入中国共产党。土地革命战争时期，任湘赣独立第一师第一团俱乐部主任，红六军团第十七师第四十九团通信主任，第五十一团团长，第十六师参谋长，红六军团侦察科科长。参加了长征。抗日战争时期，任八路军第一二〇师第三五九旅第七一八团参谋长，八路军留守兵团警备第一旅参谋长、副旅长。解放战争时期，任冀察热辽军区热辽军分区司令员，热河军区副司令员。中华人民共和国成立后于 1955 年被授子少将军衔。

易秀湘（1905—1954）　江西赣县人。1929 年参加红军，同年加入中国共产党。曾任红军班长、排长，红一军团第一师连政治指导员，第三团党总支书记。参加了中央苏区历次反"围剿"斗争和中央红军长征。到达陕北后，任永坪医院（第一后方医院）政治委员。抗日战争和解放战争时期，任中央军委卫生部副政治委员、政治委员，中央军委后勤部政治部主任、供给部部长，中共中央管理局局长，东北西满军区副参谋长，东北人民政府商业部副部长。

易荡平（1908—1934）　曾用名汤世积。湖南浏阳人。1927 年加入中国共产党。1928 年参加红军。1930 年后，任红三军第一纵队支队政治委员、第九师第二十五团政治委员，红五军团第十三师第三十九团政治委员。参加了长沙战役和中央苏区历次反"围剿"斗争。曾荣获中央革命军事委员会颁发的二等"红星奖章"。1934 年 10 月参加了中央红军长征，任红一军团第二师第五团政治委员。11 月 30 日，在广西全州脚山铺战斗中负伤，为不当俘虏，自尽殉职。

罗云（1900—1968）　曾用名罗开桂、罗克桂。湖南新邵人。1927 年参加国民革命军。1928 年 7 月参加平江起义，同年 10 月加入中国共产党。曾任红三军团班长、排长、连长、营长。参加了中央苏区历次反"围剿"斗争和中央红军长征。到达陕北后，任红一军团第四师第十一团团长。参加了直罗镇、东征、西征和山城堡战役。抗日战争和解放战争时期，任晋西北新军保安司令部第一支队参谋长，第三支队支队长，暂编第一师第三十六团团长，八路军第十八兵站生产科科长，留守兵团教导第一旅第一团团长，解放军冀察热辽军区第二十军分区司令员。中华人民共和国成立后于 1955 年被授予少将军衔。

罗明（1901—1987） 曾用名罗善培。广东大埔人。1925 年加入中国共产党。1926 年后，任中共汕头地委书记、闽南临时特委书记，中共福建省委委员、省委驻闽西特派员、省委宣传部部长、省委代理书记、书记，省行动委员会书记。1931 年春到达闽西苏区，后任中共闽粤赣特委组织部部长、闽粤赣省委书记，中共福建省委常委、宣传部部长、省委代理书记、书记。参加领导了闽西苏区反"围剿"斗争。1933 年春遭"左"倾冒险主义者错误批判，后任瑞金中央党校（马克思共产主义学校）教育长兼班主任。1934 年 10 月参加长征，任红三军团政治部地方工作部部长。1935 年 3 月因负重伤留在黔北疗养，后转赴上海、广东、新加坡等地从事进步活动。

罗章（1905—1993） 江西万载人。1929 年参加中国工农红军，同年加入中国共产党。土地革命战争时期，任万载县区苏维埃政府主席，湘赣军区独立第一师连政治指导员，红六军团第十七师第五十团机炮连政治指导员，第五十一团政治处没收委员会主任，红六军团第十七师第五十一团副营长、代营长，军团政治部政治教导队队长兼政治委员，龙永独立团团长，红六军团卫生部政治委员，军团保卫局局长。参加了长征。抗日战争时期，任八路军第一二〇师第三五九旅政治部锄奸科科长、军法处处长，第三五九旅供给部政治委员。解放战争时期，任鄂北军分区副政治委员，西北野战军第二纵队留守处主任，第一野战军一兵团留守处主任。中华人民共和国成立后于 1955 年被授予少将军衔。

罗元发（1910—2010） 福建龙岩人。1928 年加入中国共产主义青年团。1929 年转入中国共产党，同年参加红军。曾任红十二军特务连政治指导员，红五军团第十三军连政治指导员、军直属队党总支书记，红九军团第十四师第四十二团代理政治委员兼政治处主任，红三军团第五师第十三团政治委员、第十五团党总支书记，军团政治保卫局执行科科长。参加了中央苏区历次反"围剿"斗争和中央红军长征。到达陕北后，任红一军团第一师第一团政治委员、师政治部主任。参加了直罗镇、东征、西征、山城堡战役。抗日战争和解放战争时期，任八路军独立第一师政治部主任，晋察冀军区第一军分区政治委员，雁北支队政治委员兼中共雁北地委书记，陕甘宁晋绥联防军教导第二旅政治委员，西北野战军第六纵队司令员，解放军第六军军长。中华人民共和国成立后于1955年被授予中将军衔。

罗元炘（1911—1992）　江西泰和人。1931年加入中国共产党，同年参加红军。后任红一军团第二师第五团连政治指导员，军团司令部教育科科员，军团教导队队长。参加了中央苏区反"围剿"斗争和中央红军长征。到达陕北后，任红一方面军第八十一师第二四三团政治委员、团长。参加了直罗镇、东征、西征战役。抗日战争和解放战争时期，任八路军总部特务团副团长，警备第三旅第九团团长，东北民主联军第十纵队第二十九师第八十六团团长、政治委员，解放军第四十七军第一四〇师副政治委员。中华人民共和国成立后于1964年晋升为少将。

罗仁全（1911—1993）　又名罗仁铨。江西吉水人。1929年参加红军。1930年加入中国共产党。历任江西军区赣江独立团连长、副营长、营长，公略独立营营长，独立第四团团长，红八军团第二十三师第六十七团营长。参加了中央苏区历次反"围剿"斗争和中央红军长征。1935年9月被留在红四方面军工作，后任红九军第二十五师的团参谋长、团长。抗日战争和解放战争时期，任八路军冀鲁豫军区军政干部学校校长、教导第四旅第十团团长，冀鲁豫军区第一团团长，冀鲁豫军区第六军分区、江西军区上饶军分区司令员。中华人民共和国成立后于1955年被授予少将军衔。

罗文坊（1916—2000）　江西吉安人。1929年参加红军，同年加入中国共产主义青年团。1931年转入中国共产党。历任红六军第二纵队大队政治委员，红三军政治部青年干事兼宣传大队大队长，第八师政治部青年科科长，中央革命军事委员会政治保卫局侦察科侦察员，红九军团、红一军团政治保卫分局科长。参加了中央苏区历次反"围剿"斗争和中央红军长征。抗日战争和解放战争时期，任八路军晋察冀军区第一军分区政治部锄奸科科长，冀中军区政治部锄奸部部长，晋察冀军区第五军分区副司令员，独立第四旅、独立第一旅副旅长，第二军分区司令员，第六纵队第十八旅旅长，解放军第六十八军第二〇四师师长。中华人民共和国成立后于1955年被授予少将军衔。

罗正忠（1899—1938）　曾用名罗正中、罗早陔。湖南平江人。1928 年 7 月参加平江起义，不久加入中国共产党。曾任红八军第六师连政治指导员，红五军第二师团政治委员。1932 年进入中央军事政治学校学习。毕业后任红三军团无线电队政治委员。参加了湘鄂赣边区的游击战争、中央苏区历次反"围剿"斗争和中央红军长征。1938 年在陕北病故。

罗占云（1910—1948）　云南大关人。1926 年参加北伐战争。1927 年 8 月参加南昌起义。1928 年加入中国共产党。曾任红四军连长、营长。参加了井冈山和赣南、闽西地区的游击战争。1930 年后，任红四军第三纵队第八支队支队长、第十二师第三十五团团长、第十一师第三十二团团长，红八军团第二十一师第六十三团团长。参加了中央苏区历次反"围剿"斗争和中央红军长征。曾荣获中央革命军事委员会颁发的三等"红星奖章"。到达陕北后，任陕北军区长城军分区司令员，陕北军区（陕北省军事部）参谋长。参加了保卫陕甘苏区的斗争。抗日战争开始后，任新四军第五支队第八团副团长，新八团团长，淮南军区津浦路东联防司令部副司令员，新四军独立旅旅长，路东军分区司令员，淮南军区副司令员。1948 年 4 月 24 日病故。

罗华生（1910—1991）　湖南湘潭人。1925 年加入安源煤矿工会，曾任工人纠察队队长。1930 年 9 月参加红军，1931 年加入中国共产主义青年团，同年转入中国共产党。历任红军第一步兵学校（彭杨步兵学校）政治指导员，红一军团第十五师第四十四团党总支书记，第二师第四团党总支书记、政治委员、团长。参加了中央苏区历次反"围剿"斗争和中央红军长征。抗日战争和解放战争时期，任抗日军政大学大队长，八路军第一一五师教导第五旅政治委员，新四军独立旅政治委员，山东渤海军区第二军分区司令员，东北民主联军第二师、东北野战军独立第七师、解放军第三十九军第一五二师师长。中华人民共和国成立后于 1955 年被授予少将军衔。

罗华民（1915—1943）　又名罗华明、罗发明。江西吉水人。1930 年加入中国共产党，同年参加红军。后任连政治指导员、团政治委员，少年先锋队中央总队部执行委员，少共国际师政治部主任，红五军团第十五师第四十五团政治委员、第十三师政治委员，军团政治部破坏部部长。参加了中央苏区历次反

"围剿"斗争和中央红军长征。曾荣获中央革命军事委员会颁发的三等"红星奖章"。1935 年 9 月随红五军团留在红四方面军，后任红五军政治部破坏部部长，中共大金省委委员，少共（共青团）川康省委组织部部长。1937 年后，在抗日军政大学和中央党校学习，后被派到晋察冀边区，任第四军分区教导团团长。1943 年在河北行唐反"扫荡"中牺牲。

罗亦经（1911—1991）　江西赣县人。1930 年加入中国共产主义青年团。1931 年转入中国共产党。1932 年参加红军，后任红一方面军没收委员会会计，红一军团没收委员会干事，红军前敌总指挥部（兼红一方面军领率机关）供给部财务处处长。参加了中央苏区反"围剿"斗争和中央红军长征。抗日战争和解放战争时期，任中共山西繁（峙）代（县）浑（源）应（县）中心县委书记，晋察冀军区第二军分区定襄支队政治委员、军分区政治部组织科科长，解放军冀晋军区政治部组织部部长，第六十六军政治部副主任。中华人民共和国成立后于 1955 年被授予少将军衔。

罗志敏（？—？）　籍贯不详。1935 年 11 月任红六军团第十七师政治部主任。

罗若遐（1907—1988）　曾用名岳夏、岳公远。湖南浏阳人。1932 年 5 月加入中国共产主义青年团。1933 年参加红军，同年 9 月转入中国共产党。历任红军总部电台报务员，新闻台台长，中央革命军事委员会第三局第一科科长，第三局通信团无线电营营长，红一方面军电台台长，红军总部第二局局长。参加了中央苏区反"围剿"斗争和中央红军长征。抗日战争和解放战争时期，任八路军驻太原办事处秘书兼电台台长，新四军竹沟留守处秘书长兼华中地区无线电大队大队长，新四军游击支队秘书长、第四师秘书长，大连关东电讯专科学校副校长，大连大学教务处处长。中华人民共和国成立后于 1955 年被授予少将军衔。

罗荣桓（1902—1963）　字雅怀，号宗人。湖南衡山（出生地今属衡东县）人。早年在长沙协均中学、青岛大学读书。北伐战争期间在家乡从事农民运动。1927 年春入武昌中山大学读书，1927 年 4 月加入中国共产主义青年团，1927 年转为中国共产党党员。八七会议后受中共湖北省委派遣赴鄂南参加起义，任通崇农民革命军党代表。1927 年 9 月率部参加湘赣边界秋收起义。后随部队进军井冈山，先后任中国工农革命军团参谋、特务连党代表。1928 年先后任中国工农红军连、营党代表。1929 年 3 月起任红四军第三纵队九支队党代表，12月在红四军第九次党代表大会（古田会议）上被选为前敌委员会委员。1930 年1 月起任红四军第二纵队政治委员，4 月起任红四军代政治委员，不久任政治委员。1932 年 3 月起任红一军团政治部主任。1933 年 5 月起任江西军区总指挥部政治部主任、总政治部巡视员、武装动员部部长等职。1934 年 2 月当选为中华苏维埃共和国第二届中央执委会候补委员。1934 年 9 月起任红八军团政治部主任。参加了长征。1934 年底调任总政治部巡视员。1935 年 9 月起任红一军团政治部副主任。1936 年入抗日红军大学学习。1937 年 1 月起任红军后方司令部政治部主任，7 月起任红一军团政治部主任。抗日战争爆发后，1937 年8 月至 10 月任八路军第一一五师政训处主任，10 月起任第一一五师政治部主任。1938 年 3 月起主持第一一五师工作。1938 年 12 月起任第一一五师政治委员。1939 年 9 月起任中共中央山东分局委员。1941 年 8 月起任山东军政委员会书记。1943 年 3 月至 1945 年秋任山东军区司令员兼政治委员、第一一五师政治委员兼代师长。1943 年 9 月至 1945 年秋任中共中央山东分局书记、锄奸委员会书记、党校校长。抗日战争胜利后，率部向东北挺进，1945 年 10 月至 1947年 12 月任东北人民自治军第二政治委员、东北民主联军副政治委员。1946 年6 月至 1949 年 5 月任中共中央东北局副书记，其间，1948 年 6 月至 1949 年 3月任中共中央军委东北分会委员、副主席。1948 年 1 月至 8 月任东北军区兼东北野战军副政治委员，8 月起任东北军区第一副政治委员兼东北野战军政治委员。1949 年 3 月起任中国人民解放军第四野战军政治委员，5 月起任中共中央华中局（后为中南局）第二书记、第四野战军兼华中军区（后为中南军区）政治委员，8 月起任华中军政大学政治委员。中华人民共和国成立后于 1955 年被授予中华人民共和国元帅军衔和一级八一勋章、一级独立自由勋章、一级解放勋章。

罗贵波（1907—1995）　曾用名罗心夷、李文华。江西南康人。1927 年 1月加入中国共产党。1928 年 1 月参加领导潭口农民起义，后任中共安远县委书记，中共赣县县委书记兼游击队队长、党代表。参加了创建赣南苏区的斗争。1930 年后，任赣南红军游击队第二十八纵队政治委员，红三十五军军长、政治委员、军委书记、政治部主任，红一方面军独立第三师政治委员兼师党委书记，中央军事政治学校政治主任教员，第一步兵学校（彭杨步兵学校）训练处副主任、政治主任教员。参加了中央苏区历次反"围剿"斗争。1934年10月参加长征，任军委干部团政治营政治委员，红军大学上干科政治委员。到达陕北后，任红军学校上干队队长兼政治委员，红军大学第三科政治委员，教导师（庆阳步兵学校）政治部主任。抗日战争和解放战争时期，任八路军第一二〇师政治部民运部部长、第三五八旅政治委员，中共晋西北区委副书记，新军总指挥部政治委员，晋绥军区第八军分区司令员兼政治委员、第八地委书记，中共晋绥中央分局委员，解放军吕梁军区政治委员兼吕梁区委书记，晋中军区司令员兼政治委员、中共晋中区委书记，太原警备区司令员。

罗炳辉（1897—1946）　曾用名罗南煌。彝族。云南彝良人。早年参加滇军。任士兵、排长、连长、兵工厂护厂队队长，国民革命军第三军第九师少校副官、营长，江西吉安八乡靖卫大队大队长。参加了北伐战争。1929年7月加入中国共产党，同年11月率部起义参加红军。后任江西红军独立第五团团长，红六军第二旅旅长、第二纵队副司令员、司令员，红三军第二纵队纵队长，红十二军代理军长、军长，闽西军区总指挥兼红十二军军长，福建省苏维埃政府执行委员，中华苏维埃中央执行委员，红二十二军军长，红一军团第一、第三师师长，红九军团军团长。参加了长沙战役、中央苏区历次反"围剿"斗争和中央红军长征。曾荣获中央革命军事委员会颁发的二等"红星奖章"。1935年9月随红九军团留在红四方面军，后任红三十二军军长，援西军副司令员。抗日战争开始后，任新四军第一支队副司令员，第五支队司令员，江北指挥部副指挥，第二师师长兼淮南军区司令员，新四军第二副军长，山东军区第二副司令员，解放军山东野战军第二纵队司令员。1946年6月21日在山东苍山兰陵病故。

罗振坤（？—？）　籍贯不详。1936年任红六军团第十八师供给部部长。

罗梓铭（1907—1939）　曾用名罗世章。湖南浏阳人。1925年加入中国共产主义青年团。1927年加入中国共产党。曾任浏阳纸业工会委员长，区苏维埃常务书记，中共湘鄂赣省委职工部部长。1933年进入中央苏区，后任中华全国总工会苏区执行局委员、店员及手工业者委员会委员长兼党团书记，广昌战地动员委员会主任，赣南战地动员委员会主任，中共赣南省委组织部部长，中华苏维埃共和国中央执行委员。参加了中央苏区第五次反"围剿"斗争。1934年10月参加长征，后任军委干部团军需处主任，红三军团政治部地方工作部部长，红军总供给部政治处主任，红一方面军东征地方工作团群众科科长。参加了直罗镇、东征、西征战役。抗日战争开始后，任八路军总部少校副官，中共湘鄂赣特委副书记兼组织部部长。1939年6月12日在"平江惨案"中被国民党顽固派杀害。

罗舜初（1914—1981）　曾用名罗汝明。福建上杭人。1929年春参加农民起义，同年冬加入中国共产主义青年团。1931年参加红军。1932年12月转入中国共产党。曾任闽西红军独立团班长，红一方面军司令部参谋，红军总司令部参谋主任。参加了中央苏区的反"围剿"斗争和中央红军长征。1935年9月随红军总部留在川康边区，后任红四方面军总部第二局科长、代理局长。到达陕北后，任中央革命军事委员会第二局副局长。参加了山城堡战役。抗日战争和解放战争时期，任军委总参谋部第二局局长，八路军总部作战科科长，八路军第一纵队参谋处处长，山东纵队参谋长，鲁中军区司令员兼政治委员、中共鲁中区委书记，辽东军区、南满军区副司令员兼参谋长，东北民主联军第三纵队政治委员，解放军第四十军政治委员、军长。中华人民共和国成立后于1955年被授予中将军衔。

罗瑞卿（1906—1978）　四川南充人。曾用名罗谷光。早年在南充中学读书，参加爱国学生运动。1926年入黄埔陆军军官学校武汉分校（后改称武汉中央军事政治学校）学习，同年加入中国共产主义青年团。大革命失败后，曾在上海从事党的秘密工作。1928年10月转为中国共产党党员。1929年到中国工农红军工作，历任闽西上杭蛟洋区游击大队大队长、教员，红四军四纵队参谋、支队党代表，红四军第二纵队支队党代表，红四军政治部宣传科科长，红四军第五十九团参谋长。1930年初起任红四军第二纵队政治部主任、第二纵队政治委员，同年10月起任红四军第十一师政治委员，红四军宣传部部长兼红四军随营学校政治委员。1932年春起任红四军政治委员、军党委书记。1933年1月起任红一军团保卫局局长。1934年2月当选为中华苏维埃共和国第二届中央执委会委员。参加了长征。其间，曾任中央红军强渡大渡河先遣支队参谋长，红三军团(称三纵队)政治部主任,陕甘支队第二纵队政治部主任。到达陕北后,任红一方面军政治保卫局局长。1936年6月至1937年1月任抗日红军大学教育长。1937年1月起任抗日军政大学教育长。抗日战争爆发后,任抗日军政大学教育长、副校长。1940年5月起任八路军野战政治部主任,中共中央北方局委员。1941年4月至1945年8月任中共中央军委华北分会委员。1944年入延安中共中央党校学习。抗日战争胜利后,任北平军事调处执行部中共方面代表团参谋长。1945年秋起任中共晋察冀中央局副书记、晋察冀军区副政治委员兼政治部主任,晋察冀野战军政治委员、第一政治委员,中共中央晋察冀分局副书记。1948年5月起任中共中央华北局委员、华北军区政治部主任兼华北军区第二兵团政治委员。1949年4月起任中国人民解放军第十九兵团政治委员。中华人民共和国成立后于1955年被授予大将军衔和一级八一勋章、一级独立自由勋章、一级解放勋章。

金如柏(1909—1984) 江西永丰人。1926年开始从事革命活动。1930年加入中国共产党,同年参加红军。后任红三军政治部收发股股长、中共永丰县委军事部秘书、政治指导员、科长,江西军区独立第三团政治处主任、政治委员。参加了中央苏区第一至第三次反"围剿"斗争。1933年后,先后在湘赣、湘鄂川黔苏区工作,任红二军团第六师政治部宣传科科长,军团政治部宣传部副部长、部长。参加了长征。抗日战争和解放战争时期,任八路军第一二○师第三五八旅第七一六团政治委员、旅政治部主任,晋绥野战军独立第三旅政治委员,西北军政干校政治部主任。中华人民共和国成立后于1955年被授予少将军衔。

金承志(? —1936) 广东人。1935年11月任红二军团第四师参谋长。1936年1月5日在湖南芷江便水战役中阵亡。

金维映(1904—1940) 女。曾用名阿金、金爱卿。浙江定海(住地今属岱山)人。1925年开始从事革命活动。1926年10月加入中国共产党。后任舟山总工会执行委员。1927年"四一二"反革命政变后被捕,出狱后到上海从事工人运动。1931年进入中央苏区。后任中共胜利(今于都)县委书记,中共中央组织部组织科科长,中央革命军事委员会总动员武装部副部长。参加了中央苏区第三至第五次反"围剿"斗争和中央红军长征。到达陕北后，任中共中央组织部组织科科长，抗日军政大学女生大队政治协理员，陕北公学生活指导委员会副主任等职。1938年赴苏联治病和学习。1940年冬在莫斯科病故。

周平（1916—1938）　曾用名周国清。江西永新人。1931年参加红军。不久加入中国共产党。曾任红一军团侦察员、班长、排长、连长，红军大学大队长、教员等职。参加了中央苏区的反"围剿"斗争和中央红军长征。抗日战争开始后，任山西交城游击支队支队长，晋西游击队第一路纵队参谋长，山西保安第二区游击第一支队副支队长。1938年9月13日在太谷北洮村战斗中牺牲。

周兴（1905—1975）　曾用名刘维新。江西永丰人。1925年加入中国共产主义青年团。1926年加入中国共产党。1927年8月参加南昌起义。不久返乡组织农民运动，任区委秘书长。1931年后，任中共永（丰）吉（安）泰（和）中心县委委员、赣西南中路总指挥部秘书长，江西省肃反委员会秘书长，省政治保卫局秘书长、执行部部长，国家保卫局巡视员，中央革命军事委员会干部团巡视员。参加了中央苏区历次反"围剿"斗争和中央红军长征。到达陕北后，任红一军团政治保卫局副局长，中华苏维埃中央政府西北办事处政治保卫局代理局长，陕甘宁边区政府政治保卫局局长。抗日战争和解放战争时期，任陕甘宁特区政府保安处处长兼保安司令部副司令员，南京市公安局局长。

周昆（1902—？）　湖南平江人。1927年9月参加湘赣边界秋收起义。不久加入中国共产党。曾任红四军第三十一团连长、第二纵队第五支队副支队长、支队长。参加了井冈山和赣南、闽西地区的游击战争。1930年后，任红十二军第一纵队纵队长、第三十四师师长，红四军第十一师师长、军长，红一军团第十、第三师师长，闽赣军区第二十一师师长，红军大学代理校长，红八军团军团长兼第二十一、第二十三师师长，红一方面军参谋长。参加了中央苏区历次反"围剿"斗争和中央红军长征。到达陕北后，任红军学校校长，红军大学校务部部长，中央教导师（庆阳步兵学校）师长，抗日军政大学第二分校教育长。抗日战争开始后，任八路军第一一五师参谋长。1938年2月携款潜逃，下落不明。

周桓（1909—1993）　辽宁丹东人。1929年加入中国共产主义青年团。

1930 年 5 月加入中国共产党，并到湘鄂赣苏区参加红军。后任红五军政治部秘书，红三军团政治部秘书处处长，军团教导队政治委员、政治保卫局执行部部长，红一方面军总政治部地方工作部部长，中央警卫师（工人师）政治部主任，红八军团政治部破坏部部长，第二十三师政治部主任。参加了中央苏区历次反"围剿"斗争。1934 年 10 月参加长征，后任军委干部团上干大队政治委员，红一方面军政治部秘书长，陕甘支队政治部秘书长。到达陕北后，任西北革命军事委员会政治部秘书长、敌工部部长，总政治部兼前敌总指挥部政治部秘书长、统战部部长。参加了直罗镇、东征、西征战役。抗日战争和解放战争时期，任八路军总司令部秘书长、总政治部敌工部部长，野战政治部组织部部长兼军法处处长，东北军政学校政治委员，东北民主联军总政治部副主任兼联络部部长，东北野战军政治部副主任兼后勤部政治委员，东北军区政治部主任，中共中央东北局委员。中华人民共和国成立后于 1955 年被授予上将军衔。

周彬（1912—1999） 江西兴国人。1929 年加入中国共产主义青年团。1930 年转入中国共产党，同年参加红军。后任红三军团第五师第十三团连政治指导员、师直属队特派员。参加了中央苏区历次反"围剿"斗争和中央红军长征。到达陕北后，任红一方面军骑兵团政治处主任，陕甘宁独立师特派员，独立团政治委员。参加了保卫陕甘苏区的斗争。抗日战争和解放战争时期，任抗日军政大学总校政治部保卫科科长，新四军第三师兼苏北军区政治部保卫部部长，东北吉江军区、东北野战军第二纵队、西满军区政治部保卫部部长，第十二纵队、解放军第四十九军政治部副主任。中华人民共和国成立后于 1955 年被授予少将军衔。

周彪（1910—1981） 曾用名周生珍、周群勇。江西吉安人。1928 年参加红军游击队。1929 年随游击队编入红军。1931 年加入中国共产主义青年团。1932 年转入中国共产党。曾任江西红军独立第三团排长，红四军第十师第三十团宣传队分队长、队长、团俱乐部主任，中央模范团党总支书记，红九军团第三师第七团党总支书记、政治委员，军团政治部民运部代理部长、教导队政治委员。参加了中央苏区历次反"围剿"斗争和中央红军长征。1935 年 9 月随红九军团留在红四方面军，后任第三十二军第七团政治委员，红四方面军政治部巡视员。抗日战争和解放战争时期，任山西青年抗敌决死队教导第二团政训处干事，临县战地动员委员会武装部部长，八路军第一二九师独立第四支队支队长兼政治委员，冀中军区第十军分区政治委员、第八军分区政治委员兼中共第八地委书记，晋察冀军区第三纵队第七旅政治委员、旅长，冀中军区副司令员兼第七纵队副司令员。中华人民共和国成立后于1955年被授予中将军衔。

周维（1906—1970）　江西南昌人。1933年2月参加红军。1936年加入中国共产党。曾任中央苏区通信学校教员，中华苏维埃中央政府无线电台报务员，中央革命军事委员会无线电总队报务主任，红五军团无线电队队长。参加了中央苏区第五次反"围剿"斗争和中央红军长征。1935年9月随红五军团留在红四方面军，后任红四方面军第二纵队电台台长，红三十一军电台台长。抗日战争和解放战争时期，任八路军第一二九师无线电大队大队长，师司令部通信科科长，八路军前方总指挥部通信科科长，解放军太行军区第四支队副政治委员，晋冀鲁豫军区第三纵队第七旅政治委员，第十一军第三十一师政治委员。中华人民共和国成立后于1955年被授予少将军衔。

周鸿（？—？）　湖北天门人。1936年任红二军团某团政治委员。

周士第（1900—1979）　曾用名周士梯、周力行、周平。广东乐会（今海南琼海）人。1924年考入黄埔军官学校第一期学习，同年加入中国共产党。毕业后，任孙中山大元帅府铁甲车队见习官，飞机掩护队队长，铁甲车队队长，国民革命军第四军独立团营长、团参谋长，第二十五师第七十三团团长。参加了北伐战争。1927年8月南昌起义爆发后，同聂荣臻一起领导第二十五师在九江马回岭起义。后任第二十五师师长。起义军南下失败后，在香港、马来西亚、新加坡、西安等地从事反蒋活动。先后任黄埔革命同学会南方分区书记，中国国民党临时行动委员会陕西省委委员，上海抗日义勇军队长。1933年参加第十九路军反蒋活动，任第四十九师参谋处处长、团长。1934年初进入中央苏区，后任红军大学军事教员，军委干部团上干队队长。参加了中央苏区第五次反"围剿"斗争和中央红军长征。到达陕北后，任红十五军团参谋长，红二方面军参谋长。参加了直罗镇、东征、西征战役。抗日战争和解放战争时期，任八路军第一二〇师参谋长，抗日军政大学第七分校校长，晋绥军区副司令员，晋北野战军司令员兼政治委员，晋绥军政干校副校长，华北军区第一兵团副司令员兼副政治委员，中共太原前线委员会副书记，解放军第十八兵团副司令员兼副政治委员。中华人民共和国成立后于 1955 年被授予上将军衔。

周子安（1908—1934） 湖南邵阳人。1928 年 7 月参加平江起义，后加入中国共产党。曾任红七军团某团团长，红三军团第五师第十三团副团长。红五军团第三十四师第一〇二团团长。参加了中央苏区历次反"围剿"斗争和中央红军长征。1934 年 12 月初在广西灌阳新圩战斗中牺牲。

周子昆（1901—1941） 字仲如，曾用名周维宽。广西桂林人。1920 年参加桂军。1924 年参加孙中山的建国陆海军大元帅府铁甲车队。1925 年 10 月加入中国共产党。曾任国民革命军第四军独立团排长、连长、营长。参加了北伐战争。1927 年 8 月参加南昌起义，随军南下，参加会昌、三河坝等战斗。后随朱德、陈毅转战闽赣粤湘边区。1928 年 1 月参加湘南起义，任工农革命军第一师营长；4 月到达井冈山革命根据地，任红四军第二十八团营长，参加了井冈山革命根据地的反"进剿"、反"会剿"斗争。1929 年 1 月，随红四军主力出击赣南、闽西。任第一纵队支队长。参加了赣南、闽西地区的游击战争。1930 年后，任红六军第一纵队第二支队支队长，红三军参谋长、军长，红五军团参谋长，江西军区参谋长，福建军区司令员兼第三十四、第二十二师师长。参加了中央苏区历次反"围剿"斗争。曾荣获中央革命军事委员会颁发的二等"红星奖章"。1934 年 10 月参加长征，后任红五军团副参谋长，军委第一局局长。1935 年 9 月，随红军总部留在川康边区，后任红四方面军红军大学上级指挥科科长。三大主力红军会师后，任红军总部第一局局长、代理总参谋长，抗日军政大学训练部部长。抗日战争开始后，任新四军副参谋长，后兼教导总队总队长。参加了江南抗日游击战争。1941 年 1 月，在安徽泾县蜜蜂洞被叛徒杀害。

周仁杰（1912—2001） 原名周球保。湖南省茶陵县人。1929 年参加茶陵地方游击队。1930 年加入中国共产主义青年团，同年参加中国工农红军。1931 年转入中国共产党。土地革命战争时期，任茶陵地方游击队班长，红八军第二十三师机炮连机枪排排长、机炮连连长，红十七师第五十一团副营长、营长，红六军团第十七师第五十一团参谋长、团长，红六军团第十六师师长。参加了长征。抗日战争时期，任陕甘宁留守兵团警备第二团团长。解放战争时期任冀中军区第一旅旅长，热河军区第十七旅旅长，冀察热辽军区独立第三师师长，东北野战军第十一纵队副司令员兼第三十三师师长，第四野战军四十八军副军长。中华人民共和国成立后于 1955 年被授予中将军衔。

周长庚（1911—1970） 湖北石首人。1930 年加入中国共产主义青年团，同年参加中国工农红军，并由团转入中国共产党。土地革命战争时期，任红二军团第四师卫生部部长，第六师卫生部部长。参加了长征。抗日战争时期，任八路军第一二〇师第三五八旅卫生处处长，晋西北军区第二军分区卫生处处长。解放战争时期，任晋绥野战军第一纵队卫生部部长，晋绥军区卫生部副部长。中华人民共和国成立后于 1955 年被授予少将军衔。

周长胜（1913—1987） 江西吉水人。1930 年参加红军，同年加入中国共产主义青年团。1931 年转入中国共产党。曾任红四军第十二师第三十六团排长，红一军团第二师第五团排长、连长、营长、副团长。参加了中央苏区历次反"围剿"斗争和中央红军长征。抗日战争和解放战争时期，任八路军第一一五师苏鲁豫支队第三大队大队长，教导第一旅第二团、新四军第三师第七旅第二十团、教导第五旅第十三团、鲁中军区第四团团长，山东军区第四师参谋长，警备第一旅旅长，解放军华东野战军第八纵队第二十四师师长。中华人民共和国成立后于 1955 年被授予少将军衔。

周文龙（1909—2003） 湖南浏阳人。1930 年 7 月参加红军。1932 年春加入中国共产党。历任红三军团总指挥部书记官，红八军第四师书记官，红三军团总指挥部秘书，江西军区独立第二、第三师司令部参谋，红二十一军司令部参谋、管理科科长，红三军团第五师参谋、第十三团管理主任，陕甘支队第二纵队管理科科长。参加了中央苏区历次反"围剿"斗争和中央红军长征。到达陕北后，任红一军团第四师管理科副科长，红军大学校务部副部长。参加了直罗镇、东征战役。抗日战争和解放战争时期，任抗日军政大学校务部副部长，八路军前方指挥部供给部副部长、政治委员兼政治部主任、后勤部副部长兼供给部政治委员，解放军晋冀鲁豫军区后勤部部长兼供给部部长、政治委员，华北军区后勤部供给部部长、后勤部参谋长。

周文宏（？—？）　湖北人。1936 年任红二军团第六师第十八团团长。

周玉成（1904—1971）　曾用名周长久、周鸿礼。湖南祁阳人。1926 年 1 月参加国民革命军，任军需上士。参加了北伐战争。1928 年 7 月参加平江起义并加入中国共产党。后任红五军第一团连司务长、第二大队大队长、第五纵队司令部副官主任、第十三大队大队长。参加了湘鄂赣边区的游击战争。1930 年后，任红八军第四师第一团团长、师军需处处长，红五军第三师军需处处长，红三军团第六师供给部部长，红三军团供给部部长，陕甘支队司令部参谋。参加了中央苏区历次反"围剿"斗争和中央红军长征。到达陕北后，任陕甘省军事部供给部部长，红军前敌总指挥部供给部部长。抗日战争和解放战争时期，任八路军兵站部副部长、前方总指挥部供给部部长，八路军总后勤部供给部部长，解放军晋冀鲁豫军区后勤部副部长，晋冀鲁豫边区政府审查厅厅长，中央军委总后勤部南线司令部副司令员，华北军区后勤部财务部部长。中华人民共和国成立后于 1955 年被授予中将军衔。

周赤萍（1914—1990）　曾用名邹迪。江西宜春人。1931 年参加红军，同年加入中国共产党。曾任红四军班长、排长、连政治指导员，红三军团团政治委员，无线电队政治委员。参加了中央苏区历次反"围剿"斗争和中央红军长征。到达陕北后，任红一军团第四师第十二团政治委员。参加了西征和山城堡战役。抗日战争和解放战争时期，任八路军山东纵队第四支队政治部主任，第一纵队第一支队政治委员，山东纵队第一旅政治委员，鲁中军区政治部主任，山东军区第三师政治委员、军区政治部副主任，东北民主联军第七纵队、东北野战军第十纵队、解放军第四十七军政治委员，湘西军区政治委员兼中共湘西区委书记。中华人民共和国成立后于 1955 年被授予中将军衔。

周志刚（1910—1996）　江西永新人。1930 年参加中国工农红军，同年加入中国共产党。土地革命战争时期，任红一军团第三军第九师第二十七团连长，连政治指导员，团副政治委员，师教导队政治委员，第九军团卫生部政治委员，军团政治部巡视团主任，陕甘宁边区独立师政治部主任。参加了长征。抗日战争时期，任八路军留守兵团警备第七团政治委员，新四军豫鄂挺进纵队第三团政治委员，新四军第五师第十五旅、第十三旅政治委员。解放战争时期，任鲁南军区第一军分区司令员，鲁南军区政治部主任，鲁中南军区副政治委员兼政治部主任。中华人民共和国成立后于 1955 年被授予少将军衔。

周志斌（？—1935） 籍贯不详。1935 年 3 月 21 日在湖南大庸后坪阵亡。

周凯东（1915—1943） 又名周凯栋。河南陕县人。1930 年参加国民党第二十六路军。1931 年由宁都起义参加红军，后加入中国共产党。历任红五军团班长、排长、营长、团参谋长、副团长、团长。参加了中央苏区第四、第五次反"围剿"斗争和中央红军长征。到达陕北后，任红二十九军司令部作战科科长。抗日战争开始后，任八路军第一二九师新编第一旅第一团参谋长、副团长，太行军区第七军分区第三团团长。1943 年 8 月 18 日在河南林县县城战斗中牺牲。

周念民（？—？） 籍贯不详。1934 年 10 月任红二军团第六师参谋长。

周贯五（1902—1987） 江西吉安人。1930 年参加红军。1932 年加入中国共产党。曾任红三军第九师第二十七团宣传员、书记官，红一军团第一师第一团特派员，第一师特派员，军团直属队特派员。参加了中央苏区历次反"围剿"斗争和中央红军长征。抗日战争和解放战争时期，任八路军第一一五师第三四三旅政治部锄奸科科长，东进抗日挺进纵队政治部组织部部长兼锄奸部部长，第六支队政治委员，教导第六旅兼冀鲁边军区政治委员、代理司令员，渤海军区政治部主任，山东军区第七师政治委员，渤海军区副政治委员。中华人民共和国成立后于 1955 年被授予中将军衔。

周冠南（1915—1936） 江西永新人。1929 年加入中国共产主义青年团。1930 年转入中国共产党，同年 10 月参加红军。曾任红三军第七师师部文书、直属队青年干事，第九师政治部青年科科长，红三军政治部青年科科长，红一军团政治部青年部部长、青年干事，陕甘支队第一纵队第一大队党总支书记。参加了中央苏区历次反"围剿"斗争和中央红军长征。到达陕北后，任红一军团直属第一团政治委员。参加了直罗镇战役。1936 年 1 月 8 日在陕西甘泉马坊遭国民党飞机轰炸时牺牲。

周恩来（1898—1976）　字翔宇。祖籍浙江绍兴，生于江苏淮安。1910年春入奉天省银州（今辽宁省铁岭县）银冈书院读书。半年后转入奉天第六两等小学堂（后改名为东关模范学校）学习。1913年春入天津南开学校学习。1917年从天津南开中学毕业，后赴日本留学。1919年4月从日本回国后，参加五四运动，为天津学生界主要领导人之一，并组织觉悟社。1920年11月赴法国勤工俭学。1921年春加入旅法中国共产党早期组织。1922年6月与赵世炎等发起成立旅欧中国少年共产党，任中央执委会委员，负责宣传工作。随后任中国社会主义青年团旅欧支部书记、中共旅欧支部领导人。1923年6月以个人身份加入中国国民党旅欧组织，同年11月当选为中国国民党旅欧支部执行部总务科主任、代理执行部部长。1924年9月回国，历任中共广东区委委员长、中共广东区委常委兼军事部部长、黄埔陆军军官学校政治部主任。1925年起任国民革命军第一军政治部主任、副党代表、东征军总政治部总主任。1926年初起任中共中央军委委员，同年冬赴上海，任中共中央组织部秘书、中共中央军委委员兼中共江浙区军委书记。1927年2月起任中共上海区委军委书记；3月任上海工人第三次武装起义总指挥；5月在中共五届一中全会上当选为中共中央政治局委员，随后列席政治局常委会；5月至11月任中共中央军事部部长，其间：5月至7月任中共中央军委主任；7月至8月任中共中央政治局临时常委会委员。大革命失败后，与贺龙、叶挺、朱德、刘伯承等领导南昌起义，任中共前敌委员会书记。起义发动后任国民党革命委员会委员、参谋团委员。1927年8月至11月任中共中央临时政治局候补委员。1927年11月至1928年7月任中共中央临时政治局委员、常委，其间，曾兼任中共中央军事科科长。1928年7月在中共六届一中全会上当选为中共中央政治局委员、常委。后在上海坚持党的地下工作，任中共中央秘书长，中共中央组织部部长，中共中央军事部委员、常委、部长、书记，中共中央军委委员、常委、主任、书记，中华苏维埃共和国中央革命军事委员会委员。1931年12月进入中央革命根据地，任中共苏区中央局书记、中国工农红军总政治委员兼红一方面军总政治委员、中华苏维埃共和国中央革命军事委员会委员、副主席等职。1934年1月起任中共中央书记处书记。1934年10月参加长征。遵义会议后为中共中央负责军事行动的三人小组成员。1935年11月至1936年12月任中华苏维埃西北革命军事委员会委员、副主席，并负责军委组织局工作，1935年12月起兼任中共中央东北军工作委员会书记。1935年12月至1937年7月任中华苏维埃人民共和国中央革命军事委员会委员、副主席，其间，1936年12月起任委员会主席团成员。1936年12月作为中共全权代表赴西安，为西安事变的和平解决开展工作。1937年2月至9月作为中共首席代表同国民党就停止内战一致抗日进行多次谈判。抗日战争时期，任中共中央军委委员、副主席，历任中共中央代表、中共中央长江局副书记、中共中央南方局书记，负责领导除西北以外国民党统治区党的工作。1945年6月在中共七届一中全会上当选为中共中央政治局委员、中共中央书记处书记。解放战争时期，任中共中央军委委员、副主席。1945年8月起作为中共代表之一参加重庆国共谈判，达成"双十"协定后，率中共代表团继续在重庆、南京同国民党谈判。1946年初起代表中共方面参加执行国共停战协定的军事三人小组。1946年11月回到解放区，12月起兼任中共中央城市工作部部长。1947年8月起兼任中央军委代总参谋长。1949年6月起任新政治协商会议筹备会常务委员会副主任。

周竞成（？—1935）　籍贯不详。1934年10月任红二军团第四师第十二团参谋长。1935年8月3日在湖北宣恩板栗园阵亡。

周盛宏（？—1936）　湖北天门人。1936年7月任红二军团第六师第十八团政治委员。1936年9月在甘肃成县阵亡。

周越华（1904—1977）　女。湖北广济人。1926年加入中国共产党，同年考入武汉中央军事政治学校学习。1927年12月参加广州起义。1928年后，在香港、上海、武汉等地从事地下工作，曾任中共中央长江局交通总站秘书。1932年进入中央苏区，后任红军总卫生部兵站医院政治委员，卫生学校政治处主任。参加了中央苏区第四、第五次反"围剿"斗争和中央红军长征。1935年9月随红军总部留在川康边区，后任红四方面军卫生学校政治处主任。抗日战争和解放战争时期，任陕甘宁边区政府保卫处检查股股长，东北民主联军卫生部政治部副主任。

周碧泉（1910—1981）　曾用名周忠全。湖南平江人。1927年加入中国共产主义青年团。1929年9月参加红军。1933年转入中国共产党。曾任红五军连长、团政治委员，红一方面军政治部组织部组织科科长，中央革命军事委员会军事裁判所副所长，总政治部巡视员，军委第二局政治协理员。参加了中央苏区历次反"围剿"斗争和中央红军长征。到达陕北后，任红十五军团第七十五师政治部主任、军团政治部组织部部长。参加了直罗镇、东征、西征战役。抗日战争开始后，任八路军第一一五师后方留守处主任。1938年赴苏联学习和工作，曾任远东军事情报局翻译。1945年回国，后任华东军区政治部组织部副部长。

易清元（？—？）　籍贯不详。1934年8月任红六军团供给部政治委员。

郑伦（？—1934）　广东东莞人。中国共产党党员。黄埔军官学校第五期毕业。参加了北伐战争。1927年9月参加东江农民起义，随后参加了海陆丰地区的革命斗争和赣南、闽西地区的游击战争。历任红四军团长，第十二师参谋长、师长，红一军团教导团团长，红九军团司令部作战科科长。参加了中央苏区历次反"围剿"斗争。1934年10月长征突围时，在江西信丰安西战斗中牺牲。

郑士志（1915—1935）　江西泰和人。1931年参加红军，先后任连长、团长。1932年加入中国共产党，先后任红军班长、排长、连长、团长。参加了中央苏区反"围剿"斗争。后调到红军学校学习和工作。1934年10月开始长征，被编入军委干部团，任第二营第五连连长。1935年5月30日在抢渡金沙江时牺牲。

郑效峰（1916—1993）　曾用名郑德风。湖南耒阳人。1928年参加湘南起义，同年加入中国共产主义青年团。1932年转入中国共产党。曾任红四军第十师政治部青年干事，红一军团直属队党总支委员、军团政治保卫分局侦察科副科长，中央革命军事委员会后方政治部保卫科科长。参加了中央苏区历次反"围剿"斗争和中央红军长征。抗日战争和解放战争时期，任延安军政学院第二队队长，陕甘宁晋绥联防军教导第一旅政治部保卫科科长，东北民主联军第七纵队第二十师第五十八团政治委员，辽宁军区第一军分区、东北野战军独立第一师政治部主任。中华人民共和国成立后于1955年被授予少将军衔。

冼恒汉（1911—1991）　壮族。广西田阳人。1929年参加中国工农红军。1931年加入中国共产党。土地革命战争时期，任红七军第十九师宣传员，湘赣独立三师宣传员、连政治委员，红六军团第十七师第四十九团党总支部书记、第五十一团政治委员，红二军第六师第十六团政治委员，第四师政治委员。参加了长征。抗日战争时期，任八路军第一二〇师教导团政治委员，师政治部组织部部长，独立第一旅代政治委员，第三五八旅政治委员。解放战争时期，任晋绥野战军政治部副主任，第一纵队政治部主任，第一野战军第一军副政治委员，第七军政治委员。中华人民共和国成立后于1955年被授予中将军衔。

孟谦（1906—1990）　山东东阿人。早年参加国民革命军。1931年12月由宁都起义参加红军。1936年加入中国共产党。历任中央革命军事委员会医生，后方医院医务主任，红军大学卫生科科长，中革军委卫生所所长，抗日军政大学卫生所所长等职。参加了中央苏区第四、第五次反"围剿"斗争和中央红军长征。抗日战争和解放战争时期，任八路军第一二〇师野战医院院长，晋绥野战军卫生部副部长，西北野战军第三纵队、解放军第三军卫生部部长。

孟庆山（1906—1969）　河北蠡县人。1925年参加国民军。历任排长、连长、副营长，国民党军第二十六路军副营长。参加了北伐战争。1931年12月由宁都起义参加红军。1935年加入中国共产党。曾任红三军第八师第二十四团副团长、第七师第二十一团副团长，中央革命军事委员会教导第四团团长，红三军团司令部参谋、干部队队长。参加了中央苏区第四、第五次反"围剿"斗争和中央红军长征。到达陕北后，任红十五军团第七十五师第二二四团参谋长。参加了直罗镇、东征、西征战役。抗日战争和解放战争时期，任河北游击军司令员，八路军冀中军区副司令员兼第四军分区司令员，第九军分区司令员，中共冀中区委武装动员部部长，冀中军区武装部部长，石家庄军分区司令员。中华人民共和国成立后于1955年被授予少将军衔。

九画

赵镕（1899—1992）　云南宾川人。早年参加滇军。曾任连长，代理营长，国民革命军第三军军官教育团副官、书记长等职。参加了北伐战争。1927年3月加入中国共产党。1930年参加红军，后任红一方面军总司令部军需员，红十二军经理处会计科科长，中央革命军事委员会总供给部会计科科长，红九军团供给部部长。参加了中央苏区历次反"围剿"斗争和中央红军长征。1935年9月随红九军团留在红四方面军，后任红三十二军供给部部长，红四方面军供给学校校长。抗日战争和解放战争时期，任八路军第一二〇师供给部副部长，冀热察挺进军、晋察冀军区供给部部长，晋察冀军区涞源办事处主任，军区兵站部政治委员，华北军区后勤部运输部政治委员。中华人民共和国成立后于1955年被授予中将军衔。

赵雄（?—?）　湖南浏阳人。1934年7月任红六军团第十八师第五十四团团长。

赵云龙（?—1935）　江西吉安人。1930年参加红军。不久加入中国共产党。曾任红四军连政治指导员、团政治委员。1933年6月后，任红一军团第二师第五团政治处主任、团政治委员。参加了中央苏区历次反"围剿"斗争和中央红军长征。1935年1月24日在贵州习水土城战斗中被俘就义。

赵尔陆（1905—1967）　山西原平人。1927年加入中国共产党，同年6月参加国民革命军，8月参加南昌起义。1928年1月参加湘南起义。曾任红四军第二十八团连党代表、团辎重队队长。参加了井冈山和赣南、闽西地区的游击战争。1930年后，任红四军第一纵队教导队政治委员、第一纵队第二支队政治委员、支队长，第十师第二十九团政治委员、团长，红四军军需处处长，红一军团供给部部长、后方部部长。参加了中央苏区历次反"围剿"斗争和中央红军长征的后勤保障工作。到达陕北后，任红一方面军供给部部长，红军前敌总指挥部供给部部长。参加了直罗镇和东征战役。抗日战争和解放战争时期，任八路军供给部部长，晋察冀军区第二军分区司令员兼政治委员，冀晋军区司令员，解放军冀晋纵队司令员兼政治委员，晋察冀军区参谋长，华北军区参谋长兼后勤司令员，第四野战军兼中南军区第二参谋长。中华人民共和国成立后于1955年被授予上将军衔。

赵瑞成（？—？） 籍贯不详。1934年8月任红六军团第十八师第五十三团团长。

胡底（1905—1935） 曾用名北风。安徽舒城人。北京中国大学毕业。1925年加入中国共产党。北伐战争失败后，到上海从事秘密工作，任中共法南区委支部委员。1930年奉命入国民党情报机关，先后任民智通讯社编辑，长城通讯社社长，为中共中央获取了大量重要情报，并保护了中共组织。1931年初秋到达中央苏区，后任红一军团保卫干事，国家保卫局预审科科长、侦察部部长，红军工作部执行部部长，中央革命军事委员会前方司令部特派员，红军总司令部侦察科科长。参加了中央苏区第四、第五次反"围剿"斗争和中央红军长征。1935年8月任红军左路军侦察科科长，同年9月随红军总部留在川康边区。不久因反对张国焘分裂党分裂红军的活动被杀害。1945年被平反昭雪。

胡荣（？—？） 湖南平江人。1935年11月任红六军团第十六师第四十六团政治委员。

胡浚（1901—1934） 曾用名胡震、胡牟、胡容。湖南宁乡人。1930年参加红军。1931年加入中国共产党。1933年后任红三军团第四师第十团参谋长、团长，第四、第五师参谋长。参加了中央苏区历次反"围剿"斗争和中央红军长征。曾荣获中央革命军事委员会颁发的三等"红星奖章"。1934年11月底掩护中央红军主力抢渡湘江时，在广西灌阳新圩战斗中牺牲。

胡立教（1914—2006） 江西吉安人。1929年加入中国共产主义青年团。1930年转入中国共产党。1931年春进入红一方面军第一期报务员训练班学习。

毕业后任报务员、报务主任，红军总司令部第二局无线电队队长、第三科科长、副局长。参加了中央苏区历次反"围剿"斗争和中央红军长征。抗日战争和解放战争时期，任新四军参谋处第三科科长、调研室主任，新四军后方政治部副主任，新四军兼山东军区情报处处长，解放军华东军区政治部组织部部长，中共中央华东局社会部副部长。

胡发坚（1909—1939） 江西吉安人。1927年加入中国共产主义青年团。1928年转入中国共产党。1929年参加红军，历任班长、排长、连长、营长，红一军团第一师参谋等职。参加了中央苏区历次反"围剿"斗争和中央红军长征，到达陕北后，任红一军团第一师第十三团政治委员、第一师参谋长。参加了直罗镇、东征、西征等战役。抗日战争开始后，任新四军第一支队参谋长，江南人民抗日救国军副司令员。1939年3月15日在江苏武进礼嘉桥被害。

胡里光（1917—1947） 又名胡里发。湖南浏阳人。1930年加入中国共产主义青年团，同年参加红军。1931年转入中国共产党。历任湘东南少年先锋队副总队长，红三军团政治保卫连政治指导员，军团政治保卫局政治指导员，军团政治部宣传队队长，军团司令部管理科科长。参加了中央苏区历次反"围剿"斗争和中央红军长征。到达陕北后，任西北革命军事委员会直属队俱乐部主任。抗日战争开始后，任八路军第一二九师第三八五旅政治部宣传科科长，解放军冀东军区第十二军分区政治部副主任。1947年5月21日在热河赤峰（今属内蒙古自治区）柴火栏子战斗中牺牲。

胡金魁（1906—1982） 江西峡江人。1930年参加红军。1934年加入中国共产党。曾任红一方面军被服厂厂长，国家保卫局科长。参加了中央苏区历次反"围剿"斗争和中央红军长征。到达陕北后，任中华苏维埃中央政府西北办事处招待所所长，洛川、三原联络站站长。抗日战争和解放战争时期，任陕甘宁边区政府招待处处长，新四军驻江西办事处副官处副主任、驻上饶办事处主任、军财经部驻华光公司指导主任，华中印钞厂厂长，解放军华东军区南下干部大队淮河支队政治委员，豫皖苏边区政府工商局副局长。

胡炳云（1911—1996） 四川南充人。1932年参加红军。1933年加入中国共产党。曾任红三十三军第九十八师第二九四团连政治指导员。1935年被调到红一方面军，后任红一军团第二师第四团连长、副团长。参加了长征和东征、西征等战役。抗日战争和解放战争时期，任八路军苏鲁豫支队第一大队大队长，新四军第三师第七旅第十九团团长、第七旅副旅长，华中野战军第七纵队副司令员，华东野战军第十一纵队司令员，解放军第二十九军军长。中华人民共和国成立后于1955年被授予少将军衔。

胡定国（？—1935）　湖南平江人。1928年加入中国共产党。1929年参加红军，后任红三军团卫生部政治委员。参加了中央苏区历次反"围剿"斗争和中央红军长征。1935年10月在陕西保安（今志丹县）吴起镇（今吴旗县）战斗中牺牲。

胡嘉宾（1908—1985）　曾用名胡承亨。江西兴国人。1926年参加农民运动。1928年7月加入中国共产党。曾任游击队班长、共青团区委书记、游击队副党代表。参加了赣西南地区的游击战争。1930年后，任兴国县苏维埃主席，中共兴国，万安、胜利（今于都）、瑞金县委书记，中共宜（黄）乐（安）崇（仁）中心县委书记兼江西军区第二军分区政治委员、司令员兼政治委员，独立第五师政治委员，中央革命军事委员会总动员武装部代理部长，红一军团政治部地方工作部部长，红军总政治部地方工作部副部长。参加了中央苏区历次反"围剿"斗争和中央红军长征。1935年10月因病留在甘肃通渭休养。1936年到红四方面军工作，任西路军政治部民运科科长。抗日战争和解放战争时期，任中共中央组织部干部训练班总支书记，八路军驻西安办事处干部科科长，延安行政学院教育处副处长。

钟伟（1911—1984）　曾用名钟德泰、钟步云。湖南平江人。1928年1月加入中国共产主义青年团。1930年参加红军，同年8月转入中国共产党。曾任红五军政治部宣传员，红三军团政治部宣传员，第三师连政治指导员、师政治部青年科科长、第四师第十一团俱乐部主任、师政治部宣传科科长，第十团政治处主任，第十二团党总支书记、政治委员。参加了中央苏区历次反"围剿"斗争和中央红军长征。到达陕北后，任红十五军团第七十八、第七十三师政治部主任。参加了直罗镇、东征、西征和山城堡战役。抗日战争和解放战争时期，任抗日军政大学第三大队政治处主任，新四军豫鄂挺进纵队第三团队政治委员，新四军第三师第十旅第二十八团团长，淮海军分区第四支队司令员，东北民主联军第十旅旅长，第二纵队第五师师长，第十二纵队司令员，解放军第四十九军军长。中华人民共和国成立后于1955年被授予少将军衔。

钟华（1917—?） 江西于都人。1930年6月参加红军，同年加入中国共产党。曾任通信员，红军学校学员，红一方面军后方医院协理员、医政科科长，红军大学卫生部部长。参加了中央苏区历次反"围剿"斗争和中央红军长征。抗日战争和解放战争时期，任中共中央中原局卫生处处长，新四军豫鄂挺进纵队军医处处长，第五师第十三旅卫生部部长、第十五旅卫生部部长，解放军中原军区第一纵队第二旅卫生部部长。

钟灵（?—1935） 湖南浏阳人。北伐战争时期加入中国共产党。1929年参加红军，后任红三军团第五师供给部部长。参加了中央苏区历次反"围剿"斗争和中央红军长征。1935年6月在四川天全不幸落水身亡。

钟琼（?—1936） 广西北流人。早年参加桂军。1929年12月参加百色起义。后加入中国共产党。曾任红七军排长、连长。参加了右江苏区的革命斗争和红七军远征。1932年任红七军第十九师第五十五团团长、第二十师第五十八团团长。1933年红军整编后，任红三军团第五师营长。参加了中央苏区第三至第五次反"围剿"斗争和中央红军长征。1936年初在陕北牺牲。

钟辉（1914—2005） 曾用名钟玉山。江西瑞金人。1931年加入中国共产主义青年团。1932年参加红军。1933年加入中国共产党。曾任红三军第九师政治部宣传员，红一军团第一师第二团排长，红八军团第二十三师第六十七团特派员，红三军团政治保卫分局巡视员。参加了中央苏区的反"围剿"斗争和中央红军长征。到达陕北后，任关中军分区独立第一团特派员、政治委员。抗日战争和解放战争时期，任国民革命军暂编第九师政治部主任，八路军山东纵队陇海南进支队司令员兼政治委员，苏皖边区军政委员会主席，解放军热河军区热西军分区、热北军分区司令员，第四十八军第一六一师政治委员，第一四二师兼江西军区吉安军分区政治委员。中华人民共和国成立后于1955年被授予少将军衔。

钟禧（1912—1935） 曾用名钟荣涛。湖南平江人。1929年3月参加红军。1930年加入中国共产党。曾任红五军随营学校会计，中央军事政治学校供给部科长、供给部部长。参加了湘鄂赣边区的游击战争、中央苏区历次反"围剿"斗争和中央红军长征。1935年10月初因病留在甘肃通渭群众家中疗养，同年12月被国民党当局杀害。

钟人仿（1914—1975） 曾用名钟义成。江西兴国人。1929年加入中国共产主义青年团。1930年参加红军。1932年转入中国共产党。曾任红四军第十一师第三十一团政治处宣传员、技术书记、连政治指导员、师教导队政治委员、团特派员，红一军团政治保卫分局执行科科长、执行部部长、代理局长，军团政治部保卫部部长。参加了中央苏区历次反"围剿"斗争和中央红军长征。抗日战争和解放战争时期，任山西青年抗敌决死队第二纵队参谋处处长、团长，军委第一局第一科科长、副局长兼第一处处长，东北民主联军辽吉军区、吉林军区副参谋长，解放军东北军区独立第六师、警卫师政治委员。中华人民共和国成立后于1955年被授予少将军衔。

钟子廷（？—1936） 湖南桑植人。1935年11月任红二军团第四师第十二团团长。1936年3月23日在云南宣威来宾铺阵亡。

钟夫翔（1911—1992） 广西北流人。1930年2月参加龙州起义，同年加入中国共产党。曾任左江红八军第一纵队书记官、军需官，红七军秘书处文书。参加了左右江地区的革命斗争和红七军远征。1931年进入红一方面军通信学校学习，毕业后长期在红三军团无线电队工作。参加了中央苏区第三至第五次反"围剿"斗争和中央红军长征。到达陕北后，任红二十八军无线电队队长。抗日战争和解放战争时期，任晋察冀军区司令部第三科科长、通信联络处处长，解放军华北军区司令部第三处处长。

钟世清（1909—1937） 曾用名钟素清。江西兴国人。1928年加入中国共产主义青年团。1930年转入中国共产党。1931年参加红军，曾任红一军团排长、连长、独立团团长，闽赣军区独立第一师代理师长、师长，红八军团第二十一师第六十一团团长。参加了中央苏区的反"围剿"斗争和中央红军长征。到达陕北后，任红一军团第二师政治部破坏科科长，第四团政治委员。参加了直罗镇、东征、西征和山城堡战役。1937年春在陕西三原病故。

钟立彬（？—1937） 又名钟烈彬。江西高安人。1930年参加红军。后加入中国共产党。曾任红五军团政治部青年科科长，第十三师第三十七团政治处主任。参加了中央苏区历次反"围剿"斗争和中央红军长征。1935年9月随红五军团留在红四方面军，后任红五军第十三师第三十七团政治处主任，红三十军第八十九师第二六八团政治处主任，西路军第一支队政治部主任。1937年4月在甘肃安西战斗中牺牲。

钟汉华（1909—1987） 江西万安人。1926年加入中国共产主义青年团，同年转入中国共产党。1927年冬参加万安农民起义。1930年参加红军。曾任赣县独立团党委书记，江西军区独立第六师政治部宣传科科长，红二十一军第六十三师第一八七团政治委员，红三军团第六师第十七团政治处主任，红三军团汀州（长汀）补充团政治委员，红军总政治部组织部组织科科长，军委直属政治处主任。参加了中央苏区历次反"围剿"斗争和中央红军长征。到达陕北后，任西北革命军事委员会后方办事处党总支书记，总供给部政治处主任，总卫生部政治处主任。参加了保卫陕甘苏区的斗争。抗日战争和解放战争时期，任八路军留守兵团警备第一团政治委员，第一二九师东进纵队政治部主任，新编第七旅、第四旅政治委员，冀南军区第四军分区政治委员，晋冀鲁豫野战军第二纵队副政治委员，解放军第三兵团政治部副主任。中华人民共和国成立后于1955年被授予中将军衔。

钟先灿（1908—1934） 江西赣县人。1928年参加红军。1929年加入中国共产党。1930年后，历任红三十五军政治部宣传科科长，江西军区独立第三师政治部主任，中共粤赣省委委员、省苏维埃政府执行委员、粮食部部长。参加了中央苏区历次反"围剿"斗争。1934年10月参加长征，于长征途中牺牲。

钟伟剑（1903—1935） 曾用名钟继连。湖南醴陵人。1924年加入中国社会主义青年团。1926 年参加北伐军，同年加入中国共产党。曾任国民革命军第六军第十七师连长、营长、副团长，第四路军中校参谋。1927 年冬脱离国民党军，后参加桑植起义，任湘鄂边红军第四军参谋。1931 年进入中央苏区，任中央军事政治学校第五期团长、第六期团长，红军大学军事第二团团长，红大训练部部长、教育长。参加了中央苏区的反"围剿"斗争。1934 年 10 月参加长征，任军委第一野战纵队参谋长、军委纵队参谋长，红三军团第五师参谋长、第十团参谋长。1935 年 2 月下旬在贵州遵义老鸦山战斗中牺牲。

钟赤兵（1914—1975）　曾用名钟志禄。湖南平江人。1929 年加入中国共产主义青年团。1930 年初参加红军，同年加入中国共产党。曾任红五军第三师政治部宣传员，连政治指导员，师军需处政治委员，红三军团第四师第十二团党总支书记、团政治处主任、团政治委员，第五师政治部主任、政治委员。参加了中央苏区历次反"围剿"斗争和中央红军长征。到达陕北后，任西北革命军事委员会后方办事处政治部主任，陕北省苏维埃军事部部长兼政治委员，第六作战区司令员兼政治委员，军委第一局局长。参加了保卫陕甘苏区的斗争。抗日战争开始后赴苏联学习。1946 年回国后，任北满军区政治部主任，东北民主联军后勤部部长兼政治委员，东北野战军后勤司令员，第四野战军炮兵纵队政治委员。中华人民共和国成立后于 1955 年被授予中将军衔。

钟明彪（1910—2009）　曾用名钟铭镖、钟林安。湖南平江人。1930 年参加红军。1931 年加入中国共产主义青年团。1932 年转入中国共产党。曾任红三军团第六师第十八团排长、连长，第四师第十团连政治指导员，红军野战政治部组织科科长，前敌总指挥部直属政治处主任，总后方勤务部政治部组织科科长。参加了中央苏区历次反"围剿"斗争和中央红军长征。抗日战争和解放战争时期，任新四军第二师第四旅第十团政治委员、团长，师司令部参谋处处长，东北民主联军辽西军区工人总队副队长，辽吉军区保安第一旅参谋长，东北野战军骑兵第一师副师长，解放军第四十五军第一三四师师长。中华人民共和国成立后于 1955 年被授予少将军衔。

钟学高（？—1936）　湖南平江人。中国共产党党员。1929 年参加红军。历任连长、营长，红一军团第二师第五团团长。参加了中央苏区历次反"围剿"

斗争和中央红军长征。到达陕北后，任红一军团第二师参谋长。参加了直罗镇战役。1936年2月参加东征，不久在山西乡宁作战中牺牲。

钟春林（？—？） 籍贯不详。1936年4月任红二军团第六师第十六团政治委员。

钟炳然（？—？） 籍贯不详。1935年11月任红二军团第六师政治委员。

钟蛟蟠（1899—1939） 字子安，曾用名钟蛟磐。广东南雄人。1923年开始从事革命活动。1927年加入中国共产党。任县农民协会宣传委员兼秘书，同年12月参加广州起义。1930年参加红军，后任赣南红军第二十六纵队政治处宣传科科长，红二十二军政治部秘书，红十二军政治部文娱科科长，红一军团政治部宣传科科长。参加了中央苏区历次反"围剿"斗争和中央红军长征。抗日战争开始后，任八路军第一一五师独立团政治处宣传股股长，独立师政治部宣传科科长，山西涞源县、广灵县县长，河北蔚县县长，晋察冀军区政治部宣传部副部长。1939年9月8日遭日军飞机轰炸牺牲。

钟福元（？—1935） 湖南人。中国共产党党员。1930年前参加红军。曾任红三军连长、团长，红一军团第一师第二团团长，第二师第四团团长。参加了中央苏区历次反"围剿"斗争。曾荣获中央革命军事委员会颁发的三等"红星奖章"。1934年10月参加中央红军长征，任红一军团营长。1935年在四川牺牲。

段云武（？—？） 籍贯不详。1936年7月任红二军团第六师第十七团政治委员。

段云寿（？—1936） 湖南茶陵人。1935年11月任红六军团第十七师第五十团政治委员。1936年3月23日在云南宣威来宾铺阵亡。

段培钦（？—1935） 籍贯不详。红六军团第十七师第四十九团政治委员。1935年7月15日在湖北来凤胡家沟阵亡。

段德彰（1913—1999）　曾用名段箕权。江西于都人。1931 年加入中国共产主义青年团。1932 年参加红军。1933 年加入中国共产党。曾任中央苏区红军特科学校政治教员、连政治指导员，红一方面军教导师政治部宣传科科长，中央革命军事委员会政治保卫团没收征发委员会主任，红军大学营政治委员、团政治委员。参加了中央苏区第四、第五次反"围剿"斗争和中央红军长征。抗日战争和解放战争时期，任中共陕西省西峰工作委员会书记，中共陇东特委统战部部长、陇东地委书记，中共热（河）东地委书记，中共冀东区委党校组织科科长，解放军冀察热辽军区后勤部政治部主任，东北野战军第九纵队、第四十六军副政治委员。中华人民共和国成立后于 1955 年被授予少将军衔。

侯政（1910—2002）　曾用名侯友成、侯友静。湖北大冶人。1928 年参加农民起义。1929 年 10 月参加红军。1930 年加入中国共产党。曾任阳新手枪队队员，红五军第五纵队分队长。参加了湘鄂赣边区的游击战争。1930 年后，任红八军医院看护班长，红三军团第一师卫生队队长，红军军医学校党支部书记，红一方面军第二十四师卫生部部长，红八军团卫生部部长。参加了中央苏区历次反"围剿"的医疗保障工作。1934 年 10 月参加长征，后任总卫生部干部休养连连长，总卫生部医政科科长。1935 年 9 月随红军总部留在川康边区，后任红二方面军卫生部部长兼红二军团卫生部部长。抗日战争和解放战争时期，任八路军第一二〇师军医处处长，中央军委卫生部医政科科长，新四军第六支队第二总队政治委员，江北指挥部独立第四团政治委员，第二师第五旅政治部主任，解放军江汉军区政治部主任，中共旅大区委社会部部长，东北军区军工部旅大办事处副政治委员，武汉市公安总局副局长。

侯友成（？—？）　籍贯不详。1936 年 7 月任红二方面军卫生部长兼红二军团卫生部部长。

侯国珍（？—？）　湖南华容人。1936 年任红二军团某团团长。

俞荣华（1909—1937）　湖南平江人。中国共产党党员。1930 年参加红军。曾任红一方面军团政治处技术书记，军政治部宣传部部长，红五军团政治部宣传科科长。参加了中央苏区历次反"围剿"斗争和中央红军长征。1935 年 9 月随红五军团留在红四方面军，后任红三十军政治部宣传科科长。1937 年 3 月在青海祁连石窝战斗中牺牲。

饶兴（？—？）　籍贯不详。1934 年 8 月任红六军团卫生部政治委员。

饶子健（1909—2000）　曾用名饶国汉。湖南浏阳人。1927 年加入中国共产主义青年团。1930 年参加红军，同年转入中国共产党。历任红一军团第四军第十师第二十九团班长，红五军团第十五军第四十三师第一二九团排长、第四十五师第一三五团连长，红五军团第十三师第三十八团营长、第三十九团参谋长、第三十七团团长。参加了中央苏区历次反"围剿"斗争和中央红军长征。后奉命到红四方面军工作，任第三十军第八十八师参谋长。抗日战争和解放战争时期，任新四军第六支队团长，八路军第四纵队第六旅代理旅长，新四军第四师第十二旅旅长，淮北军区副司令员，华中野战军第九纵队副司令员，江淮军区副司令员，解放军第三十四军副军长，南京警备司令部参谋长。中华人民共和国成立后于 1955 年被授予中将军衔。

饶正锡（1911—1998）　曾用名饶重远。湖北钟祥人。1930 年 6 月参加红军。1932 年 2 月加入中国共产主义青年团，同年 7 月转入中国共产党。曾任红五军医院医生、院长，红三军团卫生部医务主任、第六师卫生部部长，军团卫生部部长。参加了中央苏区历次反"围剿"和中央红军长征的医疗救护工作。到达陕北后，任军委后方办事处卫生部医务主任。抗日战争和解放战争时期，任军委卫生部医务主任、卫生部副部长兼卫生学校政治委员，卫生部政治委员兼延安医科大学政治委员，八路军卫生部部长，陕甘宁晋绥联防军教导旅副政治委员，西北野战军第六纵队副政治委员，解放军第六军副政治委员。中华人民共和国成立后于 1955 年被授予中将军衔。

姜胜（？—？）　籍贯不详。1936 年 7 月任红二方面军第三十二军卫生部政治委员。

姜齐贤（1905—1976）　湖南湘乡（住区今属娄底市）人。湘雅医学专门学校毕业。1927 年参加国民革命军。后任军医、团卫生队队长、师军医主任。

1931 年参加红军。1935 年加入中国共产党。曾任红三军第七师军医、红三军军医处医务主任兼医务科科长、军医处代理处长，红一军团卫生部部长。参加了中央苏区第四、第五次反"围剿"和中央红军长征的医疗保障工作。到达陕北后，任红一军团卫生部部长，西北革命军事委员会后方办事处卫生部部长，中央革命军事委员会总卫生部副部长、代理部长、部长兼前敌总指挥部卫生部部长。抗日战争和解放战争时期，任军委卫生部部长，晋察冀军区卫生部部长、政治委员，军委总卫生部副部长。中华人民共和国成立后于 1955 年被授予少将军衔。

姜启化（1913—1937） 陕西华县人。早年参加国民军。1928 年加入中国共产党。在新编第一师、独立第十五旅从事兵运工作。1929 年 11 月参加大冶起义，后任红五军第五纵队少先队队长、中队政治委员，红八军大队政治委员，红三军团第二师政治部青年科科长，红九军团第三师第九团政治委员、营政治委员。参加了中央苏区历次反"围剿"作站和中央红军长征。1935 年 9 月随红九军团留在红四方面军，后任红四方面军政治部青年科科长，西路军政治部青年科科长。1937 年初在甘肃古浪战斗中牺牲。

姜春贤（？—？） 籍贯不详。1936 年任红二方面军供给部副部长。

姜振海（1900—1936） 湖北黄冈人。1927 年 8 月参加南昌起义。1928 年参加湘南起义。后加入中国共产党。历任红四军参谋处处长，第十二师第三十六团团长等职。1933 年后，任红九军团第三师营长、团参谋长、团长。参加了中央苏区历次反"围剿"斗争和中央红军长征。1935 年 9 月随红九军团留在红四方面军，后任红九军参谋处科长、第二十七师参谋长。1936 年 12 月在甘肃张掖战斗中牺牲。

洪水（1906—1956） 曾用名武元博、阮山。越南河内人。早年流亡到中国。1925 年进入黄埔军官学校第四期学习。1927 年 8 月加入中国共产党，同年 12 月参加广州起义。1929 年任东江红军第四十八团连政治委员。1931 年春进入中央苏区，后任红十二军第三十四师某团政治委员、师政治部主任，红军学校工农剧社社长，红军学校教员、宣传部副部长，中华苏维埃共和国第二届中央执行委员，军委干部团教员。参加了中央苏区反"围剿"斗争和中央红军长征。抗日战争时期，任中共晋西北地委宣传部部长，晋察冀边区《抗敌报》社社长，军区政治部宣传科科长。1945年赴越南参加抗法战争，任第四、第五战区司令员兼政治委员。中华人民共和国成立后于1955年被授予少将军衔。

洪超（1909—1934）　湖北黄梅人。1927年进入武汉中央军事政治学校学习，同年12月参加广州起义。起义失败后转入朱德、陈毅所率领的部队，任朱德的警卫员。1928年加入中国共产党。参加了湘南起义和井冈山革命根据地的斗争。1929年转入红五军工作，任红五军第一纵队中队长、大队长，红八军军部参谋，红五军第一师师长，红三军团第六师、第四师师长。参加了湘鄂赣边区的游击战争、中央苏区历次反"围剿"斗争。1932年6月负伤致残。1934年8月荣获中央革命军事委员会颁发的二等"红星奖章"，同年10月下旬长征突围时，在江西信丰古陂战斗中牺牲。

洪玉良（1912—1938）　曾用名洪涛。江西横峰人。中国共产党党员。1928年参加红军，不久被选送到信江红军学校学习。毕业后，任红十军连长、营长、团长。参加了赣东北苏区的游击战争和反"围剿"斗争。1933年初随红十军进入中央苏区，后任红九军团第三师营长、第七团团长。参加了中央苏区第四、第五次反"围剿"斗争和中央红军长征。1935年9月随红九军团留在红四方面军，后任红三十二军第七团团长、第九十四师第二八〇团团长。抗日战争开始后被派往山东工作，任中共山东省委委员。1938年1月参加领导了鲁中徂徕山起义，任八路军山东人民抗日游击队第四支队司令员，同年5月在泰安劝里庄病故。

姚喆（1906—1979）　曾用名姚秩章。湖南邵阳人。1928年7月参加平江起义。1929年2月加入中国共产党。曾任红五军第七团特务队队长，红五军第八大队班长、司务长。参加了湘鄂赣边区的游击战争。1930年后，任红五军第三师连长，红三军团特务团营长，第一师第三团团长、师参谋长，红三军团第四师第十团参谋长，第五师第十五团代理团长，国家保卫局政治保卫总队总队长，保卫团团长。参加了中央苏区历次反"围剿"斗争。曾荣获中央革命军事委员会颁发的三等"红星奖章"。1934年10月参加长征，后任红三军团第四师第十团团长，陕甘支队第二纵队第十二大队大队长。到达陕北后，任红一军团司令部作战科科长，红十五军团第七十八师参谋长，红军北路军参谋长，陕甘宁独立师师长。参加了直罗镇、东征、西征等战役。抗日战争和解放战争时期，任八路军第一二〇师第三五八旅参谋长、大青山骑兵支队司令员，晋绥军区塞北军分区司令员，绥蒙军区司令员，西北野战军第八纵队司令员，解放军第八军军长。中华人民共和国成立后于1955年被授予中将军衔。

姚礼晶（？—1935） 湖南浏阳人。1929年加入中国共产党。1930年参加红军。后任红军通讯学校校长，中央革命军事委员会通信科科长。参加了中央苏区的反"围剿"斗争和中央红军长征。1935年8月在四川西北部草地病故。

姚醒吾（1897—1988） 浙江湖州人。1927年加入中国共产党。1930年参加红军。曾任红五军第五纵队第二支队副官主任，红八军第四师军需处处长，红八军经理处处长，红三军团供给部会计科科长。参加了中央苏区历次反"围剿"和中央红军长征的后勤保障工作。到达陕北后，任红二十九军供给部部长。参加了直罗镇战役和东线游击战争。抗日战争和解放战争时期，任八路军留守兵团供给处财务科科长、供给处处长、供给部副部长，陕甘宁晋绥联防军后勤部副部长、供给部部长，陕甘宁边区银行秘书处处长，解放军辽东军区供给部部长，东北野战军东线兵团供给部部长，东北军区军需部材料局局长。中华人民共和国成立后于1955年被授予少将军衔。

贺龙（1896—1969） 原名贺文常，字云卿。湖南桑植人。1914年加入孙中山领导的中华革命党。曾参加讨袁护国军，任桑植县讨袁护国军民军总指挥。1920年10月起任湘西靖国军第三梯团团长。1923年被孙中山任命为四川讨贼军第一混成旅旅长。1925年起任川军第一师师长、澧洲镇守使。1926年7月参加北伐战争，任国民革命军第八军第六师师长兼湘西镇守使，同年8月改任国民革命军第九军第一师师长。1927年春起任独立第十五师师长；6月独立十五师扩编为二十军，任军长，同年参加南昌起义，任起义军总指挥。1927年秋加入中国共产党。1928年春受中共中央派遣回到湘鄂西地区，组织革命武装，先后任工农革命军军长、工农革命军第四军军长和中共湘西前敌委员会书记。1929年春起任红四军军长。1930年任红二军团总指挥，同年10月起任苏维埃区域革命军事委员会委员。1931年1月至11月任中华苏维埃中央革命军事委员会委员。1931年3月起任红三军军长。1931年11月、1934年2月相继当选为中华苏维埃共和国第一届、第二届中央执委会委员，1931年11月起任中华苏维埃共和国中央革命军事委员会委员。1934年后任湘鄂川黔革命委员会主席、军区司令员。1935年2月起任中华苏维埃共和国中央革命军事委员会湘鄂川黔分会主席。参加了长征。1936年任红二方面军总指挥，同年12月起任中华苏维埃人民共和国中央革命军事委员会委员、中华苏维埃人民共和国中央革命军事委员会主席团成员。抗日战争爆发后，任八路军第一二〇师师长。1937年8月起任中共中央军委委员。1937年8月至1941年4月任中共中央军委前方分会委员。1939年2月起任冀中军政委员会书记、冀中总指挥部总指挥。1940年2月起任晋西北军政委员会书记，11月起任晋西北军区司令员。1942年6月起任陕甘宁晋绥联防军司令员、西北财经委员会副主任。1942年9月起任晋绥军区司令员。1945年8月起任晋绥野战军司令员。解放战争时期，1945年8月起任陕甘宁晋绥联防军司令员。1946年6月起任中共中央晋绥分局常委，晋绥军区司令员。1948年7月参与筹建西北军政大学，任校长。1949年2月起任西北军区司令员，5月起任西安市军事管制委员会主任。中华人民共和国成立后于1955年被授予中华人民共和国元帅军衔和一级八一勋章、一级独立自由勋章、一级解放勋章。

贺诚（1901—1992） 字润之，曾用名贺宗霖、贺雨淋、贺雨生、李平。四川射洪人。北京医科专门学校（今医科大学）毕业。1925年加入中国共产党。1926年参加国民革命军，曾任医生、第二方面军军医处医务科科长、医务处主任。1927年12月参加广州起义，任红军司令部军医处处长。后赴东江地区，任工农革命军第四师军医处处长、后方医院院长。1928年9月后，在上海、武汉从事地下工作。1931年初进入中央苏区，后任中共苏区中央局革命军事委员会军医处处长兼后方委员会组织部部长，红一方面军总医院院长兼政治委员，中央革命军事委员会总军医处处长兼政治委员，总卫生部部长兼政治委员，抚恤委员会主任，红军卫生学校校长兼政治委员，中华苏维埃共和国中央政府内务人民委员部委员、卫生管理局局长，军委第二野战纵队第三梯队司令员兼政治委员。参加组织领导了中央苏区第三至第五次反"围剿"和中央红军长征的医疗保障工作。1935年9月随红军总部留在川康边区。三大主力红军会师后，任红军总卫生部部长。1937年冬护送王稼祥赴苏联治伤，随后留苏学习。1945年冬回国后，任东北民主联军、东北军区后勤部副部长兼卫生部部长、政治委员，东北人民政府卫生部部长，军委总后勤部副部长兼卫生部部长。中华人民共和国成立后于1958年被授予中将军衔。

贺彪（？—？）　湖南江陵人。1935年11月任红二军团第四师卫生部部长。

贺光华（1916—2001）　江西永新人。1929年参加红军。1930年加入中国共产主义青年团。1932年转入中国共产党。曾任红五军团司令部机要股股长、机要科科长，军委第二局副科长。参加了中央苏区历次反"围剿"斗争和中央红军长征。1935年9月随红军总部留在红四方面军，后任红四方面军总部机要科科长。抗日战争和解放战争时期，任八路军第一二〇师第三五八旅司令部作战科科长，新四军鄂豫皖湘赣军区豫南军分区参谋长，晋冀鲁豫野战军第二纵队第六旅参谋长，中原野战军第六纵队参谋处处长，第十七旅副旅长，解放军第十二军第三十五师副师长。中华人民共和国成立后于1955年被授予少将军衔。

贺庆积（1909—1998）　江西永新人。1927年加入中国共产主义青年团，1928年转入中国共产党。1929年参加中国工农红军。土地革命战争时期，任红六军团第十七师第五十一团连指导员、团侦察参谋、营长、团长、师参谋长、师长。参加了长征。抗日战争时期，任八路军第一二〇师第三五九旅第七一九团团长，旅参谋长。解放战争时期，任东满军区副司令员，东北民主联军第二十三旅旅长，东北野战军第十纵队第二十八师师长，江西军区副司令员兼参谋长。中华人民共和国成立后于1955年被授予少将军衔。

贺学柱（？—？）　湖南桑植人。1936年任红二方面军某团团长。

贺炳炎（1813—1960）　湖北松滋人。1929年参加中国工农红军，同年加入中国共产党。土地革命战争时期，任红四军排长、连长、连政治委员，红三军手枪大队大队长、营长，湖北独立团团长，湘鄂川黔独立师师长，红二方面军第五师、第六师师长，红二军团新编第五师师长。参加了长征。抗日战争时期，任八路军第一二〇师第三五八旅第七一六团团长，冀中军区第三支队司令员，第三五八旅副旅长兼晋绥军区第三军分区副司令员，鄂豫皖湘赣军区第三军分区司令员，江汉军区司令员。解放战争时期，任晋绥野战军独立第五旅旅长，第三纵队副司令员兼第五旅旅长，晋绥军区副司令员，西北野战军第一纵队副司令员、司令员。中华人民共和国成立后于1955年被授予上将军衔。

贺荣华（？—？） 湖南浏阳人。1935年任红六军团第十七师第四十九团参谋长。

贺崇禄（？—1936） 籍贯不详。1936年任红二军团第六师第十八团参谋长。1936年2月9日在贵州黔西阵亡。

十画

秦邦宪（1907—1946） 曾用名博古。江苏无锡人。1925 年参加革命运动，同年加入中国共产党。1926 年赴苏联学习。1930 年回国后，任中华全国总工会宣传部干事。1931 年 4 月任共青团中央委员会书记，同年 9 月，中共临时中央政治局（通称"临时中央"）成立，任政治局委员、常务委员、总负责人。1933 年 1 月进入中央苏区，同中共苏区中央局领导人会合，继续担任中共临时中央总负责人。1934 年 1 月，在中共六届五中全会上，当选为中央委员、中央政治局委员、中央书记处书记（亦称中央政治局常务委员）、中共中央总书记。2 月，在第二次全国苏维埃代表大会上，当选为中华苏维埃共和国中央执行委员，中央执行委员会主席团委员和中央革命军事委员会委员。4 月，任中革军委前方临时司令部（野战司令部）政治委员。在王明"左"倾教条主义指导下，依靠共产国际派驻中共军事顾问李德指挥军事，造成第五次反"围剿"失败，中央红军被迫于 10 月开始长征。1935 年 2 月被接替总书记职务，在中共中央书记处书记、中共常委领导岗位上继续工作，并兼任红军总政治部代理主任。同年 6 月红一、红四方面军会师后，支持中共中央的北上战略方针，反对张国焘的分裂党、分裂红军活动。到达陕北后，任中华苏维埃共和国中央政府西北办事处主任，中共中央组织部部长。西安事变爆发后，奉中共中央指示到西安，协助周恩来做和平解决西安事变的工作。后任中共中央驻西安代表团团长。抗日战争开始后，任中共中央长江局、南方局组织部部长，新华通讯社社长，《解放日报》社社长，中共中央宣传委员会委员。1942 年参加延安整风，对所犯错误有深刻检查。1945 年当选为中共第七届中央委员。1946 年 4 月 8 日由重庆返回延安途中，在山西兴县黑茶山因飞机失事，不幸牺牲，革命烈士。

袁光（1909—1998） 江西泰和人。1930 年参加红军，同年加入中国共产党。曾任红军野战司令部直属队总支书记，红军总司令部无线电分队政治指导员，江西军区无线电队政治委员，红八军团无线电队政治委员。参加了中央苏区历次反"围剿"斗争和中央红军长征。抗日战争和解放战争时期，任八路军总部炮兵团政治处主任、政治委员，绥蒙军区骑兵旅政治部主任、第十一军分区副政治委员，解放军第三军第七师副政治委员，中华人民共和国成立后于1955年被授予少将军衔。

袁子钦（1909—1968） 曾用名袁致卿。福建上杭人。1929年参加红军。1930年加入中国共产党。曾任红四军第二纵队政治部宣传员、士兵委员会秘书、第四支队大队文书，第十一师第三十一团连政治指导员，第十师政治部宣传股股长，红五军团第十三师第三十九团地方工作团主任、师政治部组织科科长，军团政治部组织部党务科科长、组织科科长。参加了中央苏区历次反"围剿"斗争和中央红军长征。抗日战争和解放战争时期，任抗日军政大学第二分校政治部主任，抗大总校政治部组织部部长、政治部主任，抗大第六分校政治委员，中国人民解放军太行军区政治部主任，晋冀鲁豫军区第十三纵队副政治委员，华北军区第十五纵队政治委员，第六十军政治委员。中华人民共和国成立后于1955年被授予中将军衔。

袁升平（1912—2003） 江西吉安人。1929年加入中国共产主义青年团，同年参加红军。1930年转入中国共产党。曾任游击队班长，赣南红军独立团排长、连长，红军卫生学校政治教员、政治指导员、政治处副主任，红一军团直属队政治委员、第一师第一团政治委员。参加了中央苏区历次反"围剿"斗争和中央红军长征。到达陕北后，任第一师第十三团党总支书记、第一团政治委员。抗日战争和解放战争时期，任八路军晋察冀军区第一支队第二大队政治委员，第一军分区第一、第二、第三团政治委员，第一支队政治委员，陕甘宁晋绥联防军教导第二旅副政治委员，东北民主联军辽西军区、辽吉军区、辽北军区、第七纵队政治部主任，第十二纵队政治委员，解放军第四十军政治委员。中华人民共和国成立后于1955年被授予中将军衔。

袁任远（1901—1986） 号毓灵，曾用名袁明濂、袁思贤。湖南石门人。1925年加入中国共产党。曾任中共慈利县委书记，中共石门县委委员。1928年5月参加领导石门南乡农民起义，任湘西红军第四支队党代表。1929年夏到广西工作，同年12月参加百色起义，后任红七军政治部组织科科长，第二纵队政治部主任，中共红七军前委委员、总务处处长。参加了创建、保卫右江苏区的斗争和红七军远征。1931年后，任中共湘赣临时前委委员，独立第三师、独立第十二师政治委员，新独立第一师政治部主任，红军学校第四分校教育长，湘赣军区兼红八军政治部主任、第二十三师政治委员，红六军团第十七师、红二军团第六师政治部主任，红六军团政治部副主任，红三十二军政治委员。参加了湘赣、湘鄂川黔苏区的反"围剿"斗争和红二、红六军团长征。抗日战争和解放战争时期，任八路军第一二〇师第三五九旅政治部主任，陕甘宁边区绥德专署专员，东北民主联军辽吉军区第二十四旅政治委员，中共吉林分省委书记兼解放军吉林军分区政治委员，吉林省、湖南省人民政府副主席。

袁良惠（1907—1935）　又名袁良慧。回族。河南济源人。早年参加国民革命军。1931年12月由宁都起义参加红军，后加入中国共产党。曾任红五军团司令部股长、作战科科长，第十四师参谋长，第三十四师参谋长。参加了中央苏区第四、第五次反"围剿"斗争和中央红军长征。在第三十四师完成掩护中央红军主力抢渡湘江的任务后，率少数人员突围，追上红军主力，继续投入战斗。1935年12月在川西作战中牺牲。

袁国平（1906—1941）　字醉涵，曾用名袁裕。湖南邵阳人。在湖南省立第一师范读书时，参加进步学生运动，是湖南学生运动组织者之一。1925年考入黄埔军官学校第四期，同年12月加入中国共产党。1926年参加北伐战争，任国民革命军第四军左翼宣传队第四队队长。1927年8月参加南昌起义，同年12月参加广州起义。后任工农革命军第四师党代表，率部于1928年1月转移到海陆丰地区，参加该地区的革命斗争，同年夏到上海。翌年由中共中央派到湘鄂赣边区，任中共湘鄂顺特委常委、宣传部部长、代理书记。参与领导了湘鄂赣边区的游击战争和根据地的创建工作。1929年秋任红五军政治部主任。1930年6月任红三军团政治部主任，后兼红八军政治委员。1933年任红军总政治部副主任兼红一方面军政治部代理主任、红一方面军党务委员会书记，红军东方军政治部主任。参加了长沙战役、中央苏区历次反"围剿"和东方军入闽作战。曾荣获中央革命军事委员会颁发的二等"红星奖章"。1934年1月当选为中华苏维埃共和国中央执行委员，同年2月参加红军第一次全国政治工作会议。1934年10月参加长征，任红三军团政治部主任。1935年10月到达陕甘苏区，11月任西北革命军事委员会后方办事处政治部主任。1936年2月任西北红军大学（该校于1935年11月由中央军委干部团同西北红军干部学校合并组成，初称中国工农红军学校）政治委员，同年6月任中国抗日红军大学（西北红军大学扩编而成）政治部主任兼第三科政治委员，11月任中国抗日红军大学第二校（"红大"第三科与红二、红四方面军随营学校合编）政治委员。1937年3月任抗日军政大学步兵学校（由"红大"第二校改称，亦称庆阳步校、教导师）政治委员，培养了大批干部，为红军建设作出贡献，抗日战争爆发后，任中共中央军委新四军分会委员，新四军政治部主任，1941年11月中旬在皖南事变中牺牲。

袁佩爵（1914—1972）　曾用名袁能钟、袁润生。江西泰和人。1932年加入中国共产主义青年团。1933年参加红军，同年转入中国共产党。曾任少共国际师第三团政治处技术书记，红五军团第十五师政治部技术书记。参加了中央苏区反"围剿"斗争和中央红军长征。到达陕北后，任总政治部秘书科科长。抗日战争和解放战争时期，任抗日军政大学第二分校大队政治处主任，八路军晋察冀军区第三军分区教导大队政治委员，第二军分区政治部主任，解放军冀晋纵队第一旅代理政治委员，晋察冀野战军第四纵队政治部副主任，第六十四军第一九〇师代理政治委员、军政治部主任。中华人民共和国成立后于1955年被授予少将军衔。

耿飚（1909—2000）　原名耿俊勇、耿润德。湖南醴陵人。1925年5月加入中国共产主义青年团。1928年8月转为中国共产党党员。1928年8月起任浏（阳）醴（陵）游击支队小队长。1930年7月起任中国工农红军第三军九师参谋、干部教导队队长，红一方面军一师三团参谋长、二师四团团长、九师参谋长、一师参谋长。参加了长征。到达陕北后，入抗日红军大学第一期学习。1936年冬起任红四方面军第四军参谋长。抗日战争爆发后，任八路军第一二九师第三八五旅参谋长。后任第三八五旅副旅长兼参谋长、政治委员。曾兼任陕甘宁边区陇东分区警备司令部副司令员。1941年7月入延安中共中央党校学习。1944年起任晋察冀军区副参谋长。抗日战争胜利后，任晋察冀野战军参谋长，北平军事调处执行部中共方面通讯处处长。1948年5月起任华北军区第二兵团参谋长。1949年春起任中国人民解放军第十九兵团副司令员兼参谋长。中华人民共和国成立后于 1988 年 7 月被授予中国人民解放军一级红星功勋荣誉章。

聂荣臻（1899—1992） 重庆江津人。1917 年考入四川江津县立中学。1919 年底赴法国勤工俭学。1922 年在比利时沙洛瓦大学化学工程系读书。1922 年 8 月参加旅欧中国少年共产党。1923 年春转为中国共产党党员。曾任旅欧社会主义青年团执行委员会委员、训练部副主任。1924 年到苏联莫斯科东方劳动者共产主义大学学习，1925 年 2 月转入苏联红军学校中国班学习军事。1925 年 9 月回国，任黄埔军校政治部秘书兼政治教官。1926 年 7 月起任中共广东区委军委特派员、中共湖北省委军委书记。1927 年"四一二"反革命政变后被派往上海，协助工人纠察队转入秘密活动。1927 年 7 月中旬被周恩来指定为中共前敌军委书记，赴九江准备组织武装起义；8 月参加南昌起义，任起义军第十一军党代表；12 月参与领导广州起义。1928 年起任中共广东省委军委书记。1930 年初起任中共顺直省委组织部部长，同年 5 月到上海，在中共中央特科和中央军委工作。1930 年 8 月至 1931 年 12 月任中共中央军委委员，其间，1931 年 1 月至 3 月任中共中央军事部委员、参谋长。1931 年底进入中央革命根据地，任中国工农红军总政治部副主任。1932 年 3 月至 1937 年 8 月任红一军团政治委员。1932 年 4 月曾任红军东路军政治委员。1934 年 2 月当选为中华苏维埃共和国第二届中央执委会委员。参加了长征。其间：曾任中央红军先遣队政治委员，红一军政治委员。到达陕北后，1936 年 4 月至 12 月任中华苏维埃西北革命军事委员会委员。1936 年 12 月至 1937 年 7 月任中华苏维埃人民共和国中央革命军事委员会委员。抗日战争时期，1937 年 8 月起任八路军第一一五师副师长、政治委员。1937 年 8 月至 1941 年 4 月任中共中央军委前方分会委员。1937 年 11 月至 1945 年任晋察冀军区司令员兼政治委员，其间，曾任中共中央北方局委员、中共中央晋察冀分局书记。1943 年秋到延安参加整风运动。解放战争时期，任中共中央军委委员，历任晋察冀军区司令员兼政治委员，中共晋察冀中央局书记，华北军区司令员，中共中央华北局第三书记、第二书记，平津卫戍司令员，中国人民解放军副总参谋长，北平市市长兼军事管制委员会主任。中华人民共和国成立后于 1955 年 9 月被授予中华人民共和国元帅军衔和一级八一勋章、一级独立自由勋章、一级解放勋章。1988 年 7 月被授予中国人民解放军一级红星功勋荣誉章。

聂昭良（1897—1965） 曾用名聂进忠、聂志良、聂佑熙。湖南湘乡延福（今属涟源）人。1927年加入中国共产党。1929年参加红军，曾任东江红十一军军医处处长。1931年初进入中央苏区，后任红三十五军政治部主任，独立第三师政治部主任，中共瑞金县委书记、南（丰）广（昌）县委书记，江西省苏维埃教育部副部长。参加了中央苏区反"围剿"斗争。1933年在反"邓、毛、谢、古"的错误运动中受到批判和处理，调任中央革命军事委员会总动员武装部秘书。1934年10月参加长征。1935年2月留在川南地区领导游击战争，任游击队参谋长，不久在作战中负伤，养伤时被捕。抗日战争开始后获释，回湖南从事中共地下工作。1949年春领导武装起义，任解放军湘中第一支队第五团团长。

聂鹤亭（1905—1971） 安徽阜南人。安庆皖江师范专科学校毕业。曾参加学生爱国运动。1926年加入中国共产党，同年参加国民革命军，任第四军独立团排长。参加了北伐战争。1927年8月参加南昌起义，任第十一军第二十五师第七十三团连长，随起义军南下作战，同年12月参加广州起义。后被派回安徽从事地下工作。1929年秋，被中共中央派到江西，任红军第四军军部参谋。1930年任红四军第十二师第三十五团副团长。1931年春任第十一师第三十三团团长，后调任第三十二团团长、第十一师参谋长，红十二军第三十五师参谋长。1932年任红四军参谋长。1933年调任红一军团司令部作战科科长，红五军团第十三师参谋长。参加了中央苏区历次反"围剿"斗争。1934年10月参加长征，任红一军团第一师参谋长，军团司令部作战科科长。到达陕北后，任红一方面军司令部第一科科长，西方野战军（红一方面军主力）司令部参谋长兼第一科科长。参与了直罗镇、东征、西征和山城堡战役的组织指挥。抗日战争时期，任中共中央军委总参谋部第一局局长、总参谋部部长，八路军晋察冀军区第四军分区副司令员兼参谋长、军区参谋长。1945年被选为中共第七次全国代表大会代表。解放战争时期，任东北民主联军松江军区司令员，民主联军总部参谋长，解放军辽北军区司令员，东北野战军兼东北军区副参谋长，第四野战军副参谋长。中华人民共和国成立后于1955年被授予中将军衔。

莫文骅（1910—2000） 曾用名莫万。广西南宁人。1926年加入中国共产主义青年团。1929年7月入广西军官学校（即黄埔军官学校分校）学习，同年12月参加百色起义。1930年转入中国共产党。曾任红七军司令部参谋，第二十师辎重队队长、连长、连政治指导员，军直属政治处主任，红七军军委候补委员。参加了创建、保卫右江苏区的斗争和红七军远征。1931年后，任上（犹）崇（义）游击指挥部临时总指挥，湘赣军区政治部宣传部部长，遂（川）万（安）泰（和）军分区指挥员兼政治委员，红军总司令部直属政治处主任，红五军团政治部宣传部部长，第三十四师、第十三师政治部主任，红八军团政治部宣传部部长。参加了湘赣苏区和中央苏区反"围剿"斗争。1934年10月参加长征，任军委干部团上干队（红军大学）政治委员，干部团政治处主任，红军陕甘支队随营学校政治处主任。到达陕北后，任西北红军大学政治处主任，中国工农红军大学总支部书记、政治处主任。抗日战争和解放战争时期，任抗日军政大学政治部副主任、主任，八路军留守兵团政治部主任，南下支队副政治委员，东北民主联军沈阳警备区、南满军区副政治委员兼政治部主任，辽东军区政治部主任，东北野战军第四纵队政治委员，解放军第四十一军政治委员，第十四兵团、第十三兵团政治委员。中华人民共和国成立后于1955年被授予中将军衔。

莫延寿（？—1935）　又名莫寿延。广西思林（今属田东）人。中国共产党党员。1929年12月参加百色起义，参加了右江苏区革命斗争和红七军远征。曾任红七军第十九师第五十五团团长，红三军团第六师第十七团团长。参加了中央苏区第三至第五次反"围剿"斗争和中央红军长征。1935年8月在川西北草地病故。

桂先明（？—1936）　中国共产党党员。曾任红十一军第三十一师政治部主任。参加了中央苏区的反"围剿"斗争和中央红军长征。1936年冬在陕甘边作战中牺牲。

贾拓夫（1912—1967）　曾用名贾鸣先、贾红光、贾元、关锋。陕西神木人。1926年加入中国共产主义青年团。1928年转入中国共产党。曾任共青团绥德县委书记，共青团陕北特委组织委员、特委书记，共青团陕西省委组织部部长兼西安市委书记，中共汉中特委书记，中共陕西省委秘书长。1933年进入中央苏区，后任中华苏维埃共和国第二届中央候补执行委员，红军总政治部白军工作部部长，陕甘支队政治部白军工作部部长。参加了中央苏区第五次反"围剿"斗争和中央红军长征。到达陕北后，任中共陕北省委宣传部部长，中共三边（靖边、安边、定边）特委书记兼中央少数民族委员会回民部部长，中共陕西省委书记。抗日战争和解放战争时期，任中共陕西省委书记，中共陕甘宁边区中央局统战部部长，中共中央西北局秘书长、西北财经办事处副主任，西安市军管会副主任。

夏曦（1901—1936） 字蔓伯（也作蔓白），化名劳伙、家瑞。湖南益阳（出生地今属桃江县）人。中等文化程度。

1917 年 8 月入湖南省立第一师范学校学习。1919 年参加五四运动和新民学会。1920 年加入中国社会主义青年团，1921 年 10 月转为中国共产党党员。1922 年春至 1923 年 5 月任湖南省立第一师范学校党支部书记。1922 年任湖南自修大学附属补习学校教员。1922 年 11 月至 1923 年 12 月任湖南学生联合会主任。1923 年 8 月当选为中国社会主义青年团第二届中央委员。1923 年 9 月至 1927 年 5 月历任中央驻湘委员，湘区执委会委员，国民运动委员会书记，驻湘中央特派员，驻湖南中央特派员。1925 年当选为中国社会主义青年团第三届中央委员。1923 年参加中国国民党，至 1926 年历任湖南国民党组织筹备处负责人，国民党湖南省党部执行委员和监察委员，国民党候补中央执行委员，国民党湖南省党部中共党团书记。1927 年 5 月起任中共湖南省委书记。大革命失败后参加南昌起义。1927 年 11 月至 1928 年 5 月任中共浙江省委书记。后赴苏联入莫斯科东方劳动者共产主义大学学习。1930 年回国后任中共江苏省委常委兼宣传部部长。1931 年起任中共湘鄂西中央分局书记，湘鄂西省革命军事委员会主席、湘鄂西革命军事委员会主席，红六军团政治部主任、湘鄂川黔省委委员、军分会委员和革命委员会副主席。1931 年 11 月、1934 年 2 月相继当选为中华苏维埃共和国第一届、第二届中央执委会委员。参加了长征。1936 年 2 月 28 日在贵州毕节七星关渡河时溺水牺牲。

夏文开（？—1934） 江西吉水人。1930 年参加红军，不久加入中国共产党。曾任排长、连长等职。1933 年后，任江西军区独立第三团团长。参加了中央苏区历次反"围剿"斗争。1934 年 10 月参加长征，不久在战斗中牺牲。

夏新明（1916—） 曾用名夏新民、夏侯联珠。江西吉水人。1930 年加入中国共产主义青年团，同年参加红军。1932 年转入中国共产党。历任红一方面军总部电话员、独立第一团连副政治指导员、宣传队分队长，红一军团政治保卫分局科员、特别支队特派员，第四师第十二团、第一师第三团特派员，红军前敌总指挥部（兼红一方面军总部）政治部保卫科科长。参加了中央苏区历次反"围剿"斗争和中央红军长征。抗日战争和解放战争时期，任军委第二局第三处第五科副科长，冀热察军区第二十二军分区参谋长，解放军第四十八军第一四四师参谋长，江西军区抚州军分区司令员。

夏雉堂（？—？） 湖北石首人。1935年11月任红二军团第六师供给部部长。

顾维钧（？—？） 籍贯不详。1935年11月任红六军团卫生部部长。

顿星云（1912—1985） 原名顿新银。湖北省石首县人。1930年参加中国工农红军，同年加入中国共产党。土地革命战争时期，任红六军第四十六团班长，红三军第二十三团排长、连长，第七师第十九团连长，红二军团总指挥部作战科科员，第四师第十二团营长，红二军第六师第十六团团长。参加了长征。抗日战争时期，任八路军第一二〇师第三五八旅第七一五团副团长，第七一四团团长，延安军政学院学员兼区队长。解放战争时期，任晋绥军区第八军分区副司令员，晋绥军区独立第四旅旅长，西北野战军第二纵队独立第四旅旅长，第一野战军第二军副军长。中华人民共和国成立后于1955年被授予中将军衔。

晏福生（1904—1984） 原名晏国金。湖南省醴陵县人。1923年参加安源路矿工人俱乐部。曾任安源煤矿工人纠察队队长。1926年加入中国共产党。1928年参加醴陵暴动，同年参加中国工农红军。土地革命战争时期，任醴陵赤卫团排长，湘东南独立师第三团副官，红八军第二十二师第四十九团特派员、团政治委员，红六军团第十八师政治委员，第十六师政治委员，西路军总部教导团政治委员。参加了长征。抗日战争时期，任八路军第一二〇师第三五九旅第七一七团政治委员，陕甘宁留守兵团警备第一旅副政治委员，八路军南下第二支队政治委员，第三五九旅政治委员。解放战争时期，任东北民主联军独立第一师政治委员，第二十八师政治委员，第四野战军第四十七军副军长。中华人民共和国成立后于1955年被授予中将军衔。

陶汉章（1917—2010）　江西进贤人。1933年参加中国工农红军，1935年加入中国共产党。土地革命战争时期，任湘赣军区红军学校第四分校教员、主任教员，湘鄂川黔军区红军学校第六分校教务主任，红二军团教导营副营长、营长，庆阳步兵学校队长兼教员。参加了长征。抗日战争时期，任八路军总部随营学校教员、支队长，中国人民抗日军政大学第二分校军教科科长、训练部副部长，晋察冀军区平北军分区参谋长，平西军分区参谋长，晋察冀军区直属机动旅参谋长，陕甘宁晋绥联防军教导二旅参谋长。解放战争时期，任冀中军区副参谋长，冀中野战军参谋长，晋察冀野战军第三纵队参谋长，晋察冀军区军政干部学校副教育长，华北军政大学教育长。中华人民共和国成立后于1955年被授予少将军衔。

钱壮飞（1896—1935）　曾用名钱彬生、钱壮秋、钱潮、夏树云。浙江湖州人。国立北京医科专门学校毕业，曾任医生、美术学校教员。1926年加入中国共产党。此后在北京、上海从事地下工作。1928年同李克农、胡底等一起进入国民党特务机关，先后任国际无线电管理处秘书，国民党中央组织部党务调查科（室）秘书，长江通讯社、民智通讯社负责人，为中共中央提供了大量重要情报。1931年春因身份暴露到达中央苏区，后任红三军军医处处长，中央革命军事委员会抚恤委员会总会委员，中革军委政治保卫局局长，总参谋部第二局局长、副局长。参加了中央苏区第二至第五次反"围剿"斗争。具有绘画、剧本创作、建筑设计、行医、破译电报等多种才能。1934年10月参加长征。1935年3月31日在贵州息烽沙土防空时与部队失掉联系，被当地反动分子杀害。

徐策（1902—1935）　字在明，曾用名徐纯德、徐宁甲、余涨霞。湖北大冶大箕铺（今属阳新）人。1925年开始从事革命活动。1926年加入中国共产党，在家乡建立中共组织，开展农民运动。1928年后，任中共大冶县委委员、县委书记，中共湘鄂赣特委委员，中共鄂东南特委组织部部长。1929年春领导农民起义，同年率游击队参加红军。后任红五军第五纵队第三支队、红八军第三纵队政治委员，红三军团第三师第八团政治委员、军团政治部组织部部长，第三师、第六师政治委员。率部参加了长沙战役和中央苏区历次反"围剿"斗争。1934年10月参加长征。1935年2月留在川南领导游击斗争。任中共川南特委书记兼游击纵队政治委员，中共川滇野边特委书记兼游击纵队政治委员，率部积极活动，配合了中央红军主力长征，同年 7 月 13 日在云南扎西（今威信）长官司战斗中牺牲。

徐石林（？—1935） 湖南浏阳人。中国共产党党员。1930 年参加红军，后任红三军团司令部通信主任。参加了中央苏区历次反"围剿"斗争和中央红军长征。1935 年 8 月在四川西北部草地病故。

徐伍生（？—？） 籍贯不详。1935 年 11 月任红二军团第四师供给部部长。

徐光华（1913—2010） 曾用名徐祥亨。江西赣县人。1930 年 2 月加入中国共产主义青年团。1932 年 2 月转入中国共产党。1934 年 2 月参加红军。曾任少共（共青团）赣县县委书记，红一军团第十五师卫生部政治委员，军团政治保卫局政治指导员，陕北独立师政治部组织科科长。参加了中央苏区反"围剿"斗争和中央红军长征。抗日战争和解放战争时期，任新四军第四支队第八团政治处主任，第五支队第十团政治委员，第二师第六旅政治部主任、政治委员，解放军冀东军区独立第十四旅政治委员，东北野战军第九纵队政治部副主任、第二十五师政治委员，解放军第四十六军第一三六师政治委员。中华人民共和国成立后于 1955 年被授予少将军衔。

徐国珍（1912—1993） 甘肃天水人。1929 年参加国民党军。1931 年 12 月参加宁都起义并加入红军，同年加入中国共产主义青年团。1932 年转入中国共产党。历任红五军团第十五军连长，第十三师第三十七团连长兼政治指导员，第三十九团营长。参加了中央苏区第四、第五次反"围剿"斗争和中央红军长征。到达陕北后，任中共宜川县委军事部部长，红二十九军司令部作战科科长，第二五五、第二五六团团长。参加了直罗镇战役和东线游击战争。抗日战争和解放战争时期，任八路军第一二九师第三八五旅第二团副团长兼参谋长、第五团团长，陕甘宁边区陇东军分区副司令员、司令员，兰州警备区司令员，甘肃军区第一副司令员。中华人民共和国成立后于 1955 年被授予少将军衔。

徐迪生（？—1935） 又名徐逖生。广东海丰人。中国共产党党员。曾任中共海丰县委委员。1929 年奉命到广西工作，同年 12 月参加百色起义。1931

年随红七军转战到中央苏区，后任红三军团第六师第十七团政治委员。参加了中央苏区第三至第五次反"围剿"斗争和中央红军长征。1935年在长征途中牺牲。

徐梦秋（？—1949）　曾用名孟一民。安徽寿县人。1923年1月加入中国社会主义青年团，同年11月转入中国共产党。曾在芜湖、上海等地从事革命活动。1926年赴苏联学习。1931年回国后进入中央苏区。历任中央革命军事委员会秘书长、抚恤委员会委员，红军总政治部宣传部部长，红军大学政治部主任、代理政治委员。参加了中央苏区的反"围剿"斗争和中央红军长征。到达陕北后，任红军后方政治部宣传部部长，红军后方司令部政治部宣传部部长、政治部主任。抗日战争开始后到新疆工作。1942年叛变。1949年重新混入革命队伍，不久被处决。

徐道光（？—？）　湖南桑植人。1936年红二军团某团团长。

徐德操（1914—1974）　曾用名徐德超、徐一诚。湖南平江人。1929年在浏阳参加农民自卫军，同年加入中国共产主义青年团。1930年6月参加红军，8月加入中国共产党。曾任红五军第三师第七团班长、排长，红三军团第五军第四师司令部通信科科长，第十团参谋长。参加了中央苏区历次反"围剿"斗争和中央红军长征。到达陕北后，任红一军团第四师第十团参谋长、团长。抗日战争和解放战争时期，任抗日军政大学第七大队大队长，抗大第二分校训练部部长，冀热察挺进军参谋长，晋察冀军区第一军分区参谋长，解放军冀中军区第八军分区司令员，独立第八旅、第六纵队第十七旅旅长，纵队副司令员，第六十八军军长。中华人民共和国成立后于1955年被授予少将军衔。

殷承桢（1915—1990）　湖北崇阳人。1930年参加红军，同年加入中国共产主义青年团。1931年转入中国共产党。曾任红三军团随营学校排长、司务长，中央军事政治学校政治部青年干事、供给部出纳，中央革命军事委员会总供给部会计，材料科、会计科、军实科科长，红军先遣团没收征发科科长，陕北红军独立第一师供给部部长。参加了中央苏区历次反"围剿"斗争和中央红军长征。抗日战争和解放战争时期，任八路军驻西安办事处会计科科长、驻桂林办事处交通运输科科长，东北民主联军辽吉军区后勤部部长、政治委员，东北野战军、第四野战军后勤部供给部部长。中华人民共和国成立后于1964年晋升为少将。

翁徐文（1901—1981）　湖南醴陵人。1927年加入中国共产党，同年9月参加湘赣边界秋收起义。曾任红六军第三纵队军需处政治委员，红三军第三纵队经理处政治委员、第九师经理处政治委员。参加了井冈山革命根据地的斗争、中央苏区历次反"围剿"斗争和中央红军长征。抗日战争和解放战争时期，任八路军供给部军械科科长，第一一五师苏皖游击纵队第二团团长，八路军第五纵队第三支队第八团团长，新四军第三师第九旅第二十六团团长、师供给部副部长，东北西满军区后勤部供给部部长，解放军东北军区军需部第二局局长。

翁祥初（1908—1997）　福建上杭人。1929年参加农民起义，同年加入中国共产党。1930年参加红军。后任红十二军第二纵队第六支队宣传队分队长，第三十六师第一〇八团连政治委员，红五军团第十四军第四十师炮兵连政治指导员，红八军团第二十三师教导队政治指导员、第六十七团政治处主任、第六十八团政治委员、第六十九团总支书记、军团野战医院政治委员，红一军团第一师第三团总支书记、军团政治部巡视员、第二师政治部巡视团主任、军团炮兵连政治指导员。参加了中央苏区历次反"围剿"斗争和中央红军长征。到达陕北后，任红一军团野战医院总支书记。抗日战争和解放战争时期，任陕甘宁边区医院副院长，陕甘宁晋绥联防军教导旅供给部政治委员，解放军晋察冀军区第二纵队第一旅政治部主任、第三纵队补训兵团政治部组织部部长；华北军区补训兵团政治部组织部部长。中华人民共和国成立后于1955年被授予少将军衔。

高永祥（1912—1940）　甘肃灵台人。1927年参加国民军。曾任班长，第二十六路军排长。1931年12月由宁都起义参加红军，不久加入中国共产党。曾任红五军团连长、营长、团长。参加了中央苏区第四、第五次反"围剿"斗争和中央红军长征。抗日战争开始后，任山西战地总动员委员会太原游击训练班教员。山西青年抗敌决死队第一纵队第二支队支队长，山西保安第二区第一支队支队长，暂编第一师第三十六团营长、团长，晋绥军区第二军分区副司令员。1940年7月下旬在山西五寨凤凰山战斗中牺牲。

高利国（? —1936） 湖北汉川人。1935年11月任红二军团第五师参谋长。1936年4月27日在云南中甸县桥头阵亡。

高捷成（1909—1943） 福建龙溪（今属漳州）人。1926年参加国民革命军，任第一军宣传员。1927年"四一二"反革命政变后脱离军队。1932年4月参加红军，同年5月加入中国共产党。曾任红军大学宣传队队长，总务处处长，组织科、教育科、会计科科长。参加了中央苏区第四、第五次反"围剿"斗争和中央红军长征。抗日战争开始后，任冀南税务总局局长，晋冀鲁豫边区财政处处长，冀南银行总行行长。1943年5月14日在河北内丘白鹿角同日军遭遇，战斗中牺牲。

郭鹏（1906—1977） 湖南醴陵人。1927年参加湘赣边界秋收起义。1929年参加中国工农红军。1930年加入中国共产党。土地革命战争时期，任红十六军第九团班长、排长、连长，红十八军第五十二团营长，红六军团第十七师第五十团团长，红二军团第六师师长，红三十二军参谋长。参加了长征。抗日战争时期，任八路军第一二○师第三五九旅参谋长、副旅长，晋西北军区第五军分区司令员兼武装部部长，晋绥军区塞北军分区副司令员，八路军南下第一支队干部大队大队长、支队副司令员，湖南抗日救国军副司令员。解放战争时期，任中原军区三五九旅旅长，晋绥野战军第二纵队第三五九旅旅长，西北野战军第二纵队副司令员，第一野战军第二军军长。中华人民共和国成立后于1955年被授予中将军衔。

郭天民（1905—1970） 湖北黄安（今红安）人。1926年进入黄埔军官学校第六期学习。1927年3月加入中国共产党。毕业后，任军校警卫营班长。1927年12月参加广州起义。后任东江工农革命军第四师排长、副连长，中共江苏省委军委委员。1929年奉命到红四军工作，后任红四军教导大队大队长、第三纵队第八支队支队长。参加了赣南、闽西地区游击战争。1930年后，历任红三军副官长，第七师、第八师参谋长，江西军区独立第六师师长，红二十一军第六十二师师长，江西军区独立第四师师长、军区参谋长，中央军事政治学校校务部部长，红九军团参谋长。参加了中央苏区历次反"围剿"斗争和中央红军长征。1935年9月随红九军团留在红四方面军，后任红三十二、红三十军参谋长，红军大学训练部部长，中共西路军工作委员会委员。抗日战争和解放战争时期，任中共中央军委第一局局长，八路军晋察冀军区第二支队兼第二军分区司令员，军区副参谋长，冀察军区司令员，晋察冀野战军第二纵队司令员兼政治委员，晋冀鲁豫野战军副参谋长，鄂豫军区副司令员，第四兵团副司令员。中华人民共和国成立后于1955年被授予上将军衔。

郭化若（1904—1995）　曾用名郭俊英、郭化玉、郭化羽。福建福州人。1920年考入省立福州农林学校。1923年参加桂军，任独立旅旅部书记。1924年加入中国国民党。1925年进入黄埔军官学校第四期学习。曾参加讨伐广东军阀陈炯明的第二次东征，同年加入中国共产党。军校毕业后，留校任炮兵第二队代理队长。1926年参加了北伐战争。中央军事政治学校成立后，任该校炮兵大队第二队队长。1927年7月，随教导团东进，准备参加南昌起义。8月6日到九江，教导团被扣留，只身赴南昌，9月下旬到三河坝赶上起义军。起义军南下失败后，被派赴苏联莫斯科炮兵学校学习。1929年回国到上海，被中共中央派到闽西苏区，任红四军第二纵队参谋、参谋长、纵队长、军参谋处处长。参加了赣南、闽西地区的游击战争，并出席了中共红四军第九次代表大会。从1930年6月起，任红一军团总指挥部参谋处处长，红一方面军总司令部参谋处处长。参加了文家市、长沙、吉安等战役、战斗和第一次反"围剿"斗争。1931年5月任方面军代理参谋长，中共红一方面军临时总前委秘书长，协助朱德、毛泽东指挥了第二、第三次反"围剿"斗争。从1931年11月起，任军委总参谋部参谋处处长、第二局局长，中央军事政治学校、红军大学军事教员。参加了中央苏区第四、第五次反"围剿"斗争和中央红军长征。到达陕北后，任工农红军学校教育长，庆阳步兵学校训练部部长。抗日战争时期，任中央军委第一、第四局局长，编译处处长，八路军军事学院教育长，抗日军政大学第三分校校长，延安炮兵学校校长，中央党校军事教育处处长。解放战争时期，任解放军鲁南军区、华东野战军第六纵队副司令员，第四纵队政治委员，第九兵团政治委员。中华人民共和国成立后于1955年被授予中将军衔。

郭文清（1897—1935）　福建漳浦人。1929年参加红军。1930年加入中国共产党。曾任红四军班长、排长、连长，第十一师第三十一团副团长。1933年红军改编后，任红一军团第二师副营长、营长。参加了中央苏区历次反"围剿"

斗争和中央红军长征。1935 年 2 月在贵州遵义地区作战中牺牲。

郭成柱（1912—1972） 曾用名郭春柱、郭春竹。福建龙岩人。1928 年加入中国共产主义青年团，同年 10 月参加红军游击队。1931 年转入中国共产党。曾任乡苏维埃主席，红十二军第三十六师第一〇八团团委秘书，红一军团第一师第三团政治处技术书记、第二师政治部技术书记、军团政治部统计科科长。参加了中央苏区历次反"围剿"斗争和中央红军长征。抗日战争和解放战争时期，任八路军苏鲁豫支队政治部副主任、第一大队政治委员，第一一五师第三四三旅第六八五团政治处组织股股长，第一一五师教导第一旅政治部主任，新四军第三师第七旅政治委员，东北民主联军第六纵队第十六师政治委员，东北野战军第五纵队政治部主任，解放军第四十二军政治部主任。中华人民共和国成立后于 1955 年被授予少将军衔。

郭陆顺（1912—1942） 曾用名郭六顺、郭六胜。江西人。1930 年参加红军，不久加入中国共产党。曾任连政治指导员、营政治教导员。参加了中央苏区历次反"围剿"斗争和中央红军长征。到达陕北后，任陕北红军独立师（独立第一师）第三团政治委员。抗日战争开始后，任冀中军区回民支队政治委员。1942 年 6 月 4 日在河北交河陈庄作战中牺牲。

郭林祥（1914—2010） 江西永丰人。1930 年参加红军。1933 年加入中国共产党。曾任连政治指导员，红一军团第四师政治部组织科科长、第一师第十三团政治委员兼总支书记。参加了中央苏区历次反"围剿"斗争和中央红军长征。到达陕北后，参加了直罗镇、东征等战役。抗日战争和解放战争时期，任抗日军政大学大队长、支队长、团长，八路军总部特务团政治委员，太行军区第三军分区政治部副主任，第六军分区政治部主任，河南军区第一支队副政治委员，解放军中原军区第一纵队第一旅副政治委员，华东野战军独立师副政治委员，华北军区第十三纵队政治部主任，第六十一军副政治委员。中华人民共和国成立后于 1955 年被授予少将军衔。

郭辉勉（？—1940） 江西泰和人。1929 年参加红军。不久加入中国共产党。曾任红三军排长、连长，红九军团司令部通信科科长。参加了中央苏区历次反"围剿"斗争和中央红军长征。1935年9月留在川康边区，在红三十二军中任职。抗日战争开始后，任八路军第一二〇师司令部第二科科长、团参谋长。1940年秋在河北行唐牺牲。

郭滴人（1907—1936）　曾用名郭尚宾。福建龙岩人。1926年进入广州中央农民运动讲习所学习，同年6月加入中国共产党。历任国民党中央农民部驻闽西特派员，中共龙岩县委组织部部长。1928年3月参加领导了后田农民起义，后任中共龙岩县委书记、县苏维埃主席，中共闽西特委委员，闽西红军独立第一团政治委员。参加了闽西苏区反"会剿"斗争。从1930年3月起，任闽西苏维埃常委兼裁判部部长，中共闽西特委书记，中共闽粤赣特委宣传部部长、闽粤赣省委常委兼宣传部部长，闽西政治保卫处处长，国家保卫局福建分局局长，中共福建省委常委兼组织部部长、宣传部部长，独立第八师政治委员，福建军区政治部宣传部部长、地方工作部部长。1934年10月参加长征，任红三军团政治部地方工作部部长。到达陕北后，任中共陕北省委宣传部部长，中共中央西北局组织部干部科科长。1936年11月18日病故。

郭醉北（？—1936）　河南人。早年参加国民革命军。1931年12月由宁都起义参加红军。后加入中国共产党。曾任红五军团供给部军实科科长。参加了中央苏区第四、第五次反"围剿"和中央红军长征的后勤保障工作。1935年9月随红五军团留在红四方面军，后任红五军供给部军需科科长。1936年冬在甘肃作战中牺牲。

唐亮（1910—1986）　曾用名唐昌贤、唐昌明。湖南浏阳人。1927年参加工人纠察队和农民自卫军。1930年6月加入中国共产党，同年8月参加红军。曾任红八军第六师师委秘书，红五军第二师第六团连政治指导员、师委委员，第七团总支书记，红三军团直属队政治处主任兼总支书记，第二师第六团政治委员、师政治部组织科科长，第四师第十一团党总支书记、第十团政治委员，军团教导营总支书记。参加了中央苏区历次反"围剿"斗争和中央红军长征。到达陕北后，任红一军团第二师政治部组织科科长、政治部副主任、主任。参加了直罗镇、东征、西征和山城堡战役。抗日战争和解放战争时期，任八路军第一一五师政治部组织科科长，师教导大队政治委员，第三十四十四旅政治部副主任,八路军第二纵队政治部副主任,冀鲁豫军区政治部主任,湖西军分区(第六军分区)政治委员兼地委书记,山东滨海军区政治委员,解放军山东军区政治部主任,华东野战军政治部主任,西线兵团政治委员,第三野战军政治部主任。中华人民共和国成立后于1955年被授予上将军衔。

唐浚(1896—1935) 广西靖西人。北伐战争时期加入中国共产党。1926年先后在黄埔军官学校和南宁分校工作。1927年后在桂军从事士兵运动。参加了北伐战争。1930年2月参加龙州起义。后任红八军参谋处处长,红七军连长、营长、军参谋处处长。参加了右江苏区革命斗争和红军远征。到达中央苏区后,任红七军参谋长,中央革命军事委员会第五局局长,闽赣军区第二十师参谋长,中央教导第二团团长,红八军团参谋长兼第二十一师参谋长。参加了中央苏区第三至第五次反"围剿"斗争和中央红军长征。1935年在长征途中牺牲。

唐子安(1912—1982) 湖南湘潭人。1930年11月参加红军。1931年6月加入中国共产党。曾任红七军第十九师第五十七团副连长,红三军团第五师第十三团连长,红五军团第十三师第三十七团营政治教导员、营长,军团司令部侦察科副科长。参加了中央苏区反"围剿"斗争和中央红军长征。抗日战争和解放战争时期,任八路军晋察冀军区军政学校教务主任,第四支队第十一大队大队长,第三军分区第二团团长、军分区参谋长、军分区游击军司令员,骑兵团团长,抗日军政大学第七分校教育长,冀晋军区参谋长,解放军晋察冀军区第四纵队参谋长,第六十四军副军长。中华人民共和国成立后于1955年被授予少将军衔。

唐子奇(?—?) 籍贯不详。1936年7月任红二方面军部作战科科长。

唐天际(1904—1989) 字时雍,曾用名唐文发、唐天济。湖南安仁人。1925年加入中国共产主义青年团,同年进入黄埔军校第五期学习。1926年转入中国共产党。参加了北伐战争。1927年8月参加南昌起义,任南昌警备司令部副官长、第二十军连长。1928年1月参加湘南起义。后任中共湘南特委副书记、湘南游击大队大队长,红四军第二十八团营党代表。参加了井冈山和赣南、闽西地区的游击战争。1930年后,任第五十团政治委员,红二十二军第二纵队纵队长、第六十四师师长，红五军团第十四军第四十师政治委员，第十五军政治部主任、第四十四师政治委员，红一方面军第十四师兼广昌警备区政治部主任，红三军团第五师政治部主任。参加了中央苏区历次反"围剿"斗争和中央红军长征。到达陕北后，任红十五军团政治部敌工部部长、政治部副主任，红四军参谋长，红三十一军参谋长，援西军政治部宣传部部长。抗日战争和解放战争时期，任八路军野战政治部民运部副部长，晋豫边区游击司令员，第一二九师新编第一旅政治委员，太岳军区第四军分区司令员，解放军吉东军区政治委员，吉林军区副政治委员，东北野战军第一兵团政治委员。中华人民共和国成立后于1955年被授予中将军衔。

唐仁近（？—1934） 湖南邵阳人。北伐战争时期加入中国共产党，在湖南从事地下工作。1929年被捕，狱中坚贞不屈，在长沙监狱任地下党临时支部书记，领导"犯人"坚持斗争。1930年7月红三军团进攻长沙时冲出监狱，参加红军。后任红七军参谋长。参加了长沙战役和中央苏区的反"围剿"斗争。后因病长期休养。1934年在江西瑞金病故（一说1935年1月在贵州牺牲）。

唐延杰（1909—1988） 曾用名唐月华。湖南长沙人。1923年加入社会主义青年团。1926年参加国民革命军，任第四军军官教导队副排长。1927年赴苏联学习。1929年回国后在长沙被捕。1930年7月红三军团进攻长沙时冲出监狱，参加了红军。后任红八军政治部宣传队分队长、保卫股股长、保卫科科长，红三军团政治部总务处处长、管理科科长，军团后方办事处主任、后方部部长，陕甘支队第二纵队后勤科科长。参加了中央苏区历次反"围剿"斗争和中央红军长征。到达陕北后，任中华苏维埃共和国西北革命军事委员会后方办事处第四科科长，红二十八军参谋长。1936年加入中国共产党。参加了直罗镇、东征、西征战役。抗日战争和解放战争时期，任八路军总部作战处处长，晋察冀军区教导团团长、军区参谋长，解放军北岳军区司令员，冀晋军区司令员，晋察冀野战军第一纵队司令员，第六十六军军长，第二十兵团副司令员兼参谋长，华北军区参谋长。中华人民共和国成立后于1955年被授予中将军衔。

唐国华（？—？） 湖南平江人。1936年2月任红六军团卫生部长。

唐金龙（1912—1967） 湖北汉川人。1931年参加中国工农红军，同年加入中国共产主义青年团，1934年转入中国共产党。土地革命战争时期，任红三军第七师十九团排长，第二十一团副连长、连长，红二军团第四师十二团营长，红二方面军第五师十五团团长。参加了长征。抗日战争时期，任八路军第一二〇师第三五八旅第七一五团副营长、营长、副团长，独立第二旅四团团长。解放战争时期，任晋绥军区三五八旅副旅长，独立第二旅旅长，第一野战军第三军七师师长，第三军副军长。中华人民共和国成立后于1955年被授予少将军衔。

唐健伯（1904—1978） 四川金堂人。1932年参加中国工农红军。1934年加入中国共产党。土地革命战争时期，任湘鄂西独立师第一团文书，红三军第八师教导团技术书记，第七师师部书记，红二军团第四师司令部作战侦察参谋，红二方面军第四师参谋长，教导大队参谋训练队队长。参加了长征。抗日战争时期，任八路军第一二〇师司令部作战科科长、参谋处处长，新四军第五师参谋处处长。解放战争时期，任中原军区参谋处处长，吕梁军区参谋长，晋中军区参谋长。中华人民共和国成立后于1955年被授予少将军衔。

资风（1895—1955） 曾用名资涤辅、资风轩。湖南耒阳人。1927年加入中国共产党。1928年1月参加湘南起义。后任工农革命军第一师新兵营军需，红四军第二十八团特务长。参加了井冈山革命根据地和赣南、闽西地区游击战争。1930年后，任红四军第十师政治部政务处处长、第十一师经理处处长，红一军团第二师第四团供给处股长、第二师供给部副部长兼出纳科科长，中央革命军事委员会总供给部出纳科科长。参加了中央苏区历次反"围剿"和中央红军长征的后勤保障工作。抗日战争和解放战争时期，任八路军驻晋办事处供给科科长，新四军第六支队后方办事处处长，八路军第四纵队供给部副部长，新四军第四师供给部副部长、第四师兼淮北军区供给部副政治委员，解放军华中军区供给部政治委员，华东野战军总留守处政治委员，华东军区后勤部审计处处长。中华人民共和国成立后于1955年被授予少将军衔。

姬鹏飞（1910—2000） 曾用名吉洛。山西临晋（今临猗）人。早年参加国民革命军，任军医。1931年12月由宁都起义参加红军。1933年加入中国共产党。后任红五军团第十五军军医处处长，红五军团卫生部部长，中央革命军事委员会总卫生部保健局副局长。参加了中央苏区第四、第五次反"围剿"和中央红军长征的医疗保障工作。到达陕北后，任中华苏维埃共和国西北革命军事委员会卫生部副部长、后方办事处卫生部部长，中央革命军事委员会总卫生部后方卫生部部长，红军后方司令部卫生部部长。抗日战争和解放战争时期，任八路军卫生部部长，新四军后方政治处主任，苏皖支队政治委员，第一师第一旅兼苏中军区第三军分区政治部主任，第三旅兼第四军分区政治委员，中共苏中区第四地委书记，苏中军区副政治委员兼政治部主任，华中野战军第七纵队司令员兼政治委员，中共苏中区委书记、苏中军区政治委员，苏北兵团政治委员，第七兵团副政治委员兼政治部主任。

十一画

黄达（1908—1978）　曾用名谢今古。江西清江人。1927年参加国民革命军，同年9月参加湘赣边界秋收起义。1929年加入中国共产党。历任红四军第三十一团班长、排长、第三队大队长，中共红十二军第一纵队支部书记、第三十四师支部书记，第三十四师师卫生部政治委员，红一军团政治部科长，红军前敌总指挥部供给部粮秣处处长。参加了中央苏区历次的反"围剿"斗争和中央红军长征。抗日战争和解放战争时期，任八路军前方总指挥部处长，晋冀鲁豫边区粮食局副局长，南下支队供给部副政治委员，大连贸易局局长、商业厅厅长。

黄林（？—1935）　籍贯不详。红六军团第十七师第五十团团长。1935年7月28日在湖南龙山招头寨阵亡。

黄甦（1903—1935）　曾用名王甦。广东南海人。1925年参加省港工人大罢工，任罢工委员会工人纠察队支队长，同年10月加入中国共产党。1927年12月参加广州起义，任工人赤卫队联队队长、敢死队队长。起义失败后，在香港、广东从事地下工作，历任香港摩托车职工会中共党团书记，中共香港市委组织部部长，中共广东省委候补常委兼职工运动委员会书记等职。1930年冬进入闽西苏区。后任红军新编第十二军政治委员，红十二军第三十四师政治委员，福建省苏维埃执行委员，中华苏维埃共和国第一、第二届中央执行委员，红一方面军第十二军、红一军团第一师政治委员，红八军团政治委员兼第二十一师政治委员。1934年1月中共六届五中全会上，被补选为第六届中央候补委员。参加了中央苏区历次反"围剿"斗争和中央红军长征。后任红一军团第一师政治委员，红军陕甘支队第一纵队第二、第五大队政治委员。到达陕北后，任红一军团第二师第四团代理政治委员。1935年11月21日在直罗镇战役中牺牲。

黄励（？—1940） 福建长汀人。土地革命战争初期参加红军，并加入中国共产党。曾任红四军第十一师政治部宣传大队大队长、师政治委员办公厅秘书长、师政治部主任，红一军团第二师第五团政治处主任，军团政治部管理科科长，第一师第三团政治处主任，军团随营学校政治委员，中央革命军事委员会主席毛泽东的秘书等职。参加了中央苏区历次反"围剿"斗争和中央红军长征。抗日战争开始后，任八路军第一一五师随营学校政治委员、师政治部组织部部长、政治部主任兼组织部部长。1940年在山东沂蒙山区反"扫荡"战争中牺牲。

黄珍（？—1935） 又名王珍。湖北阳新人，中国共产党党员。1930年参加红军。后任红三军团班长、排长、连长、营长，福建军区闽中独立团团长，红三军团第五师第十三团团长，第三军第十团团长，红军陕甘支队第二纵队第十大队大队长。参加了中央苏区历次反"围剿"斗争和中央红军长征。1935年10月21日在陕西保安吴起镇（今吴起县城）战斗中牺牲。

黄骅（1911—1943） 曾用名黄为有、黄金山。湖北阳新人。1927年投身革命工作。1928年参加赤卫队。1929年加入中国共产党，同年参加红军。后任红三军团连政治指导员兼支部书记、营政治教导员、营长，红军大学连政治指导员，福建军区独立第八团参谋长、副团长、政治委员、团长兼政治委员，军委干部团特科营政治委员，红军教导师（红军大学第三科）第二团政治委员。参加了中央苏区历次反"围剿"斗争和中央红军长征。抗日战争开始后，任中共山西省委军事部部长，晋西青年抗敌决死队副队长，八路军第一一五师晋西独立支队副支队长，苏鲁支队支队长，鲁西军区副司令员兼第三军分区司令员，冀鲁边军区副司令员兼教导第六旅副旅长。1943年6月30日在河北新青大赵村被叛徒杀害。1945年人民政府将新青县改名黄骅县，以志纪念。

黄镇（1909—1989） 安徽桐城（住区今属枞阳）人。上海新华艺术大学毕业。曾在国民党军第二十六路军任职。1931年12月由宁都起义参加红军。1932年加入中国共产党。曾任红五军团政治部宣传干事、宣传科科长，红三军团政治部宣传部部长。参加了中央苏区第四、第五次反"围剿"斗争和中央红军长征。在行军和战斗间隙创作了大量美术作品，生动地反映了红军的战斗生活。到达陕北后，任红十五军团政治部宣传部部长，总政治部宣传部副部长。参加了直罗镇等战役。抗日战争和解放战争时期，任八路军（第十八集团军）野战政治部民运部部长，晋冀豫军区（晋冀豫边区游击纵队）政治委员，第一二九师政治部副主任兼太行军区政治部副主任，太行军区副政治委员兼政治部主任，解放军晋冀鲁豫野战军第九纵队政治委员等职。

黄霖（1914—1986） 曾用名黄林、黄古文、黄宝欣。湖南浏阳人。1929年参加红军。1930年加入中国共产主义青年团。1931年转入中国共产党。曾任红三军第七师第二十团排长、副连长、连长，红一军团第二师第四团连长、营长，中央革命军事委员会警卫团团长。参加了中央苏区历次反"围剿"斗争和中央红军长征。抗日战争和解放战争时期，任陕北公学大队长，新四军第一支队参谋长，第五支队副司令员，第五师第二纵队司令员兼政治委员，第十三旅副旅长，第五师豫南挺进兵团司令员，解放军桐柏军区司令员兼政治委员，第二野战军第十一军第三十二师师长。中华人民共和国成立后于1955年被授予少将军衔。

黄一平（1903—1980） 曾用名黄少波、黄启滔、黄继。广西贺县人。1925年进入广州中央农民运动讲习所学习，同年加入中国共产党。曾任中共梧州地委委员，中共广西特委委员，广西浔州（今桂平）四属农军总指挥。1928年因受国民党反动派迫害流亡南洋。1929年回国，任桂平县县长，同年12月参加百色起义，后任红七军政治部社会科科长，中共红七军前敌委员会委员，红七军第十九师第五十五团政治委员。参加了右江苏区的革命斗争。1930年10月红七军远征时，奉命留在右江坚持斗争，后任中共桂平县委书记，桂（平）平（南）贵（县）武（宣）四县农军总指挥。1932年因中共组织被破坏失去组织关系。1938年重新加入中国共产党后，任新四军教导总队大队长，第五支队第八团团长，第二师第四旅参谋长，东北民主联军第一纵队第三师政治委员，东北野战军第七纵队副司令员兼参谋长，第六纵队参谋长，解放军第四十三军第二参谋长。中华人民共和国成立后于1955年被授予少将军衔。

黄义藻（1904—1929） 湖南资兴人。1926年参加革命工作，同年加入中国共产党。曾任中共资兴支部书记，资兴东区农民协会委员长，中共资兴县委书记等职。1928年1月参加湘南起义，任资兴工农革命军独立团团长，同年4

月随朱德、陈毅到达井冈山，任红四军第十二师第三十六团团长。参加了井冈山革命根据地反"进剿"、反"会剿"斗争。1929 年春在作战中牺牲。

黄子荣（1892—1935） 曾用名黄猛。广西宁明人，广西军官学校毕业。1928 年参加农民起义。1929 年加入中国共产党，同年 12 月参加百色起义。曾任红七军连长、营长。参加了右江苏区的革命斗争和红七军远征。到达中央苏区后，任红七军第五十八团团长、第二十师师长，红三军团教导总队教务主任，红七军第五十六团团长、军参谋长，红三军团第五、第四师参谋长。参加了中央苏区第三至第五次反"围剿"斗争和中央红军长征。1935 年 8 月在四川西北部草地病故。

黄开湘（1908—1935） 曾用名王开湘。江西弋阳人。早年参加红军，并加入中国共产党。参加了赣东北苏区的创建和反"围剿"斗争。1933 年 1 月随红十军进入中央苏区，不久进入中央军事政治学校学习。毕业后，任红一军团供给部政治委员、第一师政治委员，红九军团第二十二师政治委员。参加了中央苏区第四、第五次反"围剿"斗争。1934 年 10 月参加长征，后任红一军团第二师第四团团长，同政治委员杨成武一起率部四渡赤水，抢渡金沙江，并以一昼夜急行军 120 公里的速度飞夺泸定桥，为全军胜利北上开辟了道路。1935 年 9 月任红军陕甘支队第一纵队第四大队大队长，同年 11 月不幸病故。

黄元庆（1911—1998） 江西弋阳人。1926 年加入中国共产主义青年团。1927 年转入中国共产党。1928 年 1 月参加弋（阳）横（峰）农民起义。1933 年进入中央苏区，曾任红十军副团长，红七军团管理科科长，中共中央党校军事教员等职。参加了中央苏区第四、第五次反"围剿"斗争和中央红军长征。抗日战争和解放战争时期，任新四军第三支队第六团参谋长，新四军教导总队队长，江北指挥部新编第八团副团长，新四军第二师第六旅副参谋长，淮南军区路东军分区参谋长，抗日军政大学第八分校参谋长，解放军华中军区军分区参谋长，华东野战军副师长。

黄火青（1901—1983） 湖北枣阳人。曾用名黄贤佑、黄民孚。1926 年 1 月加入中国共产主义青年团，1926 年 3 月转为中国共产党党员，1926 年 1 月参加革命工作。早年在河南读书，后入湖北襄阳第十中学求学。入党后在湖北枣阳北区从事建团建党工作。1927年在武汉工人运动讲习所受训，后编入中央军事政治学校改编的独立师当兵，同年夏被派往苏联学习军事，先后在莫斯科东方劳动者共产主义大学、高级射击学校、第步兵学校学习。1930年5月回国后，任中国工农红军第十四军一团政治委员兼参谋长，后任江南军委兵运书记。1931年进入中央革命根据地，历任中国工农红军学校党总支部书记、中华苏维埃共和国国家保卫局特派员，红五军团第十四军政治委员兼政治部主任，红军第一步兵学校政治委员。1933年秋被派往福州，担负红军与国民党十九路军及福建人民政府的联络工作。参加了长征。1934年至1936年任红九军团政治部主任，红三十二军政治部主任，红四方面军党校教员。1936年起任红四方面军及红军西路军政治部军人工作部部长。红军西路军失败后，1937年5月抵达新疆迪化（今乌鲁木齐）。抗日战争爆发后，1938年起任新疆反帝总会秘书长，阿克苏区行政长。1940年到延安。后任中共中央党校秘书长、一部主任。解放战争时期，1945年10月至1948年任中共中央冀热辽分局副书记、冀热辽军区副政治委员（曾兼任分局组织部部长、党校校长），中共热河省委委员、热河军区政治委员，冀察热辽中央分局副书记兼组织部部长，冀察热辽军区副政治委员兼政治部主任。

黄天榜（？—1936）　湖北天门人。1935年11月任红二军团第四十一师第十一团政治委员，1936年3月23日在云南宣威来宾铺阵亡。

黄永胜（1910—1983）　湖北威宁人。1927年6月参加国民革命军，同年9月参加湘赣边界秋收起义。12月加入中国共产党。曾任红四军排长、连长、副团长。参加了井冈山和赣南、闽西地区的游击战争。1931年后任红十二军第三十四师第一〇一团团长，红二十二军第六十四师第一九〇团团长，中央革命军事委员会特务营营长，红十二军第三十六师师长，红二十二军第六十六师师长，红四军第十三师师长，红十五军团第十五军第四十五师师长，红一军团第一师第三团团长，红军陕甘支队第一纵队第三大队大队长。参加了中央苏区历次反"围剿"斗争和中央红军长征。到达陕北后，任红一军团第四师副师长、第二师师长。参加了直罗镇和东征战役。抗日战争和解放战争时期，任八路军第一一五师第三四三旅第六八五团团长，晋察冀军区第三军分区、第十一军分区司令员，陕甘宁晋绥联防军教导第二旅旅长，热辽纵队、热河军区、热辽军区司令员，东北民主联军第八纵队、东北野战军第六纵队司令员，解放军第四十五军军长和第十四兵团副司令员，第十三兵团司令员。中华人民共和国成立后于 1955 年被授予上将军衔。"文化大革命"中参加林彪反党集团篡夺党和国家最高权力的阴谋活动，1981 年被判刑 18 年。

黄永辉（1907—1959） 江西临川人。1930 年参加红军，同年加入中国共产党。曾任连政治指导员、团总支书记、团政治委员。参加了中央苏区历次反对"围剿"斗争和中央红军长征。到达陕北后，任陕北省军事部副部长。抗日战争和解放战争时期，任陕甘宁边区保安司令部政治部副主任，第二团政治委员，警备第三旅第九团政治委员，东北民主联军辽西军区第一军分区、辽吉军区第一军分区副政治委员、第五军分区司令员会政治委员，江西军区政治部副主任兼赣州军分区政治委员。

黄有凤（1914—1989） 江西兴国人。1930 年加入中国共产主义青年团。1932 年参加红军，同年转入中国共产党。曾任乡苏维埃主席，红军学校团政治处干事，中央革命军事委员会机要秘书，西方野战军（红一方面军）司令部机要科科长。参加了中央苏区反"围剿"斗争和中央红军长征。抗日战争和解放战争时期，任八路军总指挥部机要科科长，中央军委机要处代理处长，中共中央机要科办公室主任，中共中央东北局机要处处长，东北民主联军、东北军区司令部机要处（第六处）处长。中华人民共和国成立后于 1955 年被授予少将军衔。

黄寿发（1910—1947） 福建人。1930 年参加红军，并加入中国共产党。曾任红一军团排长、连长、营长。参加了中央苏区反"围剿"斗争和中央红军长征。到达陕北后，任红一军团第二师第四团团长、第一师第三团团长。参加了直罗镇、东征、西征战役。抗日战争开始后，任八路军独立第一师第二团团长，晋察冀军区第一支队第二大队大队长，第一军分区第二团团长、军分区参谋长、司令员，冀中军区副参谋长、第九军分区司令员，解放军冀中纵队副司令员，冀中军区参谋长等职。1947 年因腐化堕落被人发现而杀人灭口，经中共中央批准判处死刑，公审后枪决。

黄赤波（1912—1987） 湖北大冶人。1930 年参加红军。1931 年加入中国共产党。曾任红三军团政治保卫分局科长，中央革命军事委员会直属队特派员，西北革命军事委员会政治保卫局代理科长。参加了中央苏区历次反"围剿"斗争和中央红军长征。抗日战争和解放战争时期，任中共豫皖苏区委社会部部长，苏北盐（城）阜（宁）行署公安局局长，苏皖边区人民政府公安总局副局长，山东潍坊特别市公安局局长。

黄赤雄（？—1935） 中国共产党党员。曾任红一军团第一师政治部地方工作科科长，团政治委员。参加了中央苏区反"围剿"斗争和中央红军长征。1935 年 7 月在四川黑水波罗子牺牲。

黄志勇（1914—2011） 江西崇义人。1929 年加入中国共产主义青年团。1930 年转入中国共产党。1931 年参加红军。曾任红七军第五十六团政治处技术书记，军政治部地方工作团宣传队分队长，红三军团第六师第十六团俱乐部主任、第十八团党总支书记，红八军团第二十一师第六十三团政治委员，红五军团第十三师第三十九团政治委员。参加了中央苏区第三至第五次反"围剿"斗争和中央红军长征。1935 年 9 月随红五军团留在川康边区，后任红四方面军红军大学上级指挥科政治教导员。抗日战争和解放战争时期，任抗日军政大学第四大队政治处主任，中央军委总参谋部作战科代理科长，军事学院政治部主任，陕甘宁晋绥联防军政治部组织部副部长，解放军热河军区独立第十四旅副政治委员，冀察热辽军区政治部组织部部长，独立第十六旅政治委员兼热中地委书记，冀察热辽军区参谋长，东北野战军第二兵团、第四野战军第十三兵团参谋长，湖南军区政治部主任兼第十二兵团政治部主任。中华人民共和国成立后于 1955 年被授予中将军衔。

黄克功（1911—1937） 江西南康人。1930 年参加红军，不久加入中国共产党。曾任红军排长、连长、营政治教导员，红一军团第四师第十一团政治委员，抗日军政大学第十五队队长，第六队队长。参加了中央苏区历次反"围剿"斗争和中央红军长征。1937 年 10 月 5 日因恋爱问题行凶杀人，经陕甘宁特区高级法院审判后，于同年 11 月被处决。

黄克诚（1902—1986）　湖南永兴人。1922年考入衡阳湖南省立第三师范学校读书，其间参加爱国学生运动。1925年加入中国共产党。1926年初入广州政治讲习班，不久转入国民革命军总政治部训练班，后被派往国民革命军第八军唐生智部，曾任营、团政治指导员。大革命失败后，1928年初在湘南起义中参与领导永兴年关起义，2月任永兴赤色警卫团团长、党代表，曾任中共永兴县委书记。后任红四军第十二师第三十五团团长、团党代表，湘南农军第二路游击司令员。1930年2月起任红五军大队、支队、师政治委员，红五军政治部主任，红三军团政治部宣传部部长、组织部部长政治部代主任。1933年底任红三军团四师政治委员。参加了长征。到达陕北后，1935年11月起任军委卫生部部长。1936年5月起任红一军团四师政治委员，红一方面军政治部和红军总政治部组织部部长。抗日战争爆发后，任八路军总政治部组织部部长，八路军第一一五师第三四四旅副旅长。1937年10月起任第一一五师第三四四旅政治委员，后兼太南军政委员会书记。1940年春起任八路军第二纵队政治委员，冀鲁豫军区司令员兼政治委员，冀鲁豫军政委员会书记。1940年6月至8月任八路军第四纵队政治委员。1940年8月至1941年初任八路军第五纵队司令员兼政治委员。1941年初至1945年秋任新四军第三师师长兼政治委员，其间，曾任抗日军政大学第五分校校长，苏北区党委书记，苏北军区司令员兼政治委员。抗日战争胜利后，任新四军第三师师长兼政治委员。1946年起任西满军区司令员，中共中央西满分局副书记、代书记。1947年4月起兼任东北军政大学西满分校校长。1947年8月起任东北民主联军副司令员兼后勤司令员、政治委员。1948年1月至8月任东北军区副司令员，其间，曾兼任军区后勤司令部司令员兼政治委员。1948年4月起任中共冀热辽分局书记兼冀热辽军区政治委员，东北野战军第二兵团政治委员。1948年12月起兼任中共天津市委书记、天津市军管会主任。中华人民共和国成立后于1955年9月被授予大将军衔和一级八一勋章、一级独立自由勋章、一级解放勋章。

黄连秋（1912—1982）　字长岳。湖南平江人。早年参加湘军。1928年10月参加毕占云领导的起义，投奔井冈山革命根据地，参加红军。1932年加入中国共产主义青年团，同年10月转入中国共产党。曾任红军战士、班长、青年干事，红一军团第一师第三团连政治指导员、师卫生部政治委员、第一团党总支副书记等职。参加了中央苏区历次反"围剿"斗争和中央红军长征。抗日战争和解放战争时期，任八路军晋察冀军区第三军分区第三、第二团政治委员，第一军分区第二区队政治委员，县委书记，冀察军区第十三军分区、晋察冀军区第四军分区副政治委员，地委书记，察哈尔军区独立第四旅、晋冀鲁豫军区第一纵队第三旅政治委员，解放军第六十六军第一九八师政治委员。中华人民共和国成立后于 1955 年被授予少将军衔。

黄作珍（1914—1991）　江西宁都人。1930 年加入中国共产主义青年团。1932 年加入中国共产党，同年参加红军。曾任宁都县少先队队长，红一军团第二师第四团排长、连政治指导员，第一师政治部组织科干事，师供给部政治委员。参加了中央苏区的反"围剿"斗争和中央红军长征。抗日战争和解放战争时期，任晋察冀军区第一军分区第二团政治处主任，抗日军政大学第二大队政治委员，晋察冀军区干部学校第二大队政治委员，军政干部学校政治部组织部部长，华北军政大学政治部组织部部长。中华人民共和国成立后于 1955 年被授予少将军衔。

黄应龙（1906—1935）　曾用名王绍之、王德生、王临川。湖北黄梅人。黄埔军官学校第四期毕业。1924 年加入中国共产党。曾任国民革命军营长。参加了北伐战争。1927 年"四一二"反革命政变后脱离军队，回乡从事革命活动，任中共黄梅县委委员。1929 年参加游击队。1930 年初随游击队转移到阳新，参加了湘鄂赣边区的游击战争。后任红五军第五纵队第三支队支队长，红八军军部副官长、团长，红三军团医院政治委员，红五军团卫生部政治委员，红军军医学校政治委员，红军后方司令员。参加了中央苏区历次反"围剿"斗争和中央红军长征，1935 年 6 月留在西康冕宁（今属四川）领导游击战争，任冕宁抗捐军司令员。不久在冕宁大桥被俘就义。

黄忠学（1911—1992）　湖北天门人。1932 年加入中国共产党，同年参加中国工农红军。土地革命战争时期，任红三军第九师警卫营书记，红二军团第六师第十八团代政治委员，红二军第四师政治部宣传科科长。参加了长征。抗日战争时期，任八路军第一二〇师教导团政治处宣传股股长，师政治部组织部巡视团主任，第三五八旅教导营政治委员。解放战争时期，任晋绥军区第九军分区游击队支队长、军分区司令员，第一野战军七军政治部主任。中华人民共和国成立后于 1955 年被授予少将军衔。

黄忠义（？—？）　籍贯不详。1936 年任红二方面军第六军团第十八师第五十三团团长。

黄欧东（1905—1993）　江西永丰人。1925 年加入中国共产党。1930 年参加红军。曾任党支部书记，中共永丰县委青年部部长，红三军第八师政治部主任，红四军第十一师政治部宣传科科长，红一军团第二师第五团政治处主任、军团教导队教员，红军教导师（红军大学第三科）第三团政治委员，抗日军政大学第二分校步兵团副政治委员。参加了中央苏区历次反"围剿"斗争和中央红军长征。抗日战争和解放战争时期，任中共陇东特委副书记，抗日军政大学第六大队政治处主任，抗大第六分校政治委员，八路军第一二九师政治部宣传部部长，新编第十旅政治部主任，总政治部锄奸部副部长，东北民主联军冀察热辽军区政治部主任，辽北省人民政府副主席。

黄国山（1916—2000）　江西黎川人。1931 年参加红军，同年加入中国共产主义青年团。1932 年加入中国共产党。历任红三军团政治部宣传员，政治保卫分局侦察科科员、科长，红一方面军总直属队特派员，红军前敌总指挥部直属队特派员等职。参加了中央苏区反"围剿"斗争和中央红军长征。抗日战争和解放战争时期，任新四军第四支队第八团竹沟留守处组织科科长兼锄奸科科长，中共河南省委社会部部长，新四军第六支队政治部保卫部部长、第四师政治部保卫部部长，盐（城）阜（宁）行政公署、苏北行政公署保安处处长，解放军冀热辽军区政治部秘书长兼保卫部部长，东北军区政治部组织部组织科长、青年部副部长。

黄思彦（1911—1937）　又名黄士彦、王士彦。河南洛阳人。早年到国民党军第二十六路军当兵。1931 年 12 月由宁都起义参加红军，不久加入中国共产党。曾任第十一军第三十一师政治部宣传部部长，红九军团第十四师第四十团政治处主任，红五军团政治部宣传部部长。参加了中央苏区第四、第五次反"围剿"斗争和中央红军长征。1935 年 9 月随红五军团留在红四方面军，后任红五军第十三师政治部宣传科科长，红九军政治部宣传部部长。1937 年 3 月 12 日在甘肃临泽黎园口战斗中牺牲。

黄胜明（1914—　）　曾用名黄石芳。湖南平江人。1930 年参加红军，同年加入中国共产主义青年团。1932 年转入中国共产党。曾任红五军第一师第一团排长，红军学校连政治指导员，军委干部团上干队区队长，红九军团第三师营政治教导员，独立团政治委员，军团教导大队政治委员。参加了中央苏区历次反"围剿"斗争和中央红军长征。1935 年 9 月随红九军团留在红四方面军。后任红三十二军政治部组织部部长，红二方面军红军大学政治部组织科科长，红军教导师（庆阳步兵学校）第一团政治委员，抗日战争和解放战争时期，任八路军山西隰县工作团团长，八路军总部特务团代理政治委员，太岳军区第二军分区政治部主任，第四军分区副政治委员，解放军华北军区补训兵团第三旅、第四野战军补训第一师政治委员。中华人民共和国成立后于 1955 年被授予少将军衔。

黄彦斌（？—1937）　又名王严斌、王彦秉。河南人。早年在国民党军第二十六路军当兵。1931 年 12 月由宁都起义参加红军，不久加入中国共产党。曾任红五军团连长、营长，第十三师第三十九团代理团长，第三十七团代理团长、团长。参加了中央苏区第四、第五次反"围剿"斗争和中央红军长征。1935 年 9 月随红五军团留在红四方面军。三大主力红军会师后，任红军教导师（庆阳步兵学校）第三团团长。1937 年在甘肃庆阳病故。

黄炳元（？—？）　湖北人。1936 年任红二军团第五师第十五团团长。

黄振棠（1912—？）　江西上犹人。1932 年参加红军，同年加入中国共产党。曾任红三军团宣传队分队长，红二十一军第四十三团政治处青年干事，军政治部青年部部长，红三军团教导营连政治指导员，第四师第十一团党总支书记，第六师第十六团总支书记、代理政治委员。参加了中央苏区第四、第五次反"围剿"斗争和中央红军长征。到达陕北后，任红一军团第一师第十三团政治委员，红三十一军第九十一师政治部主任、代理政治委员。参加了直罗镇、东征、西征、山城堡战役。抗日战争和解放战争时期，任八路军第一二九师第三八五旅第七六九团政治委员、旅政治部主任，陕甘宁晋绥联防军新编第四旅政治部主任，西北野战军第六纵队新编第四旅政治委员，解放军第六军第十七师政治委员。中华人民共和国成立后于 1955 年被授于少将军衔。

黄珠仔（？—？）　籍贯不详。1936 年 1 月任红六军团第十六师第四十八团团长。

黄曹龙（1911—1979）　湖南浏阳人，1930 年 7 月参加红军，同年 8 月加入中国共产主义青年团、1932 年 11 月转入中国共产党，曾任班长、军校学员，红军总兵站部第十三分站政治委员，第二十三分站政治委员，第四运输大队队长，参加了中央苏区历次反"围剿"斗争和中央红军长征的后勤保障工作，到达陕北后，任中华苏维埃共和国西北革命军事委员会总兵站部第十分站站长。抗日战争和解放战争时期，任八路军总部兵站站长，兵站部第四办事处处长，辽宁军区供给部政治委员，东北军区总兵站部政治委员、部长，东北野战军北线后勤司令部司令员，野战军后勤部第四分部部长，第十二兵团后勤部部长。中华人民共和国成立后于 1955 年被授予少将军衔。

黄冕任（？—？）　广西东兰人。1935 年 11 月任红六军团第十七师供给部部长。

黄冕昌（？—1934）　又名王明昌。广西凤山（住区今属巴马）人。1929 年 12 月参加百色起义。后加入中国共产党。曾任红七军第二纵队、第二十师营长。参加了右江苏区的革命斗争和红七军远征。到达中央苏区后，任红七军第二十师第五十八团团长，红三军团第五师第十四团团长。参加了中央苏区第三至第五次反"围剿"斗争和中央红军长征。1934 年 11 月 29 日突破湘江封锁线时，在广西灌阳新圩战斗中牺牲。

黄朝天（1915—1987）　江西兴国人。1929 年 8 月参加游击队，同年 2 月参加红军。1930 年加入中国共产主义青年团。1932 年转入中国共产党。曾任红一军团警卫员，红军特科学校教员、排长、连长，军委干部团特科营连长。参加了中央苏区反"围剿"斗争和中央红军长征。到达陕北后，任陕甘省军事部作战科科长，陕甘宁边区独立营营长。抗日战争和解放战争时期，任八路军留守兵团司令部作战科科长，警备第七团团长，河南军区第四军分区参谋长，解放军中原军区第一纵队第二旅参谋长，鄂西北军分区参谋长，晋冀鲁豫军区第三纵队第八旅参谋长，第二十军第五十八师师长。中华人民共和国成立后于1955年被授予少将军衔。

黄惠良（1912—1975）　广西平治（今广西平果县）人。1930年8月参加红军。1931年1月加入中国共产党。曾任红七军第二十师政治部组织科干事，第十九师第五十五团连政治指导员，兴国补充师第三团总支书记，红三军团第五师第十三团连政治指导员。参加了红七军远征、中央苏区第三至第五次反"围剿"斗争和中央红军长征。到达陕北后，任红十五军团第七十五师第二二四团政治处主任，第七十三师直属队总支书记，第七十五师政治部组织科科长。参加了直罗镇、东征、西征战役。抗日战争和解放战争时期，任八路军第一一五师第三四四旅政治部组织科科长，第一二九师晋冀豫独立游击支队政治部主任，新编第三旅政治部主任兼第七团政治委员，留守兵团警备第一旅政治部主任，解放军热辽纵队政治部主任，龙江军区政治部副主任，辽东军区第一九六师政治委员。中华人民共和国成立后于1955年被授予少将军衔。

黄鹄显（1914—1986）　福建上杭人。1931年3月参加红军，同年加入中国共产党。曾任红十二军第三十四师第一〇〇团班长、连政治指导员、连长、中央革命军事委员会第一局参谋。参加了中央苏区第二至第五次反"围剿"斗争和中央红军长征。1935年9月随红军总部留在川康边区，后任红四方面军总指挥部作战科科长，红三十军参谋长。抗日战争和解放战争时期，任八路军总司令部作战科科长、特务团团长，陕甘宁晋绥联防军司令部作战科科长，热河纵队参谋长，东北民主联军第八纵队参谋长，第四十五军第一三四师师长。中华人民共和国成立后于1955年被授予少将军衔。

黄新远（？—？）　籍贯不详。1935年11月任红二军团政治保卫分局局长。

黄新廷（1913—）　湖北洪湖人。1928年参加革命工作，任区少先队队长。1929年8月加入中国共产主义青年团，1930年参加中国工农红军。1931年至1933年为湘鄂西苏区警卫营战士，在湘鄂西红军学校二分校学习，任湘鄂西警卫团排长。1932年10月转为中国共产党党员。1933年至1935年任湘鄂西红三军第九师连长、营长。参加了长征。1935年至1937年任红二军军部作战参谋，四师侦察科科长、管理科科长，第十二团参谋长、团长。抗日战争时期，1937年至1941年在延安抗日军政大学学习，任八路军第一二〇师第三五八旅第七一六团团长。1941年至1944年在延安军政学院、军事学院、中共中央党校学习。1944年至1945年任第一二〇师第三五八旅副旅长、旅长。解放战争时期，1945年至1949年任晋绥野战军第三五八旅旅长，西北野战军第三五八旅旅长，西北野战军第一师师长。1949年任中国人民解放军第一野战军第一军第一师师长。新中国成立后于1955年9月被授子中将军衔。曾获二级八一勋章、一级独立自由勋章、一级解放勋章。1988年7月被授予中国人民解放军一级红星功勋荣誉章。

萧华（1916—1985） 江西兴国人。1928年加入中国共产主义青年团。1930年3月参加红军，同年7月转入中国共产党。曾任共青团兴国县委书记，红四军军委青年委员，红四军特务支队第三大队政治委员、特务营连政治委员、营政治委员，第十师第三十团政治委员，红一军团无线电大队政治委员、军团政治部青年部部长，红军总政治部青年部部长，少共国际师政治委员，红五军团第十五师政治委员。参加了中央苏区历次反"围剿"斗争。1934年10月参加长征，后任红一军团政治部青年部部长，第二师政治委员，陕甘支队第一纵队第一大队政治委员。到达陕北后，任红一军团第二师政治委员兼政治部主任。参加了直罗镇、东征、西征和山城堡战役。抗日战争和解放战争时期，任八路军第一一五师政治部副主任、第三四四旅政治委员，东进抗日挺进纵队司令员兼政治委员，鲁西军区司令员兼政治委员，第一一五师政治部主任兼第三四四旅政治委员、师党务委员会副书记，鲁西行署主任，东北人民自治军东满临时指挥部司令员兼政治委员，解放军辽东军区司令员兼政治委员，中共辽东省委书记，中共中央东南满分局副书记，南满军区副司令员兼副政治委员，东北野战军第一兵团政治委员，第四野战军特种兵司令员，第十三、第十四兵团政治委员，空军政治委员。中华人民共和国成立后于1955年被授予上将军衔。

萧克（1908—2008） 曾用名萧武毅。湖南嘉禾人。1926年参加国民革命军，同年加入中国共产党。曾任第十一军第二十四师第七十一团连长。参加了北伐战争。1927年8月参加南昌起义。起义军南下失败后，回乡组织游击队，任游击队队长。1928年1月参加湘南起义。后任工农革命军第三师副营长，红四军第二十九团连长，第二十八团营党代表、营长，第一纵队第二支队支队长、纵队参谋长。参加了井冈山和赣南、闽西地区的游击战争。1930年后，任红四军第三纵队纵队长、第十二师师长、军参谋处处长，红一方面军独立第五师师长，江西军区独立第三师师长，红二十二军军长。参加了中央苏区第一至第三次反"围剿"斗争。1932年调到湘赣苏区工作，后任红八军军长，红六军团第十七师师长，红六军团军团长，中央革命军事委员会湘鄂川黔分会委员。参加领导了湘赣、湘鄂川黔苏区的反"围剿"斗争，配合了红一方面军反"围剿"斗争和中央红军长征。1935年11月率部长征，后任红二方面军副总指挥，红四方面军第三十一军军长，中央革命军事委员会委员。抗日战争和解放战争时期，任八路军第一二〇师副师长，冀热察挺进军司令员，晋察冀军区副司令员，中共第七届中央候补委员，解放军冀热辽军区司令员，华北军区副司令员兼华北军政大学副校长，第四野战军兼中南军区第一参谋长。中华人民共和国成立后于1955年被授予上将军衔。

萧前（1916—2001） 曾用名萧锡尧。江西万安人。1931年参加红军，同年加入中国共产主义青年团。1933年转入中国共产党。历任红三军团第六师第十六团连政治指导员，红军总政治部巡视员，红军总部直属队党总支书记。参加了中央苏区的反"围剿"斗争和中央红军长征。抗日战争和解放战争时期，任中央教导大队政治委员、代理大队长，东北民主联军总部警卫团政治委员、总部直属队政治部主任，合江军区第二军分区副政治委员，解放军第四十四军政治部副主任。中华人民共和国成立后于1955年被授予少将军衔。

萧锋（1916—1991） 曾用名萧忠谓。江西泰和人。1927年加入中国共产主义青年团，同年11月参加万安农民起义。1928年参加红军游击队。1930年转入中国共产党。曾任万（安）泰（和）游击队分队长，东固游击队中队长，泰和游击第二大队大队长，万泰红军独立团（青年模范团）团长，江西军区红军独立第六师第十七团政治委员，红军临时司令部第二临时警卫团政治委员，红一军团第一师第三团总支书记、师政治部巡视团主任。参加了中央苏区历次反"围剿"斗争和中央红军长征。到达陕北后，任红一军团政治部破坏部总支书记，第一师第三团政治委员。参加了直罗镇、东征、西征和山城堡战役。抗日战争和解放战争时期，任八路军第一一五师骑兵团、独立第一师第三团、晋察冀军区第一支队第三大队政治委员，第一军分区第五团团长，山东渤海军区警备第六旅旅长兼第二军分区司令员，解放军山东军区第七师副师长，华东野战军第四纵队第十一师、第十纵队第二十九师师长，第二十八军副军长。中华人民共和国成立后于 1955 年被授予少将军衔。

萧大荃（1913—1995）　江西吉安人。1930 年参加红军，同年加入中国共产主义青年团。1931 年转入中国共产党。曾任红三军第七师军需处技术书记，红一军团供给部会计，陕北独立第一师供给部会计科科长。参加了中央苏区历次反"围剿"斗争和中央红军长征。抗日战争和解放战争时期，任八路军晋察冀军区第一军分区第三团供给处主任，第一军分区供给处处长，晋察冀军区第三纵队供给部部长，解放军第六十三军后勤部部长。中华人民共和国成立后于 1961 年晋升为少将。

萧元礼（1909—1998）　江西万安人。1927 年冬加入中国共产主义青年团，并参加农民起义。1930 年 2 月加入中国共产党，同年 8 月参加红军。曾任红十二军第三十六师第一〇六团党总支书记、第一〇八团政治委员兼总支书记，红一军团第一师第三团俱乐部主任、总支书记。参加了中央苏区历次反"围剿"斗争和中央红军长征。到达陕北后，任红十五军团第七十三师第二一九团政治处主任、第二一八团政治委员、军团教导营政治委员。参加了直罗镇、东征、西征和山城堡战役。抗日战争和解放战争时期，任八路军第一二九师第三八五旅第七七〇团政治委员，艺术学校政治委员，南下支队第一大队副政治委员，湘鄂赣军区第一支队政治委员，鄂东军区第三军分区副政治委员，新四军第五师第十三旅副政治委员，鄂豫陕军区第一军分区、中原军区第二纵队第十三旅、冀鲁豫军区独立第一旅副政治委员，中原野战军第十一纵队第三十三、第三十一旅政治委员，第十七军副政治委员，赣东军区司令员。中华人民共和国成立后于 1955 年被授予少将军衔。

萧文玖（1915—2001）　江西吉水人。1930 年参加红军，同年加入中国共产主义青年团。1931 年转入中国共产党。曾任红二十军副官处勤务员，红三军第九师连政治指导员，红一军团补充第一师营政治委员、师政治部组织科科长、第二团政治委员，红一军团第二师无线电队政治委员、军团教导营政治指导员，红军陕甘支队无线电队政治委员。参加了中央苏区历次反"围剿"斗争和中央红军长征。到达陕北后，任西北革命军事委员会后方办事处政治部干事、特务团政治处主任。抗日战争和解放战争时期，任八路军晋察冀军区第二支队第四大队、第二军分区第四团政治委员，平西军分区政治委员，第十一军分区政治委员、司令员，解放军第二纵队第五旅、第七旅旅长，北岳军区副司令员，山西军区副司令员。中华人民共和国成立后于1955年被授予少将军衔。

萧全彬（？—1936）　江西永新人。1935年11月任红军团第四师政治部主任。1936年4月8日在云南嵩明县普渡镇阵亡。

萧向荣（1910—1976）　曾用名萧木元。广东梅县人。1926年6月加入中国共产主义青年团。1927年转入中国共产党。曾任共青团兴宁县委书记、中共东江特委秘书长。1930年进入闽西苏区，后任中共闽西特委秘书长、闽粤赣省委秘书长、永定县委书记、福建省委秘书长。1932年调入红军工作，后任红军总政治部宣传部秘书长，总政治部秘书长兼中央革命军事委员会直属队党总支书记，中革军委秘书长，中共中央秘书处处长，红军陕甘支队第三纵队政治部秘书长。参加了中央苏区历次反"围剿"斗争和中央红军长征。到达陕北后，任红军团政治部秘书长、统战部部长，红军前敌总指挥部政治部统战部部长。参加了直罗镇、东征、西征等战役。抗日战争和解放战争时期，任八路军第一一五师政治部宣传部部长，中央军委总政治部秘书长、宣传部部长兼《八路军军政杂志》主编，军政学院副院长，陕甘宁晋绥联防军政治部宣传部部长，东北民主联军、东北野战军、第四野战军政治部宣传部部长，解放军第十五兵团政治部主任。中华人民共和国成立后于1955年被授予中将军衔。

萧远久（1902—1962）　曾用名萧桂。湖南祁阳人。1927年11月参加革命工作，同年加入中国共产党。1929年参加红军。曾任红七军警卫团排长、连长，红三军团第五师第十四团连长、营长，第四师第十团团长，红军陕甘支队第二纵队第十大队大队长。参加了中央苏区第三至第五次反"围剿"斗争和中央红军长征。到达陕北后，任红一军团第四师第十团团长、总支书记。参加了直罗镇、东征等战役。抗日战争和解放战争时期，任八路军第一一五师第三四三旅第六八五团副团长，新四军豫鄂独立游击支队第五团队团长，豫鄂挺进纵队第三团队团长，新四军第五师第十三旅第三十八团团长，第十三旅副旅长，抗日军政大学第十分校副校长，鄂豫皖湘赣军区第二军分区司令员兼地委书记，东北民主联军辽南军区副司令员兼独立师副师长，辽南军区大连办事处主任。中华人民共和国成立后于 1955 年被授予少将军衔。

萧劲光（1903—1989） 曾用名萧剑光。湖南长沙人。1920 年加入俄罗斯研究会和社会主义青年团。1921 年赴苏联学习。1922 年加入中国共产党。1924 年回国后，任国民革命军第二军第六师党代表。参加了北伐战争。1927 年再次赴苏联学习。1930 年回国后，任闽粤赣边区红军学校校长，闽粤赣军区参谋长兼政治部主任，彭杨步兵学校校长，中央军事政治学校校长，红五军团政治委员，建（宁）黎（川）泰（宁）警备区司令员兼政治委员，红十一军政治委员，红七军团政治委员兼第十九师政治委员，闽赣军区司令员兼政治委员。参加了中央苏区历次反"围剿"斗争。1934 年 1 月受"左"倾冒险主义者的错误处理，被关押。2 月获释后调任红军大学教员，同年 10 月参加长征。后任军委干部团上干队队长，红三军团参谋长，陕甘支队第二纵队参谋长。到达陕北后，任中共陕甘省委军事部部长，陕甘宁省委军事部部长，红二十九军军长，红军后方司令部参谋长。参加了保卫陕甘苏区的斗争。抗日战争和解放战争时期，任八路军后方留守处主任，留守兵团司令员，陕甘宁晋绥联防军副司令员，中共第七届中央候补委员，解放军东北民主联军副司令员兼参谋长，中共南满分局委员、南满军区司令员，辽东军区司令员，东北军区副司令员兼参谋长、第一兵团司令员，第四野战军副司令员兼第十二兵团司令员、政治委员。中华人民共和国成立后于 1955 年被授予大将军衔。

萧启荣（？—1936） 四川万县人。1935 年 11 月任红二军团第六师第十六团团长，1936 年 4 月在云南病故。

萧学林（1911—1964） 江西永丰人。1930 年参加红军。1931 年 5 月加入中国共产主义青年团，同年 11 月转入中国共产党。曾任中央革命军事委员会总兵站部文书、会计、干事、文书科科长，总参谋部队列科科长。参加了中央苏区历次反"围剿"斗争和中央红军长征。抗日战争和解放战争时期，任中央军委总政治部组织部调查统计科科长，新四军游击支队第一总队第二团政治委员，第四师司令部第三科科长，淮南军区独立团团长兼政治委员，第二师第六旅政治部副主任、代理主任，师特务团团长兼政治委员，解放军山东军区第二纵队第五旅政治部主任，华东野战军第七纵队第十九师、第二十五军第七十三师政治委员。中华人民共和国成立后于1955年被授予少将军衔。

萧思明（1915—2007）　曾用名萧基先。江西永新人。1930年参加红军，同年加入中国共产主义青年团。1931年转入中国共产党。曾任红三军第九师政治部组织科青年干事，红一军团第一师第一团参谋、参谋长。参加了中央苏区历次反"围剿"斗争和中央红军长征。抗日战争和解放战争时期，任八路军晋察冀军区独立第一师第二团副团长，八路军第四纵队第十二支队第三十四大队大队长，冀热察挺进军第三十三团团长，晋察冀军区第三军分区参谋长，冀察军区参谋长，察哈尔军区第二十二军分区（平西军分区）、第七军分区、北岳军区第三军区司令员，北岳军区、察哈尔军区副司令员，华北军区第二〇六师师长。中华人民共和国成立后于1955年被授予少将军衔。

萧美臣（？—？）　籍贯不详。1935年11月任红二军团第五师第十四团团长。

萧望东（1910—1989）　曾用名萧克。江西吉安人。1927年加入中国共产主义青年团。1929年转入中国共产党，同年参加红军。曾任红三军第九师宣传队队长、连政治指导员，师直属队党总支书记、军士队政治委员，军教导大队政治委员，红一军团教导师第二团、军团无线电队、军团野战医院、卫生部政治委员，陕甘支队第一纵队卫生部政治委员。参加了中央苏区历次反"围剿"斗争和中央红军长征。到达陕北后，任红一军团卫生部政治委员，河东抗日游击支队政治委员，陕北宜川独立营政治委员，红一军团政治部民运部部长。参加了直罗镇和东征战役。抗日战争和解放战争时期，任新四军第四支队政治部主任，先遣大队大队长兼政治委员，第六支队政治部主任，八路军第四纵队政治部主任，新四军第四师、第二师政治部主任，淮南军区政治委员，中共淮南区委书记，解放军华中军区政治部主任，山东军区第七师政治委员，华东野战军第十纵队副政治委员，第十兵团政治部主任，中共苏北区委书记兼苏北军区政治委员。中华人民共和国成立后于 1955 年被授予中将军衔。

萧新春（1909—1989） 江西永新人。1929 年加入中国共产党。1932 年参加中国工农红军。土地革命战争时期，任湘赣军区医院六所政治指导员，第四分院总支书记，红六军团第十七师第五十团总支书记，红二军团第四师第十团总支书记，军团政治部组织部统计干事，军团组织部副部长，第五师政治部主任，红二方面军第六师第十六团政治委员，红二方面军政治部直属政治处主任。参加了长征。抗日战争时期，任八路军第一二〇师直属队政治处主任，独立第二旅政治部主任，第三五八旅政治部副主任，第三五九旅南下支队直属政治处主任，河南军区第四军分区政治委员兼中共地委书记。解放战争时期，任晋冀鲁豫野战军第八纵队第二十三旅政治委员，第十八兵团第六十军第一七九师政治委员。中华人民共和国成立后于 1955 年被授予少将军衔。

梅林（？—1934） 四川人。早年参加国民革命军。1931 年 12 月由宁都起义参加红军。1932 年加入中国共产党。曾任红五军团第十三军某团团长、第三八师师长，红五军团第十三师第三十九、第三十七团团长，第三十四师第一〇二团团长。参加了中央苏区第四、第五次反"围剿"斗争和中央红军长征。1934 年 11 月底在掩护中央红军主力抢渡湘江战斗中牺牲。

曹丹辉（1915—1977） 曾用名曹登辉。江西南康人。1929 年 3 月加入中国共产主义青年团，同年 9 月参加红军。1930 年 2 月转入中国共产党。曾任赣南红军第二十六纵队政治部青年科科长，红二十二军政治部青年科科长，红一方面军无线电队报务员，红十二军无线电队报务主任，红一军团无线电队报务主任，红军前敌指挥部无线电队队长。参加了中央苏区历次反"围剿"斗争和中央红军长征。抗日战争和解放战争时期，任中央军委无线电队队长，新四军无线电总队总队长，新四军参谋处第三科科长，解放军华东军区通信局局长，上海市军管会电信处处长。中华人民共和国成立后于 1955 年被授予少将军衔。

曹达兴（1900—1936） 福建长汀人。中国共产党党员。1929 年 5 月参加红军。后任红五军的团参谋长，红九军团司令部侦察科科长。参加了中央苏区历次反"围剿"斗争和中央红军长征。1935 年 9 月随红九军团留在红四方面军，后任红三十二军司令部侦察科科长。1936年10月上旬在甘肃成县小川镇战斗中牺牲。

曹光清（1904—1985）　江西南康人。1925年参加农民运动。1928年8月加入中国共产党。1932年6月参加红军。曾任区委书记、县革命委员会主席，信（丰）（南）康县革命委员会主席，红三军团政治保卫局审讯科科长，红十五军团政治保卫局审讯科科长。参加了中央苏区反"围剿"斗争和中央红军长征。抗日战争和解放战争时期，任陕甘宁边区保安处审讯科科长、检查部部长，沈阳市公安局司法科副科长，解放军辽西军区、辽吉军区政治部保卫部部长，辽北省公安处处长兼辽北军区政治部保卫部部长，第四野战军特种兵纵队政治部保卫部部长。

曹光琳（1917—？）　江西南康人。1932年参加红军，同年加入中国共产主义青年团。1933年转入中国共产党。曾任江西军区独立第六师政治部宣传员，红二十一军第六十二师第一八六团政治处干事，红三军团第四师第十二团、第十一团政治处干事。参加了中央苏区第四、第五次反"围剿"斗争和中央红军长征。到达陕北后，任红十五军团政治部干事、青年部部长，第七十三师第二一七团政治委员。参加了直罗镇、东征、西征等战役。抗日战争和解放战争时期，任八路军野战政治部青年科科长，特务团政治委员，八路军后勤部卫生部政治部主任，冀中军区警备旅政治部主任，晋绥军区第八军分区副政治委员，独立第七旅政治委员，解放军第一军第三师副政治委员。中华人民共和国成立后于1955年被授予少将军衔。

曹传赞（1910—1974）　江西南康人。1927年加入中国共产主义青年团。1929年2月转入中国共产党。1930年8月参加红军。曾任红二十二军政治部宣传队分队长，军政治委员办公厅秘书，红十二军第三十四师第一〇一团政治处组织干事，红四军第十二师政治部秘书，红一军团政治部文书科科长、总务处处长。参加了中央苏区历次反"围剿"斗争和中央红军长征。抗日战争和解放战争时期，任八路军留守兵团第三十八旅政治部宣传科、组织科科长、军法处处长、政治部副主任，东北民主联军第四纵队第十二师政治部主任，解放军第四十一军第一五四师政治委员。中华人民共和国成立后于1955年被授予少将军衔。

曹里怀（1909—1998）　字植三，号树邦，曾用名曹李槐。湖南资兴人。1928 年参加湘南起义，同年 4 月加入中国共产党。曾任县苏维埃宣传员，红四军第三十二团营部技术书记，红四军军委秘书处文书，第二纵队连党代表、军部参谋。参加了井冈山和赣南、闽西地区的游击战争。1930 年后，任红三军军部作战参谋，第七师司令部作战科科长、参谋长、代理师长、师长，红五军团第十五师（少共国际师）师长，红五军团司令部参谋长。参加了中央苏区历次反"围剿"斗争和中央红军长征。红一方面军和红四方面军会师后，任红军总司令部第一局局长。1935 年秋，因向干部透露有关中共中央关于北上的指示，被张国焘撤职。后任红军大学教员、上级指挥科科长。到达陕北后，任抗日军政大学第四、第六队队长。抗日战争和解放战争时期，任八路军留守兵团参谋长，冀鲁豫军区参谋长，东北民主联军长春卫成区司令员，长春东军分区、吉北军分区司令员，吉林军区司令员，吉黑纵队司令员，东北野战军第六、第一纵队副司令员兼参谋长，解放军第四十七军军长，湘西军区司令员。中华人民共和国成立后于 1955 年被授予中将军衔。

曹坤隆（？—？）　籍贯不详。1935 年 11 月任红二军团第五师供给部部长。

曹家庆（？—？）　籍贯不详。1936 年 7 月任红二方面军第三十二军第九十四师政治部主任。

曹祥仁（1914—1975）　湖北大冶人。1929 年加入中国共产主义青年团，同年转入中国共产党。1930 年参加红军。曾任中央革命军事委员会第二局科长。参加了中央苏区历次反"围剿"斗争和中央红军长征。抗日战争和解放战争时期，任中共中央军委第二局副局长、局长，八路军晋察冀军区气象局局长，东北野战军副参谋长兼第二局局长，第四野战军副参谋长。

曹德连（1907—1995）　曾用名曹元山、曹远山、曹流民。江西南康人。1930 年参加红军，同年加入中国共产党。曾任红一军团第二师第五团连政治指导员、团党总支副书记、书记。参加了中央苏区历次反"围剿"斗争和中央红军长征。到达陕北后，任红一军团第二师第五团、军团直属队总支书记，红三十军第二六二团政治委员。参加了直罗镇、东征等战役。抗日战争和解放战争时期，任八路军留守兵团警备第一团副政治委员，关中军分区保安纵队副政治委员，东北民主联军第十六旅、第八纵队第二十三师副政治委员，第四野战军补训第四师政治委员。中华人民共和国成立后于1955年被授予少将军衔。

曹德青（1909—1935） 曾用名曹德卿。湖南益阳人。早年参加国民革命军。参加了北伐战争。1928年7月参加平江起义，同年加入中国共产党。参加了湘鄂赣边区的游击战争。1930年后，任红五军连长、营长，第一师第三团团长，红三军团第六师师长。参加了长沙战役、中央苏区历次反"围剿"斗争。1934年10月参加长征。1935年2月7日在云南扎西（今威信）鱼井病故。

戚元德（1905—1974） 号惇元。女。湖北武汉人。1927年参加革命工作。1928年加入中国共产党。曾在九江、上海、开封等地从事地下工作。1932年5月进入中央苏区，任中央革命军事委员会机要科科长。参加了中央苏区第四次反"围剿"斗争。1933年到湘赣苏区，后任湘赣省苏维埃主席团秘书长，省政治保卫局特别总支书记，湘鄂川黔军区野战医院宣传科科长。参加了长征。抗日战争和解放战争时期，任中共中央党校二部支部书记，县委妇女部部长，中共郑州市委妇委书记、市妇联主席，中共中央中原局妇委书记、妇联主席。

盛梦吾（？—1937） 曾用名成方吾。湖南人。中国共产党党员。1930年前参加红军。曾任红五军团第十五军第四十四师第一三一团政治委员，军团政治部地方工作部部长。参加了中央苏区历次反"围剿"斗争和中央红军长征。1935年9月随红五军团留在红四方面军，后任红五军政治部地方工作科科长。1937年1月20日在甘肃高台城战斗中牺牲。

崔建勋（？—1936） 曾用名崔国柱。河北人。早年参加国民军。1931年12月由宁都起义参加红军。后加入中国共产党。曾任红九军团第八团团长。参加了中央苏区第四、第五次反"围剿"斗争和中央红军长征。1935年9月随红九军团留在红四方面军工作，后任红三十二军某团团长。1936年冬被错杀。1945年被平反昭雪。

符竹庭（1913—1943） 江西广昌人。1927年参加革命工作。1928年加入中国共产党，并参加红军。曾任红军交通员，江西红军独立第二团大队党代表。参加了赣西南地区的游击战争。1930年后，任红三军特务团政治委员，第七师第二十一团政治委员、第十九团政治委员兼政治处主任，红一军团第一师第一团政治委员、第二师政治部主任。参加了中央苏区历次反"围剿"斗争和中央红军长征。曾荣获中央革命军事委员会颁发的二等"红星奖章"，所率第一团获"顽强守备"红旗。到达陕北后，任红一军团政治部巡视团主任。参加了直罗镇、东征战役。抗日战争开始后，任八路军第一一五师第三四三旅第六八六团政治处主任，补充团政治委员，独立支队第一团政治委员，东进抗日挺进纵队政治部主任，教导第二旅政治委员，中共山东滨海区委书记、滨海军区政治委员。1943年11月26日在江苏赣榆旦头战斗中负重伤，不久牺牲。

康志强（1912—1986） 曾用名康世发、康子祥。江西兴国人。1930年参加红军。1931年加入中国共产主义青年团。1932年转入中国共产党。曾任红四军第十二师第三十五团排长、连长，红军学校政治教员，军委干部团政治教员兼连政治指导员，红一军团第二师第四团连政治指导员，第一团党总支书记。参加了中央苏区的反"围剿"斗争和中央红军长征。到达陕北后，任红一军团第一师第一团政治委员，军团政治部组织科科长，随营学校政治大队大队长。参加了直罗镇、东征、西征等战役。抗日战争和解放战争时期，任八路军第一一五师第三四四旅第六八九团政治委员，新编第一旅政治部主任，第三四四旅、八路军第四纵队第四旅、新四军第四师第十旅政治委员，第九旅兼淮北军区第三军分区政治委员，中共淮北地委书记，山东野战军第二纵队第九旅、华东野战军第二纵队、解放军第二十一军政治委员。中华人民共和国成立后于1955年被授予中将军衔。

康克清（1912—1992） 女。曾用名康桂秀。江西万安人。1926年冬加入中国共产主义青年团。1928年秋参加红军。1931年加入中国共产党。曾任乡妇女协会秘书，红军总司令部交通大队政治委员，女子义勇队队长，中央革命军事委员会直属队政治指导员。1934年当选为中华苏维埃共和国临时中央政府候补执行委员。参加了中央苏区历次反"围剿"斗争和中央红军长征。抗日战争和解放战争时期，任八路军总部直属队总支书记、政治部主任，中共中央妇女运动委员会委员。

常海柏（？—1936） 籍贯不详。1936 年 2 月任红二军团第六师第十六团政治委员。一说 1936 年 1 月 7 日在湖南晃县龙溪口阵亡。

常德喜（？—？） 山东寿光人。1935 年 11 月任红二军团第六师参谋长。

阎知非（？—？） 籍贯不详。1936 年 7 月任红二方面军司令部无线电大队大队长。

阎捷三（1905—2006） 山西晋城人。1929 年参加红军。1931 年加入中国共产党。曾任红四军第十师连长，江西军区教导营副营长、独立第六师参谋长，粤赣军区独立第六团团长，第一步兵学校（彭杨步兵学校）军事教员，军委干部团营政治教导员。参加了中央苏区历次反"围剿"斗争和中央红军长征。到达陕北后，任红军学校军事主任教员，红军教导师（红军大学第三科、庆阳步兵学校）第二团副团长。抗日战争和解放战争时期，任八路军随营学校教育处处长，抗日军政大学第一分校教育长，第一一五师兼山东军区司令部作战科科长，渤海军区参谋主任，第七师参谋长，东北人民自治军第七师参谋长，东北民主联军第六纵队参谋长、第十八师师长，解放军第四十三军第一二九师师长。中华人民共和国成立后于 1955 年被授予少将军衔。

梁仁芥（1912—1991） 江西吉安人。1929 年加入中国共产主义青年团。1930 年参加红军。1931 年转入中国共产党。曾任红四军政治部宣传队分队长，石城县游击大队政治委员、独立团党总支书记、政治委员，少共（共青团）石城县委书记，中共公略（今吉安县东固地区）县委组织部部长。参加了中央苏区历次反"围剿"斗争和中央红军长征。1935 年 9 月留在红四方面军工作，后任懋功（今四川小金）独立营政治委员，共青团川康省委副书记，红二方面军政治部青年部部长。抗日战争和解放战争时期，任八路军第一二〇师教导团政治处副主任，津南自卫军政治部副主任，第三五八旅第四团、第七团政治处主任，第八团政治委员，解放军晋绥军区第六军分区政治委员，西北野战军第三纵队独立第二旅、第三军第七师政治委员。中华人民共和国成立后于 1955 年被授予少将军衔。

梁玉振（1903—1984）　江西宁都人。1928年8月参加红军。1932年9月加入中国共产党。曾任赣南红军第十五纵队宣传员，江西红军独立第四团大队司务长，红六军第二纵队大队司务长，红三军第八师司令部参谋，中央军事政治学校供给部会计科科长，第一步兵学校（彭杨步兵学校）供给处主任，军委干部团第三科科长。参加了中央苏区历次反"围剿"斗争和中央红军长征。到达陕北后，任红一军团第二师第四团供给处主任，军团供给部军实科科长。参加了直罗镇、东征、西征战役。抗日战争和解放战争时期，任晋察冀军区供给部粮秣科科长，第三军分区供给处处长，冀中军区供给部部长、后勤部副部长兼供给部部长，华北野战军第一兵团后勤部副部长。中华人民共和国成立后于1955年被授予少将军衔。

梁必业（1916—2002）　曾用名梁必燧。江西吉安人。1929年参加革命。曾任乡、区儿童团长，少先队指挥员，同年加入中国共产主义青年团。1930年参加红军。1931年转入中国共产党。历任红四军政委办公厅训练队学员、交通兵，军政治部科员，第十师政治部青年科长，红军第一军团政治部青年干事、技术书记兼政治指导员、宣传队长、直属政治处俱乐部主任、总支书记，军团政治部总务处处长。参加了中央苏区历次反"围剿"斗争和中央红军长征。到达陕北后，参加了东征、西征战役。抗日战争时期，任八路军第一一五师政治部总务处处长，教导大队政治教员，师直属政治处主任，第一一五师和山东军区政治部组织部部长，山东军区教导团政治委员，山东军区第一师政治委员，东北民主联军第一师政治委员，第一纵队副政治委员兼政治部主任、政治委员，解放军第三十八军政治委员。中华人民共和国成立后于1955年被授子中将军衔。

梁达山（1914—1978）　江西瑞金人。1930年参加红军。1931年加入中国共产主义青年团。1934年转入中国共产党。曾任游击队班长、小队长，红军教导师供给部副科长，红军大学第二科政治指导员，中央革命军事委员会第四局政治指导员。参加了中央苏区的反"围剿"斗争和中央红军长征。抗日战争和解放战争时期，任抗日军政大学总校财务科科长、供给部副部长，东北民主联军辽吉军区供给部部长，吉林军区后勤部副部长，吉林财政厅副厅长、厅长。

梁兴初（1913—1985）　江西吉安人。1930 年 4 月参加红军，同年 11 月加入中国共产党。曾任红军班长、排长、连长、连政治指导员，红一军团营长。参加了中央苏区历次反"围剿"斗争和中央红军长征。到达陕北后，任红一军团第二师第二团团长。参加了直罗镇、东征、西征战役。抗日战争和解放战争时期，任八路军第一一五师第三四三旅第六八五团副团长，苏鲁豫支队第四大队副大队长、副支队长，教导第五旅旅长，山东滨海军区第一军分区司令员，新四军独立旅旅长，鲁南军区第二军分区司令员，山东军区第一师师长，东北民主联军第一师师长，东北野战军第六纵队副司令员兼第十六师师长，第十纵队司令员，解放军第三十八军军长。中华人民共和国成立后于 1955 年被授予中将军衔。

梁旷生（？—1937）　湖南人。中国共产党党员。曾任红五军团政治保卫分局科长。参加了中央苏区反"围剿"斗争和中央红军长征。1935 年 9 月随红五军团留在红四方面军，后任红五军政治部保卫部部长。1937 年 1 月在甘肃高台城战斗中牺牲。

梁鸿钧（1905—1945）　湖南湘潭人。1921 年参加桂军。1925 年冬转入国民革命军第四军。参加了北伐战争，并加入中国共产党。1927 年 8 月参加南昌起义，后任红四军排长、连长，红一军团营长、团副政治委员。参加了中央苏区历次反"围剿"斗争和中央红军长征。到达陕北后，任团政治委员，陕甘宁边区警备司令部参谋长。抗日战争开始后，任八路军保安司令部参谋处处长、参谋主任，留守兵团副参谋长、参谋长，延安警备区参谋长。1939 年奉命到广东领导抗日游击战争，后任中共东江特委军委书记，中共广东区委委员，广东军政委员会委员，广东人民抗日游击队军事指挥，东江人民抗日游击纵队总队长，东江纵队副参谋长，广东人民抗日解放军中区纵队司令员。1945 年 2 月在广东新兴蕉山战斗中牺牲。

十二画

彭林（1914—2002）　原名彭栋才。江西吉安人。1930年参加中国工农红军，同年加入中国共产主义青年团。1932年转入中国共产党。土地革命战争时期，任湘赣兵工厂政治委员，湘赣省工会委员长、省苏维埃政府委员，湘赣军区总医院政治委员、卫生部政治委员、保卫局局长，红六军团第十七师第五十团政治委员，第五十一团政治委员，军团保卫局局长，第十七、第十六师副政治委员，红二方面军第六军模范师政治委员。参加了长征。抗日战争时期，任上海军委分会三科科长，浙江吴兴县抗日游击队参谋，中共浙西特委委员，新四军金肖支队大队长、支队参谋长、支队长。解放战争时期，任新四军第一纵队第二旅政治委员，胶东军区东海军分区司令员，第三野战军第三十二军政治委员兼政治部主任。中华人民共和国成立后于1955年被授予中将军衔。

彭盛（1912—1999）　曾用名彭昌荣。江西万载人。1930年参加红军。1932年加入中国共产党。1933年后，任少共国际师（红五军团第十五师）连长，红九军团政治保卫分局管理科科长，红一方面军政治保卫局保卫队队长、管理科科长。参加了中央苏区历次反"围剿"斗争和中央红军长征。到达陕北后，任西北革命军事委员会后方办事处政治部保卫科科长、特派员。抗日战争和解放战争时期，任中央军委总卫生部兵站医院政治委员，陕甘宁晋绥联防军教导第一旅卫生部政治委员，晋察冀军区供给部政治委员，解放军第十九兵团政治部组织部部长。中华人民共和国成立后于1955年被授予少将军衔。

彭雄（？—1934）　湖南宜章人。中国共产党党员。1928年1月参加湘南起义。后任红四军第二十八团排长、连长、团长，第十一师第三十一团团长。1932年夏季后，历任红三军第九师师长，红一军团第七师师长，江西军区独立第七师师长，红九军团第三师师长（未到职），中共粤赣省委书记等职。参加了井冈山根据地和中央苏区历次反"围剿"斗争。1934年在江西作战中牺牲。

彭雄（1914—1943）　曾用名彭文灿。江西永新人。1929 年参加红军。1932 年加入中国共产党。曾任红三军团第二师通信员、通信班班长、通信排排长、师司令部作战参谋、连长、营长，第六师第十六团参谋长等职。参加了中央苏区历次反"围剿"斗争和中央红军长征。到达陕北后，任红一军团第一师第十三团团长，第四师参谋长。抗日战争开始后，任八路军第一一五师第三四三旅第六八六团参谋长、补充团团长，黄河支队支队长（司令员），新四军第三师参谋长，第三师兼苏北军区参谋长。1943 年 3 月 18 日赴延安途中，在江苏连云港以北海面同日军遭遇，在战斗中牺牲。

彭上坤（？—？）　江西万载人。1936 年 7 月任红二方面军第三十二军第九十四师参谋长。

彭方复（？—？）　湖北阳新人。1936 年 7 月任第六年团卫生部长。

彭文光（？—1934）　中国共产党党员。曾任红一军团第二师司令部管理科科长。1934 年 11 月底在长征通过湘江封锁线作战中牺牲。

彭龙伯（1904—1935）　曾用名彭真。四川达县人。1926 年加入中国共产党。不久赴苏联学习。1931 年回国进入中央苏区。后任闽粤赣军区红军总医院医务主任，中央革命军事委员会总军医处政治委员，总卫生部保健局局长，红一方面军军医处处长、卫生部部长，红军卫生学校副校长、校长，军医学校校长。参加了中央苏区反"围剿"和长征的医疗保障工作。1935 年 6 月在四川宝兴灵关镇遭敌机轰炸牺牲。

彭加伦（1906—1970）　江西奉新人。1925 年参加工农运动，同年 10 月加入中国共产党。1927 年入国民党军从事兵运工作。1929 年组织国民党军两个营起义，参加红军。1930 年春任中共赣西南特委西河行动委员会暴动副总指挥，赣南红军第八、第九纵队政治委员，红二十二军军委秘书长、特务团政治委员，第六十四师师委秘书长兼肃反委员会主任，红十二军政治部宣传部部长、组织部部长，红一军团第一师政治部宣传科科长。参加了中央苏区历次反"围剿"斗争和中央红军长征。到达陕北后，任中华苏维埃共和国西北革命军事委员会后方办事处政治部破坏部部长，红军后方司令部政治部抗日战线部部长，中共陕西省委秘书长兼红军云阳办事处主任。抗日战争和解放战争时期，任八路军驻兰州办事处主任，中央军委总政治部宣传部副部长，总政治部秘书长，八路军野战政治部宣传部副部长，中共中央东北局敌工部副部长，东北民主联军总政治部联络部部长，中共江西省委宣传部部长、省教育厅厅长、文教委员会主任。

彭占先（？—？） 湖南承顺人。1936年任红二军团某团副团长。

彭竹峰（？—1934） 湖北枣阳人。早年参加国民革命军。参加了北伐战争，并加入中国共产党，后到中央苏区。1933年任红七军团第三十四师第一〇一团政治委员。1934年随第三十四师调入红五军团。参加了中央苏区第五次反"围剿"斗争。1934年11月底在抢渡湘江的战斗中牺牲。

彭明治（1905—1993） 湖南常宁人。1924年进入黄埔军官学校学习。1925年加入中国共产党。1926年参加北伐战争。曾任国民革命军第四军独立团排长。1927年8月参加南昌起义，任第二十五师排长，同年10月在广东大埔三河坝作战中负伤，同部队失去联系。1930年参加红军，并重新加入中国共产党。后任红三军直属队排长、连长、教导队队长，第七师第十九、第二十团副团长，第九师第二十六团团长。1933年6月红军整编后，任红一军团第一师第二团参谋长，第三团参谋长、代理团长，第一师参谋长。参加了中央苏区历次反"围剿"斗争和中央红军长征。到达陕北后，任红一军团第一、第二师参谋长。抗日战争和解放战争时期，任八路军第一一五师第三四三旅第六八五团参谋长、团长，苏鲁豫支队支队长、司令员，教导第一旅旅长，八路军第五纵队第一支队司令员，新四军第三师第七旅旅长，东北民主联军第三师第七旅旅长，解放军第十三兵团副司令员兼参谋长，南宁警备区司令员。中华人民共和国成立后于1955年被授予中将军衔。

彭明辉（？—？） 籍贯不详。1934年7月任红六军团第十八师第五十二团团长。

彭绍辉（1906—1978） 湖南湘潭人。1926年参加农民运动。1928年7

月参加平江起义，同年加入中国共产党。曾任红五军第十三师第七团排长，红五军第二纵队第二大队中队长，教导队队长，红五军随营学校大队长。参加了湘鄂赣边区的游击战争。1930年后，任红五军第一师第一团团长，红八军第四师参谋长，中央军事政治学校学员队队长，红五军第一师参谋长，红三军团第一师师长，兴国模范师师长，红三军团第五师师长，红七军团第三十四师师长，红五军团第十五师（少共国际师）师长，红一军团司令部教育科科长，红三军团教导营营长。参加了中央苏区历次反"围剿"斗争和中央红军长征。1933年3月左臂负伤致残。曾荣获中央革命军事委员会颁发的二等"红星奖章"。1935年7月被派到红四方面军工作，后任红三十军参谋长，红四方面军红军大学政治科科长，红六军团参谋长，红二方面军教导团团长。抗日战争和解放战争时期，任八路军第一二〇师教导团团长，第三五八旅（彭八旅）旅长，独立第二旅旅长兼晋西北军区第二军分区司令员，抗日军政大学总校教育长、副校长、第七分校校长，吕梁军区代理司令员，西北野战军第七纵队司令员，第七军军长。中华人民共和国成立后于1955年被授予上将军衔。

彭显伦（1894—1958）　广东南雄人。1925年参加农民协会。1926年加入中国共产党。曾任中共南雄县区委书记。参加了南雄农民起义。1930年参加红军。后任红军政治部组织科科员、军需处科长、军医处政治委员，红三军第九师供给处主任，红一军团第一师第二团供给处主任，军团供给部出纳科科长。参加了中央苏区历次反"围剿"斗争和中央红军长征。抗日战争和解放战争时期，任八路军第一一五师供给部出纳科科长，山东军区供给部政治委员，滨海军区供给部政治委员，华东军区供给部政治委员。中华人民共和国成立后于1955年被授予少将军衔。

彭雪枫（1907—1944）　曾用名彭隆兴、彭修道、彭雨峰。河南镇平人。1925年6月加入中国共产主义青年团。1926年转入中国共产党。曾任党支部书记。1927年参加北京南苑起义，此后在天津、河南、山东、上海等地从事地下工作。1930年5月被中共中央派到湘鄂赣苏区，后任红五军第五纵队第三支队政治委员，红八军第一纵队副政治委员、政治委员，第六师政治委员，红三军团第二、第四师政治委员，红军大学政治委员，江西军区政治委员。参加了长沙战役和中央苏区历次反"围剿"斗争。1934年10月参加长征，任军委第一野战纵队第一梯队梯队长、政治委员，军委第一局副局长，红三军团第五师师长、第十三团团长，红军陕甘支队第二纵队第十三大队大队长，第二纵队司令员。到达陕北后，任红一军团第四师师长，中共中央驻晋办事处主任。参加了直罗镇、东征战役和山西地区的统战工作。抗日战争开始后，任八路军参谋处处长兼中共河南省委军事部部长，新四军游击支队司令员兼政治委员，第六支队司令员，中共豫皖苏区委书记，新四军第四师师长兼政治委员，淮北军区司令员。1944 年 9 月 11 日在河南夏邑八里庄战斗中牺牲。

彭脱成（？—？） 湖南浏阳人。1936 年任红六军团第十八师某团政治委员。

彭嘉庆（1909—1993） 曾用名彭家庆。江西吉安人。1927 年参加工农革命军游击队。1928 年随游击队编入红军。1930 年加入中国共产党。曾任红三军第九师第二十五团班长、排长、宣传队分队长、连长兼政治指导员，中央教导第二团政治委员，红九军团第二十二师第六十四团政治委员，红五军团直属队总支书记、第十三师第三十七团营政治教导员。参加了中央苏区历次反"围剿"斗争和中央红军长征。1935 年 9 月随红五军团留在红四方面军，后任红五军卫生部政治委员、供给部政治委员。抗日战争和解放战争时期，任八路军第一一五师卫生部政治委员，鲁东支队、苏鲁支队政治委员，鲁南军区政治部主任，胶东军区政治部主任兼独立第三旅政治委员，山东军区第八师政治委员，东北人民自治军第二纵队、东北民主联军第四纵队政治委员，辽北军区、辽西军区司令员。中华人民共和国成立后于 1955 年被授予中将军衔。

彭德怀（1898—1974） 原名彭得华，号石穿。湖南湘潭人。1916 年入湘军。1923 年考入湖南军官讲武堂。1923 年在湘军中任连长。1926 年任营长，不久参加北伐战争，后任代团长、团长。1928 年 4 月加入中国共产党。1928 年 7 月发动平江起义，成立中国工农红军第五军，至 1930 年任军长，其间，曾任红四军副军长兼第三十团团长。1930 年 6 月起任红三军团总指挥及军团前委书记，8 月起任红一方面军副总司令，10 月起任苏维埃区域革命军事委员会委员。1931 年 1 月至 11 月任中华苏维埃中央革命军事委员会委员，其间，10 月至 11 月任中华苏维埃中央革命军事委员会主席团副主席。1931 年 11 月、1934 年 2 月相继当选为中华苏维埃共和国第一、第二届中央执委会委员。1931 年 11 月起任中华苏维埃共和国中央革命军事委员会委员，1933 年 11 月起任中华苏维埃共和国中央革命军事委员会副主席。参加了长征。1935 年 7 月至 9 月任红三军军长，9 月至 11 月任红军北上抗日先遣队（陕甘支队）司令员，11 月起任中华苏维埃西北革命军事委员会委员、中华苏维埃西北革命军事委员会副主席、红一方面军司令员。1936 年起任中共中央政治局委员，曾任中国人民红军抗日先锋军司令员，西方野战军司令员兼政治委员，红军前敌总指挥部总指挥。1936 年 12 月起任中华苏维埃人民共和国中央革命军事委员会委员、中华苏维埃人民共和国中央革命军事委员会主席团成员。抗日战争时期，任中共中央军委委员，八路军副总指挥，第十八集团军副总司令。1937 年 8 月至 1941 年 4 月任中共中央军委前方分会委员副书记。1938 年 11 月起任中共中央北方局常委，12 月起任八路军前方总部副总指挥。1941 年 4 月起任中共中央军委华北分会委员、副书记。1942 年 7 月起任中共中央北方局代书记。1945 年在中共七届一中全会上当选为中共中央政治局委员。解放战争时期，任中共中央军委委员、副主席兼总参谋长。1947 年起任西北野战兵团司令员兼政治委员，中国人民解放军副总司令员，西北野战军司令员兼政治委员，中国人民解放军第野战军司令员兼政治委员。1949 年 6 月起任中共中央西北局第一书记。中华人民共和国成立后于 1955 年 9 月被授予中华人民共和国元帅军衔和一级八一勋章、一级独立自由勋章、一级解放勋章。

彭德轩（？—1937）　曾用名彭清轩、彭清萱。湖南醴陵人。早年参加国民革命军。1931 年 12 月由宁都起义参加红军。后加入中国共产党。曾任红五军团第十三军第三十七师、红十一军第三十一师参谋长，红五军团第十三师第三十七团营长。参加了中央苏区第四、第五次反"围剿"斗争和中央红军长征。1935 年 9 月随红五军团留在红四方面军，后任红五军骑兵营营长，随营学校校长，第十三师参谋长，骑兵师参谋长。1937 年 1 月在甘肃高台城战斗中牺牲。

葛忠仁（1911—1937）　江苏镇江人。1931 年 12 月参加宁都起义，后加入中国共产党。曾任红五军团政治保卫分局侦察科科长。参加了中央苏区第四、第五次反"围剿"斗争和中央红军长征。1935 年 9 月随红五军团留在红四方面军，后任红五军政治保卫分局侦察科科长。1937 年 1 月在甘肃高台城战斗中牺牲。

董必武（1886—1975） 字洁畲，号璧五，曾用名董贤琮、董用威。湖北黄安（今红安）人。曾任鄂西靖国军总司令部秘书。1920 年加入武汉共产主义小组。1921 年 6 月作为湖北代表，出席中国共产党第一次全国代表大会。从 1922 年起，历任中共武汉地委委员长，中共湖北区委军事部、民运部部长，国民党第二届中央候补执行委员，中共湖北省委国民党工委主任。1928 年赴苏联学习。1930 年被选为中共第六届中央委员。1932 年回国并进入中央苏区，后任红军大学上干队政治委员，中华苏维埃共和国中央政府工农检查委员会代理主席，中共中央党校（马克思共产主义学校）副校长，中共中央审查委员会书记，中华苏维埃共和国第二届中央执行委员，中央最高法院院长。参加了中央苏区第四、第五次反"围剿"斗争。1934 年 10 月参加长征，后任军委第二支队（后方工作团）团长。到达陕北后，任中共中央党校校长，红军大学第四大队政治委员，中华苏维埃中央政府西北办事处代理主席。抗日战争和解放战争时期，任中共中央长江局民运部部长，中共湖北工作委员会书记，中共中央南方局副书记兼宣传部部长，中共重庆工作委员会书记，中国出席联合国大会代表，中共第七届中央政治局委员，中共中央财经部部长，中共中央华北局书记处书记，华北人民政府主席。

董永清（1911—1995） 江西吉水人。1930 年参加红军。1931 年加入中国共产主义青年团，同年转入中国共产党。曾任红十二军经理处出纳科科员、科长，红一军团直属供给处主任、军团供给部军实科科长。参加了中央苏区历次反"围剿"和长征的后勤保障工作。抗日战争和解放战争时期，任八路军第一一五师独立团供给处主任，独立第一师供给处处长，晋察冀军区第一军分区供给部部长，冀热辽军区供给部部长，解放军冀东军区后勤部部长，华北野战军后勤部指挥所主任，第十九兵团后勤部部长。中华人民共和国成立后于 1955 年被授予少将军衔。

董俊彦（？—1937） 曾用名董振彦。河南人。早年参加国民军。曾任洛阳军官学校工兵队副队长，第二十六路军连长。1931 年 11 月秘密加入中国共产党，12 月由宁都起义参加红军。后任红五军团连长、营长。1933 年后，任红一方面军第十四师第四十团团长，红五军团第十三师第三十九团团长。参加了中央苏区第四、第五次反"围剿"斗争和中央红军长征。1935 年 9 月随红五军团留在川康边区，后任红四方面军骑兵师师长，西路军骑兵师师长。1937年1月在增援高台城战斗中牺牲。

董振堂（1895—1937） 字绍仲。河北新河人。保定陆军军官学校毕业。曾任北京政府陆军部检阅使见习官，第十一师参谋处参谋，炮兵团排长、连长，炮机教导大队大队长，炮兵营营长，国民军联军第四师第十二旅旅长，第十三师师长兼洛阳警备司令，第一师师长。参加了北伐战争和反蒋战争。1930年反蒋战争失败后，任国民党军第二十六路军第二十五师第七十三旅旅长。1931年12月参加领导宁都起义，1932年4月加入中国共产党。历任红五军团副总指挥兼第十三军军长，红五军团总指挥、军团长，中华苏维埃第二届中央执行委员，率部参加了赣州、漳州、南雄水口等战役和中央苏区第四、第五次反"围剿"斗争、中央红军长征。曾被中华苏维埃临时中央政府授予"红旗奖章"。1935年9月与全军团一起留在红四方面军，后任红五军军长。1937年1月中旬，在高台城同数倍于己的国民党军激战九昼夜，后于20日牺牲。

董家龙（？—？） 湖北荆门人。1935年11月任红二军团第五师卫生部部长。

董瑞廷（？—？） 湖北天门人。任红二军团某部政治委员。

董瑞林（？—1936） 湖北天门人。1936年任红二军团第六师第十八团政治委员。1936年8月于西康草地阵亡。

韩伟（1906—1992） 曾用名韩熊琴。湖北黄陂人。1924年加入中国社会主义青年团。1926年转入中国共产党。曾任国民革命军第四军独立团士兵，第二方面军总指挥部警卫团班长。参加了北伐战争。1927年9月参加湘赣边界秋收起义，后任工农革命军第一军第一师第一团排长，红四军第三十一团副连长，军部混成大队副大队长、教导大队中队长，第二纵队第四支队大队长、副支队长。参加了井冈山和赣南、闽西地区的游击战争。1930年6月后，历任闽西红二十一军第二纵队第五支队支队长，红军新编第十二军第一团团长，红十二军第三十四师第一〇〇团团长，福建军区独立第八师师长兼（上）杭永（定）（龙）岩军分区指挥，福建军区参谋长，红十九军第五十五师师长，红五军团第三十四师第一〇〇团团长。参加了中央苏区历次反"围剿"斗争、中央红军长征。1934年12月初，在掩护中央红军渡过湘江后突围，转移到武汉，不久被捕。1937年获释后，任晋察冀军区军政干部学校军事教育主任，第二军分区第六大队大队长、第四团团长，冀中军区警备旅旅长，第九军分区、第五军分区司令员，热河军区司令员兼热河纵队司令员，冀晋纵队副司令员，晋察冀野战军第二纵队副司令员兼参谋长，第六十七军军长。中华人民共和国成立后于1955年被授予中将军衔。

韩振纪（1905—1975）　河北高邑人。保定陆车军官学校毕业。曾任国民军第二军旅部见习参谋，西北督办署科员，国民军联军总司令部科员。参加了北伐战争和反蒋战争。1930年任国民党军第二十六路军上尉参谋。1931年12月由宁都起义参加红军，1933年加入中国共产党。起义后，历任红五军团第十四军司令部侦察科科长，第十三军司令部参谋处处长，中央军事政治学校军事教员、副营长、营长、副团长，军委干部团训练科科长，红军陕甘支队干部营（随营学校）参谋。参加了中央苏区第四、第五次反"围剿"斗争和中央红军长征。到达陕北后，任红军学校军事教员，抗日红军大学教员、第四队队长，抗日军政大学第一大队大队长。抗日战争和解放战争时期，任八路军第一一五师第三四四旅第六八七团政治委员，中共中央党校军事研究室主任，第三四四旅参谋长，八路军第二纵队参谋长，新四军军工部部长，抗大第五分校校长、华中总分校副校长，新四军第二师参谋长，东北民主联军军工部部长兼政治委员，东北军区军工部副部长，东北人民政府工业部机械局局长。中华人民共和国成立后于1955年被授予中将军衔。

覃健（1911—1959）　曾用名覃秀华、谭健。壮族。广西东兰人。1929年参加红军。1931年8月加入中国共产党。曾任红七军第十九师第五十五团代理排长，红三军团政治部政治保卫连排长，第六师第十六团连政治指导员、连长，红一方面军政治保卫团连长、警卫营营长，红十五军团司令部作战科科长。参加了红七军远征、中央苏区第三至第五次反"围剿"斗争和中央红军长征。抗日战争和解放战争时期，任八路军第一一五师特务团团长，冀鲁豫支队第二大队大队长、第五团团长，新四军第三师第八旅第二十三团团长，苏北军区淮海军分区司令员，第十旅副旅长，独立旅旅长兼政治委员，解放军华中军区第六军分区司令员，华东野战军第十二纵队、苏北军区副司令员，苏北兵团、第九兵团参谋长。中华人民共和国成立后于1955年被授予中将军衔。

覃应机（1915—1992）　壮族。广西东兰人。1929年加入中国共产主义青年团，同年参加红军。1931年加入中国共产党。历任红七军班长、排长、连长、团政治处青年干事，红三军团政治保卫局侦察科科员，补充第二师特派员，红三军团连政治指导员、团特派员、师特派员。参加了中央苏区第三至第五次反"围剿"斗争和中央红军长征。抗日战争和解放战争时期，任八路军总部科长，晋中游击队政治委员，太行、太岳联合办事处公安处副处长，中共冀南区委社会部部长、公安局局长，中共河北省委社会部部长、公安厅厅长。

覃士冕（1814—1981）　壮族。广西东兰人。1929年参加百色起义并加入中国共产主义青年团，同年参加中国工农红军。1931年由团转入中国共产党。土地革命战争时期，任红七军政治部青年干事，红三军团第五师第十三团特派员，红三军团保卫局侦察科员，第四师第十二团特派员。参加了长征。抗日战争时期，任八路军第一一五师第三四三旅第六八六团营组织干事，补充团营政治教导员，第六八六团政治处组织股副股长，教导第五旅第十三团政治委员，滨海军区第二十三团政治委员、团长，滨海军区第三军分区副司令员。解放战争时期，任滨海军区第二军分区司令员，警备第十一旅政治委员，滨海警备旅旅长，华东野战军第三纵队副司令员，渤海军区司令员。中华人民共和国成立后于1955年被授予少将军衔。

覃国翰（1912—1996）　壮族。广西都安人。1927年在本县从事农运工作。1929年参加百色起义并加入中国工农红军。1930年加入中国共产党。土地革命战争时期，任红七军第十九师第五十五团连司务长，湘赣独立师第一团排长、副连长、连长，红十七师第四十九团通信主任，红六军团第十八师第五十三团营长、团参谋长，第十六师第四十七团团长，第十七师参谋长，第十八师第五十二团团长。参加了长征。抗日战争时期，任中国人民抗日军政大学队长兼教员，挺进军随营学校副校长，挺进军参谋处长，第九团政治委员，晋察冀军区平北分区副司令员、代司令员，第十二军分区司令员。解放战争时期，任晋察冀军区纵队参谋长，第二旅政治委员，冀东军区副司令员。中华人民共和国成立后于 1955 年被授予少将军衔。

覃耀楚（？—1936） 湖南石门人。1935 年 11 月任红二军团第四师第十一团团长。1936 年 1 月 5 日于湖南芷江便水战役中阵亡。

粟裕（1907—1984） 曾用名金米。侗族。湖南会同人。1926 年加入中国共产主义青年团。1927 年参加国民革命军，并转入中国共产党。参加了北伐战争。1927 年 8 月参加南昌起义，任第二十四师教导队班长、国民革命军第五纵队连党代表。1928 年 1 月参加湘南起义，后任红四军第二十八团连长、营长、营党代表，第一纵队第二支队党代表。参加了井冈山和赣南、闽西地区的游击战争。1930 年后，任红十二军第三十五师第一〇三团团长，红二十二军第六十五师师长，中央军事政治学校学员队队长，红四军第十三师师长、军参谋长，红十一军参谋长，红七军团第二十师师长兼政治委员、军团参谋长。参加了中央苏区历次反"围剿"斗争。1934 年 7 月协助寻淮洲等指挥抗日先遣队（红七军团）北上，同闽浙赣红军会师后，任闽浙赣军区参谋长，红十军团参谋长。1935 年 1 月率红十军团一部突围，转移到浙南，任挺进师师长，中共闽浙临时省委委员、组织部部长，闽浙军区司令员兼挺进师师长，浙西南政治委员会书记，闽浙救亡干部学校校长。参加领导了浙南地区的三年游击战争。抗日战争和解放战争时期，任新四军第二支队副司令员、先遣支队司令员兼政治委员，江南指挥部、苏北指挥部副指挥，新四军第一师师长兼政治委员，苏中军区司令员兼政治委员，苏浙军区司令员兼政治委员，中共苏浙区委书记，中共第七届中央候补委员，解放军华中军区副司令员、华中野战军司令员，华东野战军副司令员、代理司令员、代理政治委员，第三野战军副司令员，南京市军管会主任、市长，上海市军管会副主任，华东军政委员会副主席。中华人民共和国成立后于 1955 年被授予大将军衔。

喻杰（？—？） 湖南平江人。1934 年 8 月任红六军团供给部部长，1935 年 11 月任第十六师供给部部长，1936 年 7 月任红六方面军第三十二军供给部部长。

喻忠良（1910—1943） 曾用名俞忠良。湖南平江人。1928 年加入中国共产党，同年参加红军。后任中央革命军事委员会卫生部第三兵站医院院长。参加了中央苏区历次反"围剿"斗争和中央红军长征。抗日战争开始后，任八路军总司令部副官处处长，晋察冀军区卫生学校政治委员，第三军分区第六区队政治委员。1943年在河北高阳作战中牺牲。

喻楚杰（1897—1984） 曾用名喻汉昌、喻寿昌。湖南平江人。1926年参加北伐战争。曾任独立第五师第一团班长。1928年7月参加平江起义。1929年加入中国共产党。曾任红五军班长，平江赤卫队中队长，红五军第三师第九团连长，红八军团第二十三师第六十九团团长。参加了长沙战役、中央苏区历次反"围剿"斗争和中央红军长征。到达陕北后，任红二军团第四师参谋长。抗日战争和解放战争时期，任八路军第一二〇师教导团团长，抗日军政大学第七分校副校长，抗大总校校务部部长，解放军冀热辽军区第二军分区司令员。

喻缦云（1903—1994） 曾用名喻馨、喻禹昌。湖南平江人。1930年参加红军，同年加入中国共产党。曾任红三军团经理处会计，第六师供给部会计科、军实科科长。参加了中央苏区历次反"围剿"和长征的后勤保障工作。到达陕北后，任红十五军团供给部财政处处长。抗日战争和解放战争时期，任八路军第一一五师供给部军实科科长，八路军总供给部财政处、营业处处长，中央军委总后勤部审计处处长，太岳军区后勤部副部长，军区副参谋长，晋冀鲁豫军区第四纵队后勤部部长，华北军区后勤部南线办事处副主任，华东野战军、第三野战军后勤部副部长、后勤司令部副司令员。中华人民共和国成立后于1955年被授予少将军衔。

程翠林（1907—1934） 曾用名程翠霄、程朱林。湖北阳新人。1927年参加革命工作，同年加入中国共产党。曾在红四军、红一军团做政治工作。参加了井冈山和赣南、闽西地区的游击战争。1933年后，任红七军团第三十四师第一〇二团政治委员，红五军团第三十四师政治部主任、政治委员。参加了中央苏区历次反"围剿"斗争和中央红军长征。1934年12月初在掩护红军主力突破湘江的战斗中牺牲。

傅长寿（1905—1937） 号兰荪。湖南平江人。1926年7月参加革命。后加入中国共产党，在平江地区从事工农运动。北伐战争失败后参加游击队。

1930年随游击队编入红军，历任红五军班长、排长、连长，红五军团供给部部长。参加了中央苏区历次反"围剿"斗争和中央红军长征。1935年9月随红五军团留在红四方面军，后任红五军供给部部长。1937年1月在甘肃高台城战斗中牺牲。

傅连暲（1894—1968） 字日新。曾用名傅连昌、郑爱群。福建长汀人。早年加入基督教，任长汀福音医院院长。1927年9月曾为南昌起义军医治伤病员。1929年3月红四军占领长汀后，为全军接种牛痘，预防天花，同年参加革命工作，后任苏维埃临时中央政府红色医院院长，军医学校校长，红军卫生学校附属医院院长，中华苏维埃共和国国家医院院长。参加了中央苏区历次反"围剿"和长征的医疗保障工作及中央领导的卫生保健工作。到达陕北后，任中央医院院长。1938年加入中国共产党。抗日战争和解放战争时期，任中央总卫生处处长兼中央医院院长，中央军委总卫生部副部长，中央直属机关党委委员。中华人民共和国成立后于1955年被授予中将军衔。

舒同（1905—1998） 曾用名舒文照。江西东乡人。1926年参加革命，同年加入中国共产党。曾任国民党东乡县党部常委，中共东乡县委书记。1930年11月进入中央苏区，后任红四军政治部秘书、第十一师政治部秘书长、宣传科科长，红一军团政治部宣传部代理部长，第十、第十二师政治部主任，红一军团第二师第四、第五团政治处主任，第二师政治部宣传科科长、政治部主任。参加了中央苏区历次反"围剿"斗争和中央红军长征。到达陕北后，任红一军团第四师政治部主任。参加了直罗镇、东征、西征战役。抗日战争和解放战争时期，任八路军总部秘书长，晋察冀军区政治部主任，中央军委总政治部宣传部部长兼秘书长，中共中央山东分局秘书长，山东军区政治部主任，解放军华东军区政治部主任，中共中央华东局常委兼社会部、宣传部部长。

舒翼（1888—1933） 江西弋阳人。1926年参加革命工作，同年加入中国共产党。1927年开始组织农民运动，建立农民自卫军。1928年1月参加弋（阳）横（峰）农民起义。

童小鹏（1914—2007） 福建长汀人。1930年6月参加红军，同年加入中国共产党。曾任红四军直属队军委干事，红四军军委办公厅秘书、政治部秘书，红一军团政治保卫局秘书、军团政治部秘书，中央革命军事委员会主席毛泽东的秘书。参加了中央苏区历次反"围剿"斗争和中央红军长征。抗日战争和解放战争时期，先后任八路军办事处机要科科长，中共中央长江局秘书、机要科科长，中共中央南方局秘书长，中共重庆工委委员，中共中央代表团副秘书长、办公厅副主任，中共中央城工部秘书处处长，中央统战部副秘书长等职。

曾三（1906—1990） 曾用名曾泗安、曾明轩、曾于安。湖南益阳人。1924 年加入中国社会主义青年团。1925 年加入中国共产党。曾任中共湘区委员会农委秘书，中共湖南省委秘书，中共中央报务员等职。1931 年进入中央苏区，后任报务员，军委第二局无线电队政治委员，红军通信学校校长兼政治委员，军委第二局副局长。参加了中央苏区的反"围剿"斗争和中央红军长征。抗日战争和解放战争时期，先后在绥远、山西、新疆等省以及西安、延安等地工作。曾任中共中央敌区工作委员会委员、情报局处长、室副主任、中央秘书处处长。

曾征（1912—2000） 曾用名曾来古。江西寻乌人。1929 年参加红军。1930 年加入中国共产主义青年团。1933 年转入中国共产党。曾任红三十五军排长，红三军团第五师第十五团连长。参加了中央苏区历次反"围剿"斗争和中央红军长征。到达陕北后，任红一军团补充营营长，红二十九军第二五六团代理团长，红二军团第六师参谋长。参加了直罗镇等战役。抗日战争和解放战争时期，任八路军第一二〇师第三五八旅第七一六团参谋长，第三支队支队长，独立第二旅第五团团长，解放军晋绥军区第十一、第六军分区参谋长，第十二旅副旅长，第七军第二十师副师长。中华人民共和国成立后于 1955 年被授予少将军衔。

曾日三（1904—1937） 曾用名曾美男、曾日山。湖南宜章人。1927 年10 月参加革命，同年 11 月加入中国共产党。曾任中共宜章县委秘书。1928 年1 月参加湘南起义，后随部队到井冈山，任红四军连党代表、营党代表，红四军政治部秘书长、组织部部长。参加了井冈山和赣南、闽西地区的游击战争。1930 年夏被派到江西上高、高安"绿林"武装中工作。不久返回部队，任红三军政治部副主任、主任，福建军区政治部主任兼第三十四师政治委员，福建军区代理政治委员，红五军团政治部主任、代理政治委员。参加了中央苏区历次反"围剿"斗争和中央红军长征。1935 年 9 月，随红五军团留在红四方面军，后任红五军代理政治委员兼政治部主任，红九军政治部主任，西路军政治部主任兼敌工部部长，游击第一支队政治委员。1937 年 4 月在甘肃张掖牛毛山被俘，不久在红土寺就义。

曾仁文（1907—1943） 江西吉水人。1927 年加入中国共产主义青年团。1929 年 11 月参加农民起义。1931 年参加红军。1932 年转入中国共产党。曾任共青团吉水县支部书记、区委书记、县委组织部部长、县委书记，江西军区独立第十三团政治委员，游击总队政治委员，团长，模范师政治委员等职。参加了中央苏区的反"围剿"斗争。1934 年 10 月参加长征，后任军委纵队收容队政治委员，红一方面军政治保卫局侦察部部长，军特派员。抗日战争开始后，任八路军总后勤部特派员、政治部保卫部部长、兵站部特派员，总后勤部参谋主任等职。1943 年 5 月在山西和顺松烟镇战斗中牺牲。

曾文辉（1893—1935） 江西瑞金人。1927 年 9 月在福建长汀参加南昌起义军。1928 年 1 月参加湘南起义。参加了井冈山斗争。1929 年 1 月随红四军向赣南出击，后留在瑞金工作。1930 年加入中国共产党。曾任赣南红十六纵队中队长，区苏维埃土地部部长、区苏维埃主席，太雷县（今瑞金、石城边区）苏维埃主席，红军独立团团长，红军学校训练部部长等职。参加了中央苏区反"围剿"斗争。1934 年 10 月参加长征。1935 年在长征途中牺牲。

曾传芳（1915—1982） 曾用名张平。江西永丰人。1929 年加入中国共产主义青年团。1930 年参加红军。1932 年转入中国共产党。曾任红十一军第三十一师第九十三团勤务员、政治处青年干事、连政治指导员、师政治部青年科科长，红军教导师（庆阳步兵学校）教员、第三团总支书记。参加了中央苏区历次反"围剿"斗争和中央红军长征。抗日战争和解放战争时期，任中共陇东特委青年委员会主任，山东渤海军区第一军分区津南支队政治委员，华东野战军渤海纵队第十一师第十八团政治委员，解放军第三十三军第九十八师副政治委员。中华人民共和国成立后于 1964 年晋升为少将。

曾庆云（？—？）　籍贯不详。1936 年任红二方面军第三十二军第二八六团团长。

曾克林（1913—2007）　曾用名曾忠炳。江西兴国人。1929 年参加红军。1931 年加入中国共产党。曾任红三军第七师第二十一团连副政治指导员，红三军团第四师第十二团连政治指导员，中央警卫通信营政治委员。参加了中央苏区历次反"围剿"斗争和中央红军长征。到达陕北后，任红二十八军第二五二团党总支书记、参谋长。参加了直罗镇等战役。抗日战争和解放战争时期，任八路军冀热察挺进军司令部作教科科长，冀东军分区参谋长，冀热辽军区第十六军分区司令员，东北民主联军辽东军区副司令员，第三纵队、辽南军区司令员，东北野战军第七纵队副司令员，解放军第四十四军副军长。中华人民共和国成立后于 1955 年被授予少将军衔。

曾希圣（1904—1968）　曾用名曾勉。湖南资兴人。1922 年加入中国社会主义青年团。1924 年考入黄埔军官学校（不久转入政治讲习所）学习。1927年加入中国共产党。曾任国民革命军第八军宣传队分队长、教导团军事队队长。参加了北伐战争。大革命失败后，先后在汉口、河南、山东从事兵运工作，任建国豫军教导团政治教官，第二十一师政治处处长。1930 年任中共中央长江局军事委员会兼中央军委长江办事处秘书长。1931 年冬进入中央苏区，后任红一方面军司令部第二局局长，中央革命军事委员会总参谋部侦察科科长，红军总司令部第二局局长，中革军委第二科科长。参加了中央苏区第四、第五次反"围剿"斗争和中央红军长征。曾破译了国民党军的无线电密码，使红军获得了大量情报。曾荣获中革军委颁发的二等"红星奖章"。到达陕北后，任西北革命军事委员会第二局局长，红军总司令部第二局局长。抗日战争和解放战争时期，任中央军委第二局局长，新四军第七师政治委员兼中共鄂皖赣区委书记，第七师兼皖江军区政治委员，中共皖江区委书记，华东野战军第四纵队政治委员，皖北军区司令员兼政治委员，中共皖北区委书记。

曾国华（1910—1978）　广东五华人。1924 年参加国民革命军。参加了北伐战争。1931 年参加红军。1932 年加入中国共产党。曾任红四军班长，红一军团第二师第五团排长、连长。参加了中央苏区的反"围剿"斗争和中央红军长征。到达陕北后，任红军东渡黄河突击队队长，红一军团第二师第五团副团长、团长。参加了直罗镇、东征、西征等战役。抗日战争和解放战争时期，任八路军第一一五师挺进第五支队支队长，教导第二旅旅长，山东滨海军区第六团、山东军区教导团团长，东北民主联军第三师副师长，第三纵队第七旅旅长、第七师师长、纵队副司令员，东北军政大学教育长。中华人民共和国成立后于1955年被授予中将军衔。

曾育生（1913—1990） 湖南溆浦人。1927年加入中国共产主义青年团。1930年参加红军。1931年转入中国共产党。曾任红三军团第八军政治部宣传员、军医处见习医生，红三军团卫生部所长、队长、科长，第四师第十一团卫生队队长，第六师卫生部部长，军团卫生部医务主任、卫生部副部长，陕甘支队第二纵队卫生部副部长。参加了中央苏区历次反"围剿"斗争和长征的医疗保障工作。到达陕北后，任红一方面军兵站医院院长、卫生部保健科科长。抗日战争和解放战争时期，任八路军医院院长，第一二〇师卫生部部长，留守兵团卫生部副部长，陕甘宁晋绥联防军卫生部部长。中华人民共和国成立后于1955年被授予少将军衔。

曾春鉴（1902—1937） 湖南湘乡人。早年参加国民革命军。曾任湖南独立第五师第一团班长。参加了北伐战争。1928年7月参加平江起义。1929年加入中国共产党。曾任红五军中队长、大队长、连长。参加了湘赣、湘鄂赣边区的游击战争。1930年后，任红五军第一师第一团副团长、第三师第七团团长，第一师第二团团长，红三军团第六师第十六、第十七团团长，补充师师长，第六师参谋长。参加了中央苏区历次反"围剿"斗争。1934年10月参加长征。1935年2月留在川南领导游击战争。后任川南游击纵队副参谋长，川滇黔边游击纵队参谋长。1937年1月在云南扎西（今威信）水田寨战斗中牺牲。

曾思玉（1911—2012） 曾用名曾世裕。江西信丰人。1928年春参加农民起义。1929年参加游击队。1930年随游击队编入红军，同年加入中国共产主义青年团。1932年转入中国共产党。曾任红十二军第三十六师第一〇六团连政治指导员，第一〇七团代理政治委员，红二十二军第六十四师第一九〇团政治委员，红一军团第二师司令部通信参谋。军团司令部侦察参谋、政治部组织科科长，中央革命军事委员会警卫团政治委员。参加了中央苏区历次反"围剿"斗争和中央红军长征以及直罗镇、东征、西征等战役。抗日战争和解放战争时期，任八路军第一一五师教导第三旅兼鲁西军区政治部主任。黄河支队政治委员，教导第三旅政治委员，冀鲁豫军区第八军分区司令员，冀晋纵队、冀察军区副司令员，冀热察军区、华北野战军第四纵队司令员，解放军第六十四军军长。中华人民共和国成立后于 1955 年被授予中将军衔。

曾保堂（1911—1989） 江西信丰人。1928 年参加信丰农民起义。后参加红军。1931 年加入中国共产党。曾任红四军第十一师第三十三团排长，红一军团第二师第五团连长、代理营长、第六团营长，红军陕甘支队特务营营长。参加了中央苏区历次反"围剿"斗争和中央红军长征。到达陕北后，任红一军团第一师第三团团长，红一方面军总部特务团团长。参加了直罗镇、东征、山城堡等战役。抗日战争和解放战争时期，任晋察冀军区第四军分区第三十五团团长，第一旅副旅长，第四纵队第十二旅旅长，解放军第六十四军第一九二师师长。中华人民共和国成立后于 1955 年被授予少将军衔。

温玉成（1915—1989） 曾用名温振兴。江西兴国人。1929 年加入中国共产主义青年团。1930 年参加红军。1932 年加入中国共产党。曾任红三军第七师第二十团宣传员，兴国警卫营干事，江西军区独立第十二团党总支书记、政治委员，红八军团政治部组织科科长、第二十一师第六十一团政治委员、军团直属队总支书记，红五军团骑兵团（骑兵大队）政治委员。参加了中央苏区历次反"围剿"斗争和中央红军长征。抗日战争和解放战争时期，任新四军政治部组织科科长，江南人民抗日救国军第三支队司令员，新四军第六师第十八旅旅长兼政治委员，苏中军区第一军分区司令员，东北民主联军松江军区第一军分区司令员兼政治委员，北满军区独立第二师、东北野战军第十二纵队第三十四师师长，第四纵队副司令员，解放军第四十军副军长。中华人民共和国成立后于 1955 年被授予中将军衔。

游胜华（1912—1996） 江西万安人。1930 年参加红军。1931 年加入中国共产主义青年团。1932 年转入中国共产党。曾任红一军团卫生部医生，军团司令部卫生所医生，军团医院医务科科长，后方医院第二所所长，红一军团第一师第三团卫生所所长，军团卫生部医务科科长。参加了中央苏区历次反"围剿"和中央红军长征的医疗保障工作。抗日战争和解放战争时期，任八路军晋察冀军区卫生部部长，冀中军区卫生部部长，第十九兵团后勤部副部长。中华人民共和国成立后于1955年被授予少将军衔。

谢良（1915—1991） 江西兴国人。1930年参加红军，同年加入中国共产党。曾任红三军第八师连政治指导员，第二十四团连政治指导员，红五军团第十三师第三十七团政治委员。参加了中央苏区历次反"围剿"斗争和中央红军长征。1935年9月随红五军团留在红四方面军，后任红五军第十三师第三十七团政治委员，第十五师政治委员，第四十团政治委员，西路军第五军第十五师政治委员。抗日战争和解放战争时期，任八路军第一一五师留守处主任，陕甘宁晋绥联防军后勤部政治部主任，冀鲁豫军区政治部主任。中华人民共和国成立后于1955年被授予少将军衔。

谢明（1915—1985） 曾用名谢名连。江西于都人。1929年参加红军。1930年加入中国共产主义青年团。1932年转入中国共产党。曾任共青团于都县区委儿童局书记，共青团区委书记，红五军团第十五师（少共国际师）第四十五团政治委员、师政治部组织科科长、地方工作科科长，红一军团政治部巡视员。参加了中央苏区历次反"围剿"斗争和中央红军长征。抗日战争和解放战争时期，任八路军晋察冀军区第四团政治委员，热河军区政治部主任，热西军分区司令员、政治委员兼热西地委书记，热河军区独立师、东北野战军第八纵队第二十二师政治委员，解放军第四十五军第一三三师政治委员。中华人民共和国成立后于1955年被授予少将军衔。

谢斌（1914—2010） 曾用名谢海龙。江西吉安人。1930年参加红军。1931年加入中国共产主义青年团。1932转入中国共产党。曾任红四军第十一师排长，红一军团第二师第五团排长、师特务连连长。参加了中央苏区历次反"围剿"斗争和中央红军长征。到达陕北后，任红十五军团第七十三师司令部第一科科长，第七十三师第二一七团参谋长、团长、师参谋长。参加了直罗镇、东征、西征等战役。抗日战争和解放战争时期，任广东珠江抗日纵队副司令员，华东野战军第三纵队第九师师长，解放军第二十二军第六十六师师长。中华人民共和国成立后于 1955 年被授予少将军衔。

谢嵩（1900—1938）　曾用名谢晓云。湖南宝庆（今属祁东）人。早年参加湘军。1928 年 7 月参加平江起义。1929 年加入中国共产党。曾任红五军特务大队大队长。参加了湘鄂赣边区的游击战争。从 1932 年起，历任红七军第十九师第五十五团团长，江西军区赣县模范团团长，红三军团第四师第十二团团长，红军陕甘支队第二纵队第十二大队大队长。参加了中央苏区历次反"围剿"斗争和中央红军长征。长期带伤工作，曾荣获中央革命军事委员会颁发的三等"红星奖章"。到达陕北后，任陕甘省军事部副部长，红二十九军副军长兼参谋长、军长。1937 年 7 月进入抗日军政大学学习。毕业后，任山西战地总动员委员会武装部作战科科长，晋西游击队第一路纵队司令员，同年底在山西临汾因车祸负重伤。1938 年初在陕西绥德逝世。

谢子修（？—1934）　江西赣县人。中国共产党党员。曾任江西红军某团政治委员。1934 年牺牲。

谢文兴（？—1935）　江西兴国人。1926 年参加工人运动。1928 年加入中国共产党。曾任游击队队长，乡苏维埃主席，区苏维埃主席兼军事部部长。1932 年进入中央军事政治学校学习，毕业后任红军总政治部工作团主任。参加了中央苏区反"围剿"斗争。1934 年 10 月参加长征。1935 年在长征途中牺牲。

谢玉昆（1893—？）　江西赣县人。中国共产党党员。1928 年春参加赣县农民起义，随后参加了赣南地区的游击战争。1930 年后，任红三十五军团政治委员，江西军区胜利（今于都境一部）独立团政治委员，独立第六师第四团政治委员、师政治委员，东南战区第五纵队独立第六师政治委员。参加了中央苏区历次反"围剿"斗争。1934 年 10 月中央红军主力长征后下落不明。中华人民共和国成立后，被追认为革命烈士。

谢立全（1917—1973）　曾用名谢立传、陈明光。江西兴国人。1929 年 3 月参加红军。1930 年 8 月加入中国共产主义青年团。1931 年 12 月加入中国共产党。曾任红方面军第二十一军第一八三团连政治指导员、团党总支书记，红三军团第五师第十五团共青团团委书记、师政治部青年科科长兼共青团师委书记，第四师第十一团党总支书记、红一军团随营学校总支书记。参加了中央苏区历次反"围剿"斗争和中央红军长征。抗日战争和解放战争时期，任广州游击队第二支队、珠江纵队、中区抗日纵队副司令员，广东人民抗日军参谋长，华东野战军第六纵队第十六师政治委员，第三十军政治委员。中华人民共和国成立后于1955年被授予少将军衔。

谢有法（1917—1995） 江西兴国人。1932年加入中国共产主义青年团。1933年参加红军。1936年转入中国共产党。历任红三军团第六师第十六团连文书、中华苏维埃共和国西北革命军事委员会后方办事处政治部宣传队分队长，红军总政治部组织部组织科统计干事等职。参加了中央苏区第五次反"围剿"斗争和中央红军长征。抗日战争和解放战争时期，任晋南军政干部学校政治处主任，八路军政治部组织科副科长，第一纵队政治部组织科科长，山东纵队、山东军区、新四军兼山东军区政治部组织部部长，津浦前线指挥部政治部主任，华东野战军东线兵团、解放军第九兵团政治部主任。中华人民共和国成立后于1955年被授予中将军衔。

谢有勋（1916—1935） 曾用名谢有发、谢有兴。江西兴国人。1929年参加红军，后加入中国共产党。曾任红一军团宣传员、宣传队分队长、连政治指导员、营政治教导员，第二师第五团政治委员。参加了中央苏区历次反"围剿"斗争和中央红军长征。1935年9月在四川西北部牺牲。

谢名伟（1908—1934） 江西兴国人。中国共产党党员。1930年参加革命工作。后任江西省政治保卫局局长，江西军区政治保卫分局局长，宁（都）石（城）瑞（金）军分区（第四军分区）司令员，闽赣边区指挥部参谋长、司令员。参加了中央苏区历次反"围剿"斗争。1934年在闽西作战中牺牲。

谢远嵩（1909—1935） 江西兴国人。1927年参加革命工作，不久加入中国共产党。曾任兴国县地方武装领导人。1933年任兴国模范师政治委员，同年6月模范师编为红三军团第六师后，继续在该师从事政治工作。参加了中央苏区的反"围剿"斗争和中央红军长征。1935年冬在陕北作战中牺牲。

谢扶民（1910—1974） 曾用名谢富名、谢丽光。壮族。广西田东人。1926年参加农民运动。1929年参加红军。1931年加入中国共产党。曾任恩阳县苏维埃文化委员，红七军第四纵队宣传队队长，军政治部组织干事、青年科科长、宣传科科长，红三军团第五师政治部宣传科科长，第十四团政治委员、第十三团党总支书记。参加了红七军远征、中央苏区第三至第五次反"围剿"斗争和中央红军长征。到达陕北后，任红一军团第四师政治部破坏科、宣传科科长，第十二团党总支书记，红三十一军政治部副主任。参加了直罗镇、东征等战役。抗日战争和解放战争时期，任八路军第一二九师第三八五旅政治部副主任、主任，东北民主联军通化军区警备第一旅、延边军分区、整训第二师政治委员，解放军第四十三军政治部副主任。

谢胜坤（1911—2005） 江西万载人。1928年参加革命工作。1930年3月参加红军。1931年1月加入中国共产党。曾任红军学校学员，中央红军总合作社采购科支部书记，红三军团第六师第十七团、第五师第十四团供给主任。参加了中央苏区历次反"围剿"和长征的后勤保障工作。到达陕北后，任红一军团第四师供给部粮秣科科长。参加了东征、西征等战役。抗日战争和解放战争时期，任八路军总兵站部第二科科长，新四军供给部部长，华中军区政治部组织部部长，第三野战军后勤部政治委员。中华人民共和国成立后于1955年被授予少将军衔。

谢根发（？—1935） 湖南耒阳人。中国共产党党员。1928年参加湘南起义，曾任红一军团第一师第二团团长。参加了中央苏区历次反"围剿"斗争和中央红军长征。1935年在长征途中作战牺牲。

谢振华（1916—2011） 曾用名谢振泮。江西崇义人。1929年参加农民起义。1930年4月参加红军，同年加入中国共产主义青年团。1932年2月转入中国共产党。曾任红三军团独立营连政治指导员、营政治委员，第五师第十四团政治委员，红一方面军政治保卫局第二科科长，红军大学上干队第二队政治委员。参加了中央苏区第四、第五次反"围剿"斗争和中央红军长征。抗日战争和解放战争时期，任八路军总部特务团政治委员，新四军第三师第八旅第二十四团团长兼政治委员，新四军第四师第十旅政治委员，华东野战军第十二纵队第三十五旅政治委员，第十二纵队代理司令员，解放军第三十军军长。中华人民共和国成立后于 1955 年被授予少将军衔。

谢唯俊（1907—1935） 字蔚青，号非若。湖南耒阳人。1924 年加入中国社会主义青年团。1926 年加入中国共产党。曾任中共耒阳县委特派员。1928 年参加湘南起义，后任红四军第二十八团连党代表、营党代表，红四军第一纵队政治部主任。参加了井冈山和赣南、闽西地区的游击战争。1930 年后，任赣西南苏维埃执行委员，江西省苏维埃执行委员，中共赣东特委书记，中共红一方面军总前委秘书，中共永丰中心县委书记，江西军区第二军分区指挥兼独立第五师师长。参加了中央苏区历次反"围剿"斗争。1933 年夏，被"左"倾冒险主义者作为"罗明路线"在江西的主要代表进行批判，并被撤销职务，调任中共中央组织部巡视员。1934 年 10 月参加中央红军长征。到达陕北后，任红军总政治部地方工作部秘书，中共三边（靖边、安边、定边）特委书记。1935 年 12 月底在陕西定边遭国民党地方武装袭击牺牲。

谢福林（1917—1976） 湖南平江人。1930 年 6 月参加红军，同年加入中国共产主义青年团。1931 年进入中央军事政治学校学习，并转入中国共产党。毕业后，先后在工农剧社、总政治部干训班、彭杨步兵学校（第一步兵学校）、红一军团工作，任连政治指导员、宣传队队长等职。参加了中央苏区反"围剿"斗争和中央红军长征。到达陕北后，任红十五军团第七十八师政治部宣传科科长。参加了直罗镇、东征等战役。抗日战争和解放战争时期，任八路军冀鲁豫支队第三大队政治委员，冀鲁豫军区新编第三旅政治委员，晋冀鲁豫野战军第七纵队第十九旅政治委员。中华人民共和国成立后于 1955 年被授予少将军衔。

谢翰文（1908—1943） 湖南耒阳人。1926 年加入中国共产党。1927 年 10 月到常宁水口山组织工人运动。1928 年 1 月同宋乔生一起领导矿工起义。后任铜梓山游击队党代表，工农革命军独立第三团党代表，第一师特务营党代表，同年 4 月到达井冈山。参加了井冈山革命根据地的斗争。1929 年 1 月后，随红五军行动，后任红五军第四纵队支队党代表，第三师第七团政治委员、师政治委员。参加了湘赣、湘鄂赣边区的游击战争和长沙战役。1931 年后，任红三军团政治宣传部部长、政务部部长。参加了中央苏区历次反"围剿"斗争和中央红军长征。到达陕北后，任红军学校政治部宣传科科长，红军大学政治部宣传部部长，抗日军政大学第十三大队大队长、第二分校校务部部长。抗日战争开始后，任八路军前方总指挥部秘书长、后勤部政治部主任。1943年5月在山西武乡反"扫荡"战斗中牺牲。

谢耀文（？—1936） 籍贯不详。1935年11月红工军团供给部副部长。1936年8月在西康草地病故。

十三画

靳虎（1911—1989）　甘肃榆中人。早年参加国民军。1931年12月由宁都起义参加红军。1932年加入中国共产党。曾任红五军团第十三军第三十七师第一〇九团排长、连长，红五军团第十三师第三十七团副营长。参加了中央苏区第四、第五次反"围剿"斗争和中央红军长征。到达陕北后，任红二十八军第二五一团团长。参加了直罗镇、东征、西征等战役。抗日战争和解放战争时期，任山西青年抗敌决死队第三纵队第九团、延安警卫团团长，东北民主联军第七师第十九旅副旅长，骑兵纵队第二师师长，第四野战军后勤部第四分部部长。中华人民共和国成立后于1961年晋升为少将。

　　靳来川（1911—1987）　河南获嘉人。早年参加国民军。1931年12月由宁都起义参加红军。1932年加入中国共产主义青年团。1933年转入中国共产党。曾任红五军团第十五军卫生部司药长，红三军团兵站医院司药主任、所长，团卫生队队长，红军第三后方医院院长。参加了中央苏区第四、第五次反"围剿"斗争和中央红军长征。抗日战争和解放战争时期，任八路军卫生部附属医院院长，留守兵团医院院长，晋绥野战军第三纵队卫生部部长，解放军第三军卫生部部长，第一野战军卫生部副部长。中华人民共和国成立后于1964年被授予少将军衔。

　　赖勤（1905—1944）　曾用名赖静波。江西泰和人。上海南洋医科大学毕业。1927年加入中国共产党。1929年参加红军。曾任红军宣传员、宣传科科长、大队政治委员，中央革命军事委员会总供给部秘书，红军总司令部队列科科长，红一方面军供给部军需处处长，红一方面军司令部第四科副科长、军实处处长。参加了中央苏区历次反"围剿"斗争和中央红军长征。抗日战争开始后，任八路军第一二九师供给部主任、师司令部后勤科科长、供给部政治委员，冀南军区供给部政治委员，冀南行政公署财政处处长，冀南银行行长兼太行区工商总局监察委员。1944 年 6 月 9 日在冀南病故。

赖毅（1903—1989） 曾用名赖玉生。湖南平江人。1926 年加入中国共产主义青年团。1927 年 9 月参加湘赣边界秋收起义，同年 10 月加入中国共产党。后任工农革命军第一师第一团班长，红四军第三十一团排长，第三纵队司令部副官。参加了井冈山和赣南、闽西地区的游击战争。1930 年后，任红十二军第一纵队副官主任，第三十四师教导队政治委员、师政治部训练队队长兼师俱乐部主任，红五军团第十三军连长兼政治指导员、团党总支书记、团政治委员、军团党委委员，红一方面军政治部总没收征集委员会主任兼总金库主任，红三军团第五师第十四团政治委员，福建军区第三军分区司令员兼政治委员，中央革命军事委员会直属队总支书记、警卫营政治委员。参加了中央苏区历次反"围剿"斗争和中央红军长征。1935 年 9 月随红军总部留在川康边区，后任红三十二军第八团政治委员，中共川康省委组织部部长、省苏维埃财政厅厅长，红四方面军供给部会计处处长，中共大金省委宣传部部长，西北联邦政府财政部部长，红四方面军直属政治处主任。到达陕北后，任中央革命军事委员会直属政治处副主任。抗日战争和解放战争时期，任中央军委副官处处长，八路军第四纵队第六旅政治委员，新四军第四师第十一旅政治委员兼淮北第二地委书记，解放军华东军区卫生部政治委员，苏北军区副政治委员。中华人民共和国成立后于 1955 年被授予中将军衔。

赖可可（1911—1987） 广东人。1928 年加入中国共产党，后参加红军，曾任红一方面军某团团长。参加了中央苏区的反"围剿"斗争和中央红军长征。抗日战争和解放战争时期，任八路军第一一五师政治部宣传部部长，山东军区政治部宣传部部长，滨海军区政治部主任，胶东军区政治委员。

赖光勋（1914—2003） 福建永定人。1930 年参加红军，1932 年加入中国共产主义青年团。1933 年转入中国共产党。曾任第一步兵学校（彭杨学校）青年队队长、测绘队队长、连长，红军总司令部第一局测绘科科长。参加了中央苏区历次反"围剿"斗争和中央红军长征。1935 年 9 月随红军总部留在川康边区，后任红四方面军红军大学测绘教员。1936 年 10 月到达陕北后，任红军大学主任教员。抗日战争和解放战争时期，任抗日军政大学第一分校支队长，抗大总校大队长，晋冀鲁豫野战军第六纵队第十七旅、第十六旅参谋长，解放军第十二军第三十四师、第三十五师副师长。中华人民共和国成立后于1955年被授予少将军衔。

赖传珠（1910—1965） 曾用名赖鹏英。江西赣县人。1927年4月加入中国共产党。曾任乡党支部书记。1928年1月参加赣南农民起义，不久率部分起义农民参加工农革命军。后任工农革命军第一师第一团连党代表，红四军第三十一团卫生队党代表、团宣传队队长，第二纵队政治部组织科科长、第四支队政治委员。参加了井冈山和赣南、闽西地区的游击战争。1930年10月后，任红四军第十一师第三十一团政治委员、第三十三团团长兼政治委员，第十师第三十团政治委员，第十二师参谋长，红五军团第十三军政治部秘书长、第三十七师政治委员，第十三师第三十七、第三十八团政治委员、师长，军团政治部总务处处长、地方工作部部长，第十三师政治部主任，红一军团第二师第五团政治委员。参加了中央苏区历次反"围剿"斗争。1934年10月参加长征，任红一军团第一师政治委员，第二师第五团政治委员，军团政治部组织部副部长。到达陕北后，任红一方面军司令部第六科科长，中（部）宜（君）军分区司令员，陕甘宁省军事部副部长、代理部长。抗日战争和解放战争时期，任新四军参谋处处长、参谋长，中央军委华中分会委员，中共中央华中局常委，东北民主联军第一纵队、东北野战军第六纵队政治委员，解放军第四十三军政治委员，第十五兵团政治委员。中华人民共和国成立后于1955年被授予上将军衔。

赖际发（1910—1982） 曾用名赖致华。福建永定人。1926年加入中国共产主义青年团。1928年参加农民起义，同年转入中国共产党。曾任共青团支部书记，乡苏维埃主席，中共区委书记，中共永定县委委员，红十二军第三十五师第一〇五团连政治委员、团政治委员，红一军团第二师第六团政治处主任、师政治部地方工作科科长、师供给部部长兼作战后勤部部长、卫生部部长，军团政治部民运部部长，红三十一军政治部民运部部长。参加了中央苏区历次反"围剿"斗争和中央红军长征。抗日战争和解放战争时期，任晋中军政委员会书记，八路军独立支队政治委员，新编第十旅政治委员，八路军总部军工部部长，晋冀鲁豫边区政府工业厅副厅长，华北人民政府企业部副部长。

赖祖烈（1907—1983） 福建永定人。1928年参加农民起义。1929年加入中国共产党。曾任乡支部书记，县革命委员会财政委员，闽西工农银行营业科科长，中华苏维埃共和国国家银行福建分行行长兼中华商业总公司经理，赣南军区供给部部长。参加了中央苏区历次反"围剿"斗争和中央红军长征。抗日战争和解放战争时期，任八路军驻武汉办事处科长，中共中央南方局科长，北平军事调处执行部中共代表团处长，中共中央后方委员会办公室主任，中共中央工作委员会副秘书长。

雷钦（1915—2014） 曾用名雷赠春。福建上杭人。1930年加入中国共产主义青年团。1931年参加红军。1932年加入中国共产党。曾任乡少先队副支队长，红十二军第三十五师第一〇三团政治处宣传员，兴国模范师连政治指导员，江西军区直属队总支书记，红一方面军总部警卫营政治委员，红军总部侦察科政治指导员、侦察队队长、侦察科科员，中央革命军事委员会第一局第三科科长。参加了中央苏区的反"围剿"斗争和中央红军长征。抗日战争和解放战争时期，任抗日军政大学第三大队政治委员，华东军区通讯联络处政治委员，补训第一旅政治委员。中华人民共和国成立后于1961年晋升为少将。

雷宗林（1913—1958） 江西泰和人。1930年参加红军。1931年加入中国共产党。历任红三军班长、排长、副连长，红一军团第一师第三团副营长、营长、团参谋长。参加了中央苏区历次反"围剿"斗争和中央红军长征。抗日战争和解放战争时期，任科长，陕甘宁晋绥联防军警备第三旅副团长，解放军第四军第一师代理参谋长。

十四画

慕容楚强（1893—1986）　曾用名余化民、余发明。湖南浏阳人。1925 年 8 月加入中国共产党。曾任中共浏阳县委组织部部长。1927 年 9 月参加湘赣边界秋收起义，任浏阳工农义勇队经济委员会主任兼交际副官。1928 年 8 月参加红军，后任红五军第二纵队中队党代表，湘鄂赣边红军支队第二纵队第五大队党代表，红五军第二纵队第六大队政治委员，第一师第二团政治委员，闽赣游击总队总队长兼政治委员，红五军团第十五军第四十四师第一三一团政治委员、第四十四师政治委员兼政治部主任，第十三军第三十七师政治委员兼政治部主任，军团政治部组织部部长，军团政治保卫分局执行部部长，中央革命军事委员会政治保卫局执行部部长。参加了中央苏区历次反"围剿"斗争和中央红军长征。1935 年 9 月随红军总部留在川康边区。1936 年 10 月到达陕北后，任陕甘宁边区保安处执行部部长。1937 年先后在西安、武汉治病，1938 年被派回原籍从事地下工作，任中共浏阳县委书记。

　　蔡中（？—1934）　又名蔡忠、蔡钟。湖南攸县人。1925 年加入中国共产主义青年团。1926 年转入中国共产党。1927 年 9 月参加湘赣边界秋收起义，后任红四军教导队党支部书记、连党代表，红十二军第三十四师的团政治委员，红十九军第五十六师政治委员，红五军团第三十四师第一〇一团政治委员、第三十四师代理政治部主任、代理政治委员。参加了中央苏区历次反"围剿"斗争和中央红军长征。1934 年 11 月底，在掩护红军主力抢渡湘江的战斗中牺牲。

　　蔡永（1919—2001）　曾用名蔡文福。江西泰和人。1930 年加入中国共产主义青年团。1931 年参加红军。1932 年转入中国共产党。曾任红一军团第二师第四团政治处青年干事、师政治部青年科科长。参加了中央苏区历次反"围剿"斗争和中央红军长征。抗日战争和解放战争时期，任八路军苏鲁豫支队独立团政治委员，新四军第四师第十旅第二十八团政治委员，东北野战军第二纵队第六师参谋长，解放军第三十九军第一一六师副师长。中华人民共和国成立后于1955年被授予少将军衔。

蔡长风（1910—2001）　江西吉水人。1930年加入中国共产主义青年团，同年参加红军。1932年转入中国共产党。曾任红十二军第三十六师军需处粮秣股股长，红一军团第二师第五团供给处主任、师供给部部长。参加了中央苏区历次反"围剿"和中央红军长征的后勤保障工作。抗日战争和解放战争时期，任八路军第一一五师教导第五旅供给部部长，山东滨海军区后勤部副部长，山东野战军、华东野战军供给部部长。中华人民共和国成立后于1955年被授予少将军衔。

蔡书彬（1894—1964）　湖北汉阳人。1922年参加工人运动，1925年6月加入中国共产党。曾任武汉铅石印刷工会联合会秘书长兼中共支部书记，苏联顾问处警卫队指导员兼支部书记。1928年赴苏联学习。1931年回国后，进入中央苏区，任中华苏维埃临时中央政府工农监察委员会委员，中央军事政治学校政治部组织部部长，红四军第十二师政治委员，红三军第七师政治委员兼政治部主任，红一军团第二师政治部主任，第一、第三师政治委员，军团教导营政治委员，红军总卫生部政治保卫局局长。参加了中央苏区第四、第五次反"围剿"斗争和中央红军长征。到达陕北后，任陕北省军事部政治部部长，中央革命军事委员会直属队第二政治处副主任、主任。抗日战争和解放战争时期，任中共中央长江局工委委员，中共湖北省委组织部部长，中共鄂西区委组织部部长兼军委书记，中共湘鄂边特委书记，中共中央中原局城工部副部长，中共江汉区委城工部部长，中共中央华中局职委书记。

蔡树藩（1905—1958）　字子焕。湖北汉阳人。1923年加入中国社会主义青年团。1925年转入中国共产党。曾任中共汉口硚口区委委员兼劳动童子团团长。1927年冬赴苏联学习，1930年回国。1931年进入中央苏区，后任中华全国总工会苏区执行局宣传部部长，红五军团政治委员，红二十二军政治委员，红十一军第三十一师政治委员，红一军团第一师政治委员，红九军团政治委员兼第三师政治委员，中央纵队（军委纵队）第一梯队政治委员、纵队政治委员，红军陕甘支队第三纵队政治部主任。参加了中央苏区第四、第五次反"围剿"

斗争和中央红军长征。到达陕北后，任中华苏维埃中央政府西北办事处内务部部长，红三十军政治委员，陕甘宁边区第二作战区政治委员。抗日战争和解放战争时期，任八路军第一二九师政治部主任，解放军晋鲁豫军区政治部副主任，晋察冀军区政治部主任，华北军区政治部副主任。1958年10月7日出访途中，因飞机失事在苏联卡纳什遇难。

蔡柄贵（？—？）　籍贯不详。1936年7月任红二军团第六师第十七团团长。

蔡顺礼（1913—2009）　曾用名蔡教生、蔡甫生。江西吉安人。1929年参加红军。1931年加入中国共产主义青年团。1932年转入中国共产党。曾任红一军团第一师第三团政治处青年干事、第二团连政治指导员。参加了中央苏区历次反"围剿"斗争和中央红军长征。到达陕北后，任红一军团第四师第十二团党总支书记，中央保卫营政治委员，红一军团骑兵团政治委员。参加了直罗镇、东征、西征等战役。抗日战争和解放战争时期，任晋察冀军区骑兵团政治委员，军区政治部组织部副部长、锄奸部部长，晋察冀军区第三纵队第九旅、第七旅政治委员，第八纵队副政治委员，解放军第六十五军副政治委员。中华人民共和国成立后于1955年被授予中将军衔。

蔡爱卿（1913—1978）　湖南岳阳人。1930年参加红军，同年加入中国共产主义青年团。1931年转入中国共产党。曾任红三军团第三师第九团排长，第四师第十一团连长、第十二团副营长、营长，第十一团参谋长。参加了中央苏区历次反"围剿"斗争和中央红军长征。抗日战争和解放战争时期，任山西青年抗敌决死队第一纵队第三十八团团长，太岳军区第一军分区副司令员，晋冀鲁豫野战军第九十纵队第二十五旅、河南军区警备第二旅旅长。中华人民共和国成立后于1955年被授予少将军衔。

裴周玉（1912—2015）　湖南平江人。1930年参加红军。1931年加入中国共产主义青年团。1932年转入中国共产党。曾任红三军第三师第七团排长、师特派员，军团补充师特派员，中央教导师特派员，红二十八军特派员。参加了中央苏区历次反"围剿"斗争和中央红军长征。抗日战争和解放战争时期，任八路军第一二〇师第三五八旅、晋绥军区政治部保卫科科长，晋绥边区公安局副局长，西北野战军第八纵队政治部主任，解放军第八军、绥远军区政治部主任。中华人民共和国成立后于1955年被授予少将军衔。

廖汉生（1911—2006） 土家族。湖南桑植人。1929年7月参加革命工作，同年参加湘鄂边游击队。曾任乡苏维埃代表。1933年4月起任湖南鹤峰第四游击大队副大队长；6月所部编入中国工农红军第三军，任军部文书。1933年7月加入中国共产党。1934年初任红三军政治部秘书。1934年春起任红三军第七师党委书记，后任第九师政治委员。1935年初起任红二军团政治部组织部部长，后任红二军团第四师代政治委员，第六师政治委员。参加了长征。抗日战争爆发后，任八路军第一二〇师第三五八旅第七一六团副团长、政治委员。1938年冬起任第一二〇师独立第二旅副政治委员、代旅长。1941年春起先后入延安军政学院和中共中央党校学习。后任第三五八旅副政治委员。1943年起任中共中央党校第二部、第四部组教科科长。1944年11月随八路军南下支队到中原。1945年起任中共襄南地委书记兼军分区党委代书记。解放战争时期，1946年6月起任晋绥军区晋北野战军副政治委员，11月起任晋绥野战军第一纵队政治委员。1947年3月起任陕甘宁野战集团军副政治委员，西北野战军第一纵队政治委员。1949年2月起任中国人民解放军第一野战军第一军政治委员。中华人民共和国成立后于1955年被授予中将军衔。曾获一级八一勋章、一级独立自由勋章、一级解放勋章。1988年7月被授予中国人民解放军一级红星功勋荣誉章。

廖亨禄（1913—1951） 福建永定人。1930年参加红军。1931年加入中国共产党。曾任红十二军宣传员，红一军团政治保卫局科长、军团卫生部特派员，红一方面军政治保卫局科长。参加了中央苏区历次反"围剿"斗争和中央红军长征。抗日战争和解放战争时期，任八路军第一一五师政治部保卫部科长，鲁西军区政治部保卫部部长，八路军第二纵队军工部政治委员，冀鲁豫军区第十一军分区政治部主任，第三、第七军分区副政治委员，独立第二旅政治委员。1951年任中国人民赴朝慰问团副团长，在赴朝鲜慰问时遭敌机轰炸牺牲。

廖远仁（？—？） 籍贯不详。1936年7月任红二方面军司令部通信科科长。

廖容标（1912—1979） 曾用名廖之秀。江西赣县人。1929年参加红军。1931年加入中国共产主义青年团，同年转入中国共产党。曾任县政治保卫队班长，县游击队分队长，湘赣独立第一师第二团连长，红五军第一师第一团连长，红一军团第一师第二团营长，红一方面军独立团团长。参加了中央苏区的反"围剿"斗争和中央红军长征。抗日战争和解放战争时期，任山东人民抗日救国军第五军司令员，八路军山东纵队第四支队支队长、第一旅副旅长、第四旅旅长，鲁中军区第一军分区司令员，山东军区第四师师长，渤海军区副司令员，济南警备区司令员。中华人民共和国成立后于1955年被授予中将军衔。

廖海光（1915—1993） 湖南酃县人。1930年参加中国工农红军。1931年加入中国共产主义青年团，同年转入中国共产党。土地革命战争时期，任红八军第二十二师青年干事，红军学校湘赣四分校政治指导员，红六军团随营学校政治指导员，红二军团直属队总支书记，第四师第十一团总支书记、团副政治委员，第六师第十七团政治委员。参加了长征。抗日战争时期，任八路军总部随营学校三队政治指导员，中国人民抗日军政大学第一分校大队政治委员、胶东支校政治委员，胶东军区第十六团政治委员，南海军分区政治委员。解放战争时期，任胶东军区第五师政治委员，华东野战军第十三纵队政治委员，第三野战军第二十四军政治委员。中华人民共和国成立后于1955年被授予少将军衔。

廖登清（1904—1935） 福建上杭人。中国共产党党员。1933年参加红军，后任红五军团第十三师第三十九团政治委员。参加了中央苏区反"围剿"斗争和中央红军长征。1935年在长征途中病故。

谭政（1906—1988） 号举安，曾用名谭世铭。湖南湘乡人。1927年2月参加国民革命军。曾任第四方面军特务营第二连文书、准尉司书，第二方面军警卫团第二营书记。参加了北伐战争。1927年9月参加湘赣边界秋收起义，同年加入中国共产党。后任红四军第三十一团团委秘书，红四军第三纵队纵委秘书，红四军军委秘书长，中共红四军前委宣传部部长。参加了井冈山和赣南、闽西地区的游击战争。1930年后，任红十二军政治部主任，闽西军区政治部主任兼红十二军政治部主任，红二十二军政治部主任，红一军团第一师政治部主任、代理政治委员，军团政治部组织部部长兼第一师政治部主任。参加了中央苏区历次反"围剿"斗争和中央红军长征。到达陕北后，任红一军团第一师政治部主任，红军总政治部组织部部长，红军后方司令部政治部主任。抗日战争和解放战争时期，任八路军后方政治部主任，总政治部副主任，党务委员会副主席，陕甘宁晋绥联防军副政治委员，中共第七届中央候补委员，东北民主联军、东北野战军、东北军区政治部主任，第四野战军副政治委员。中华人民共和国成立后于1955年被授予大将军衔。

谭开云（1914—2003） 曾用名谭九元。江西永新人。1929年参加红军，同年加入中国共产主义青年团。1930年转入中国共产党。曾任红三军第八师第二十二团排长、连长，红五军团第十三军第三十八师第一一二团连政治指导员，红五军团第十五师（少共国际师）政治部组织科科长，红一军团第二师第五团总支书记，陕北独立第二团政治委员。参加了中央苏区历次反"围剿"斗争和中央红军长征。抗日战争和解放战争时期，任抗日军政大学第一分校支队政治委员，冀中军区第三军分区政治部主任，东北民主联军第三纵队第九师政治委员，辽西军区政治部主任。中华人民共和国成立后于1955年被授予少将军衔。

谭友林（1916—2006） 湖北江陵人。1930年加入中国共产主义青年团，同年参加中国工农红军。1930年由团转入中国共产党。土地革命战争时期，任红三军政治部青年干事，独立营政治委员，第六师十七团政治委员，红二军团第五师政治委员。参加了长征。抗日战争时期，任新四军第四支队竹沟留守处教导队队长兼政治委员，豫东游击支队政治部副主任，第二团政治委员，新四军第六支队三总队政治委员，第四师六旅旅长。解放战争时期，任松江军区哈北军分区司令员，东北人民自治军第三五九旅副旅长，东北民主联军第十二纵队三十四师政治委员，第四野战军第三十九军副军长。中华人民共和国成立后于1955年被授予少将军衔。

谭光庭（1910—1959） 江西莲花人。1926年10月加入中国共产主义青年团。1930年转入中国共产党，同年参加红军。曾任红一方面军排长、连长、连政治指导员，中央革命军事委员会总供给部特派员、军需处处长。参加了中央苏区历次反"围剿"斗争和中央红军长征。抗日战争和解放战争时期，任中共安徽省工委常委、民运部部长，中共苏皖省委组织部部长，中共皖东省工委军事部部长，淮南军区津浦路西联防司令部政治部主任兼中共路西地委副书记，华东财经委员会驻大连办事处主任兼政治委员。

谭甫仁（1910—1970）　广东仁化人。1927年8月参加南昌起义，同年加入中国共产党。1928年1月参加工农革命军。后任红四军士兵委员会干事。参加了井冈山和赣南、闽西地区的游击战争。1930年后，任红十二军连政治指导员、第三十六师第一〇八团政治委员，红一军团第一师政治部组织科科长，红军总政治部组织部组织科科长，红军陕甘支队第二纵队第十二大队政治处主任。参加了中央苏区历次反"围剿"斗争和中央红军长征。到达陕北后，任红十五军团第七十五师第二二十五团政治处主任、师政治部主任。参加了直罗镇、东征、西征等战役。抗日战争和解放战争时期，任八路军第一一五师第三四四旅政治部副主任，八路军野战政治部组织部部长，第三四三旅、新编第三旅、教导第七旅政治委员，冀鲁豫军区副司令员，东北民主联军东满军区政治部主任，第七纵队副政治委员，第四十四军政治委员。中华人民共和国成立后于1955年被授予中将军衔。1970年12月18日因公殉职。

谭希林（1908—1970）　曾用名谭曦临。湖南长沙人。1925年5月加入中国共产主义青年团。1926年1月转入中国共产党，同年考入黄埔军官学校第五期学习。后任国民革命军第二十四师代理连长，第二方面军警卫团排长。1927年9月参加湘赣边界秋收起义，任工农革命军第一军第一师特务连连长，第一师第一团连长，红四军第三十一团营长、特务支队支队长，闽西红军学校教育长，闽西红军指挥部参谋长兼第一纵队纵队长。参加了井冈山和赣南、闽西地区的游击战争。1930年后，任闽西红二十一军参谋长兼第一纵队纵队长、代理军长，红军军官学校第一分校校长，红十二军参谋长兼第三十四师师长，中央革命军事委员会警卫团团长，中央军事政治学校工兵连连长，步兵团副团长，特科团团长，工兵营营长，军委干部团工兵主任，红军大学工兵科科长。参加了中央苏区历次反"围剿"斗争和中央红军长征。到达陕北后，任红军学校营长，红军大学队长。抗日战争和解放战争时期，任陕甘宁边区保安司令部参谋长，新四军第四支队参谋长、江北游击纵队司令员，第二师第六旅旅长兼政治委员，淮南军区路西军分区司令员兼地委书记，第七师代理师长，山东野战军第三纵队、胶东纵队司令员,第三十二军军长。中华人民共和国成立后于1955年被授予中将军衔。

谭定柱(?—?) 籍贯不详。1934年8月任红六军团第十七师第四十九团团长。

谭政文(1910—1961) 湖南资兴人。1926年参加革命。1927年加入中国共产党。1928年参加湘南起义。曾任闽赣军区政治保卫局局长,中华苏维埃中央政府西北办事处政治保卫局执行部部长。参加了井冈山革命根据地的斗争、中央苏区历次反"围剿"斗争和中央红军长征。抗日战争和解放战争时期,任陕甘宁边区保安处地方部部长、副处长,中共中央社会部地方部部长,中共中央晋绥分局社会部部长兼晋绥边区政府公安局局长,中共中央社会部副部长,北平(今北京)市公安局局长。

谭冠三(1901—1985) 曾用名谭才儒、谭年春。湖南耒阳人。1926年加入中国共产主义青年团,同年转入中国共产党。1928年参加湘南起义,后任红四军军需处文书。参加了井冈山和赣南、闽西地区的游击战争。1930年后,任红十二军第一纵队政治部宣传科科长,第三十四师第一〇一团青年团工委书记、师训练队队长,红四军第十二师连政治指导员、第三十四团政治委员兼特派员、师政治部组织科科长兼第三十六团政治委员,红三军第九师第二十五团政治委员、师政治部组织科科长,红一军团政治部巡视员、第一师第二团政治处主任,红军陕甘支队第一纵队第四大队政治处主任。参加了中央苏区历次反"围剿"斗争和中央红军长征。到达陕北后,任红一方面军第八十一师第二四二团政治委员,抗日军政大学第一分校俱乐部主任。参加了直罗镇、东征、西征等战役。抗日战争和解放战争时期,任冀中军区、八路军第三纵队政治部副主任,第一军分区兼第七支队、南进支队政治委员,解放军冀中纵队政治部主任,中共豫皖苏边区第八地委书记兼军分区政治委员,第十八军政治委员。中华人民共和国成立后于1955年被授予中将军衔。

谭家述(1909—1987) 湖南茶陵人。1926年加入中国共产主义青年团。1927年参加南昌起义。1928年加入中国共产党。土地革命战争时期,任茶陵县农民自卫部部长，县游击队副队长、大队长，第二纵队纵队长，湘东独立第一师第三团团长、师参谋长，中国工农红军第八军第二十二师师长，红六军第十八师参谋长，红六军团参谋长。参加了长征。抗日战争时期，任中国人民抗日军政大学队长、教员。1939年赴苏联入伏龙芝军事学院学习。1945年回国。解放战争时期，任晋察冀军政干部学校教育长，华北军政大学教育长。中华人民共和国成立后于1955年被授予中将军衔。

熊奎（1912—1994） 曾用名熊招来、熊来福。福建永定人。1930年加入中国共产主义青年团。1931年加入红军。1933年转入中国共产党。曾任红三军团第五师第十五团连长、代理营长，红一军团第一师第三团参谋长。参加了中央苏区第四、第五次反"围剿"斗争和中央红军长征。抗日战争和解放战争时期，任八路军晋察冀军区第三支队支队长、第三十四团团长、第一军分区参谋长、第十三军分区司令员，解放军冀察纵队第九旅旅长，华北军区第十五纵队、第六十二军参谋长。中华人民共和国成立后于1955年被授予少将军衔。

熊仲清（？—1935） 籍贯不祥。1934年任红二军团第六师第十八团政治委员。1935年2月8日在湖南慈利奚谷口阵亡。

熊寿祺（1906—1971） 字景昌，号唯知。四川邻水人。1926年秋加入中国共产主义青年团。1927年转入中国共产党。参加了第三次上海工人武装起义。1927年5月到武汉，任共青团汉阳区委书记。1927年9月参加湘赣边界秋收起义，后任工农革命军第一军第一师第一团连党代表，红四军第三十二团连党代表、代理连长，第二十八团营党代表、代理营长，第一纵队党代表，中共红四军前敌委员会候补委员。参加了井冈山和赣南、闽西地区的游击战争。1930年任红四军军委委员、代理书记、代理政治委员；同年5月，作为红四军代表出席在上海召开的全国苏维埃区域代表会议；6月中旬归队时，在福建漳州被捕；12月被"驱逐出境"，先后在上海、日本求学，曾任中共东京特别支部书记。1937年回国后，在四川从事革命活动和中共统战工作。

熊伯涛（1904—1975） 曾用名熊华轩、熊汉奎。湖北黄陂人。1926年7月参加革命工作，同年11月加入中国共产党。曾任县农民协会驻县东、县北办事处主任。大革命失败后，到国民党军中从事秘密工作，任第二十六路军排长、副连长。1931年同该军中共地下组织取得联系，参加了宁都起义的发动工作，同年12月由宁都起义参加红军。后任红五军团第十四军第四十一师作战科科长，第一〇一团团长，红三军第八师、红十一军第三十一师、红四军第十一师参谋长，红一军团教导营军事教员，第一师司令部教育科科长。参加了中央苏区第四、第五次反"围剿"斗争和中央红军长征。到达陕北后，任红一军团第二师参谋长。参加了直罗镇、东征、西征、山城堡战役。抗日战争和解放战争时期，任八路军晋察冀军区第一军分区参谋长，东北民主联军松江军区参谋长，第十二纵队副司令员，解放军第四十九军副军长。中华人民共和国成立后于1955年被授予少将军衔。

十五画

黎林（1907—1938）　江西修水人。1928年参加红军。1930年加入中国共产党。曾任营党代表。1931年后，任红一方面军特务营政治委员，独立第一团政治委员、团长，独立第二团团长，独立第二十四师政治委员，红一军团第一师第一团政治委员，红三军团第六师代理政治委员，军委干部团步兵第一营政治委员。参加了中央苏区历次反"围剿"斗争和中央红军长征。到达陕北后，任西北革命军事委员会后方办事处新兵训练处政治委员兼补充师政治委员，陕甘宁独立第一师政治委员、代理师长兼补充第一师政治委员。1938年在延安病故。

黎心诚（？—1949）　湖南人。早年加入中国共产党。1929年12月参加百色起义。后任红七军第二纵队营政治指导员、第五十八团政治委员。参加了中央苏区的反"围剿"斗争和中央红军长征。1945年叛变革命。1949年长沙解放后被人民政府处决。

黎化南（1909—1978）　湖北长阳人。1928年参加中国工农红军，同年加入中国共产党。土地革命战争时期，任长阳游击队中队长，红三军第七师特务大队排长、师司令部副官。管理科科长，红二方面军司令部第四科科长，独立第一团长。参加了长征。抗日战争时期，任八路军第一二〇师第三五八旅副官主任、旅供给部部长，晋西北行政公署粮食局局长。晋绥行政公署财政处副处长、处长。解放战争时期任晋绥行政公署财政处长兼银行行长、贸易总公司经理，第一野战军后勤部长。中华人民共和国成立后于1955年被授予少将军衔。

黎有章（1915—1958）　江西吉安人。1929年加入中国共产主义青年团。1930年参加红军。1932年转入中国共产党。曾任福建军区独立第一团排长，红军学校机枪连副连长，特科学校机枪营营长，军委干部团特务连连长。参加了中央苏区历次反"围剿"斗争和中央红军长征。到达陕北后，任红军大学教导师（庆阳步兵学校）特科团副团长。抗日战争和解放战争时期，任八路军总部随营学校支队长，山东滨海军区第一军分区司令员，华东野战军第十三纵队参谋长，解放军第三十一军参谋长。中华人民共和国成立后于1955年被授予少将军衔。

黎同新（1910—1993）　江西宜丰人。1929年参加红军。1930年加入中国共产党。曾任红三军第七师政治部青年科科长兼青年大队大队长、连政治委员，红一军团卫生部总支书记，军委干部团指挥科第三队支部书记，红一军团直属队总支书记。参加了中央苏区历次反"围剿"斗争和中央红军长征。到达陕北后，任红十五军团电台总队政治委员，骑兵第一团政治处主任。参加了直罗镇、东征、西征战役。抗日战争和解放战争时期，任中央军委补充第一团团长兼政治委员，新四军第四师第十一旅政治部主任兼第三十二团政治委员，华东野战军渤海纵队第七师政治委员，解放军第九兵团后勤部政治委员。中华人民共和国成立后于1961年晋升为少将。

黎良仕（1910—1935）　广西天保（今广西德保县）人。1929年12月参加百色起义。1931年加入中国共产党。曾任红三军团第五师第十三团副团长。参加了红七军远征、中央苏区反"围剿"斗争和中央红军长征。1935年1月在贵州遵义作战牺牲。

黎新民（1910—1980）　江西萍乡人。1930年参加红军，同年加入中国共产党。历任红三军第七师第二十一团文书，红三军玉中兵站站长，红五军团供给部没收委员会主任，第十三师第三十九团连政治指导员，红一军团随营学校副中队长等职。参加了中央苏区历次反"围剿"斗争和中央红军长征。抗日战争和解放战争时期，任八路军第一一五师教导第二旅供给部政治委员，山东军区第二师第五团政治委员，东北民主联军松江军区哈（尔滨）南军分区、解放军第五十四军第一六〇师政治部主任。中华人民共和国成立后于1964年晋升为少将。

潘同（1908—？）　曾用名潘伯南、潘望峰。河北沙河人。早年参加国民军。

1931 年 12 月由宁都起义参加红军，随后加入中国共产党。历任红五军团司令部作战科科长，第十四师、第十三师参谋长。参加了中央苏区第四、第五次反"围剿"斗争和中央红军长征。1935 年 9 月随红五军团留在红四方面军，任红五军政治部宣传部部长，红四方面军总部第一局第一科科长、地图教育科科长。1936 年 10 月三大主力红军会师后，任中央军委第一局第一科科长。抗日战争开始后，被中共中央派到新疆工作。1942 年叛变。

潘子忠（1902—1935）　广西岑溪人。1930 年参加红军。1931 年加入中国共产党。曾任红一方面军师特派员。1935 年夏在西康（今四川西部）病故。

潘汉年（1906—1977）　曾用名潘健行、小开。江苏宜兴人。1926 年加入中国共产党。1927 年 1 月参加国民革命军，任总政治部宣传科科长、《革命军日报》总编辑。大革命失败后，到上海从事革命工作，任上海文化工作委员会党团干事会书记，中国反帝大同盟总务委员会主任，中共江苏省委书记，中共中央特科部第二科（情报科）科长、中央驻上海办事处主任。1933 年进入中央苏区，后任中共苏区临时中央局宣传部部长，中共赣南省委宣传部部长，中华苏维埃中央政府和红军驻第十九路军谈判代表，苏维埃中央政府教育人民委员部委员，红军总政治部宣传部部长兼地方工作部部长。参加了中央苏区第五次反"围剿"斗争和中央红军长征。1935 年赴苏联，任中共驻共产国际代表团成员。1936 年回国，任中共中央驻上海办事处主任。抗日战争和解放战争时期，任中共江苏省委副书记，中共中央社会部副部长，中共中央华中局情报部部长，新四军政治部联络部部长。

潘振武（1908—1988）　湖南常德人。1926 年加入中国共产主义青年团。1927 年参加常德农民起义。1930 年参加红军，同年加入中国共产党。曾任红四军司令部副官，第十一师政治部俱乐部主任，红一军团第一师政治部白军工作科科长。参加了中央苏区历次反"围剿"斗争和中央红军长征。到达陕北后，任骑兵第二团团长兼政治委员。参加了直罗镇、东征、西征等战役。抗日战争和解放战争时期，任八路军第一一五师政治部敌工部部长、民运部部长，鲁南军区政治部主任，嫩江军区副政治委员，东北野战军西线后勤部政治委员，第四野战军后勤部政治部主任。中华人民共和国成立后于 1955 年被授予少将军衔。

樊孝竹（？—1935）　1935年11月任红六军团第十八师第五十三团团长。1935年12月阵亡。

樊哲祥（？—？）　湖北会安人。1936年7月任红二军方面军司令部侦察科科长。

十六画

霍海元（1912—1936） 回族。甘肃人。早年参加国民军。1931年12月由宁都起义参加红军。1933年加入中国共产党。曾任红五军团连长，红军学校连长、营长，军委干部团第三营副营长。参加了中央苏区第四、第五次反"围剿"斗争和中央红军长征。到达陕北后，任红十五军团骑兵团（骑兵第三团）团长，红一方面军骑兵师师长。参加了直罗镇、西征战役。1936年夏在陕西三边地区作战牺牲。

十七画

戴元怀（1906—1935） 又名戴元淮。江西万载人。1929年参加红军，同年加入中国共产党。曾任中共江西省委青年部部长。1931年进入中央党校学习。毕业后，任中共粤赣省委组织部部长，省苏维埃执行委员，红八军团政治部地方工作部部长，红九军团政治部地方工作部部长。参加了中央苏区历次反"围剿"斗争和中央红军长征。1935年2月留在川南地区领导游击战争，任中共川南特委组织部部长，川南游击纵队政治部副主任兼组织部部长，同年3月26日在四川兴文大盘石战斗中牺牲。

戴文彬（？—？） 湖南浏阳人。1935年11月任红二军第六师政治部副主任。1936年10月任红二军团第六师政治部主任。

戴正华（1901—1966） 曾用名戴振华。安徽合肥人。上海南洋医科专门学校毕业。参加了上海爱国学生运动和北伐战争。大革命失败后，在国民党军队中任内科主任、卫生队队长。1931年5月参加红军，1934年加入中国共产党。曾任红三军团军医处医生，军团卫生部医务科科长，参加了中央苏区第三、第四次反"围剿"的医疗保障工作。1933年9月奉命到湘赣苏区工作。后任红六军团第十七师卫生部部长，湘赣军区卫生部医务主任，红六军团卫生部部长。长征到陕北后，任红军卫生学校教员，总卫生部卫生主任。抗日战争和解放战争时期，任八路军第一一五师卫生部部长，第一二○师卫生部政治委员，晋西北卫生学校副校长，晋察冀军区卫生部副部长、军区后勤部参谋长。中华人民共和国成立后于1955年被授予少将军衔。

戴济民（1888—1978） 安徽合肥人。上海圣约翰大学毕业。曾在江西吉安城内开私人诊所。1930年携带全部药品和医疗器材参加红军。1931年3月加入中国共产党。曾任红十二军卫生部部长、医院院长，红一军团卫生部药剂科科长、医务主任。参加了中央苏区历次反"围剿"和长征的医疗保障工作。抗日战争和解放战争时期，任中共吉安中心县委宣传部部长，新四军医务处副处长兼教导队医务处处长，军卫生部副部长，新四军兼山东军区卫生部副部长。

戴润生（1916—2011） 江西吉水人。1930年参加红军。1931年加入中国共产主义青年团。1932年转入中国共产党。曾任红军学校政治营青年干事，第二步兵学校（公略步兵学校）连政治指导员，军委干部团俱乐部主任、连政治指导员，红一军团政治保卫分局政治指导员、巡视员，第四师第十团政治委员。参加了中央苏区历次反"围剿"斗争和中央红军长征。抗日战争和解放战争时期，任八路军第一一五师独立旅第一团政治委员，黄河支队政治委员，教导第四旅政治部主任，冀鲁豫军区第十一军分区副政治委员，晋冀鲁豫野战军第一纵队第二旅政治委员，解放军第十六军、第十七军副政治委员。中华人民共和国成立后于1955年被授予少将军衔。

戴福胜（？—1934） 曾用名戴福生。湖南浏阳人。中国共产党党员。1927年9月参加湘赣边界秋收起义。参加了井冈山和赣南、闽西地区的游击战争。曾任江西军区红军独立团团长、第二军分区司令员。参加了中央苏区历次反"围剿"斗争。1934年在江西作战中牺牲。

戴德昌（？—1937） 曾用名邓楷。江西人。早年参加红军和中国共产党。曾任红一方面军的团职干部。参加了中央苏区反"围剿"斗争和中央红军长征。1935年2月被中共中央留在川南领导游击战争，任中共长宁县区委书记兼游击队队长，川南游击支队支队长。1937年1月31日在长宁碾子头战斗中牺牲。

魏赤（1906—1935） 福建龙岩人。北伐战争后期加入中国共产党。曾入黄埔军官学校学习。毕业后回福建工作。1928年任中共龙岩县委委员，参与领导龙岩农民起义。1929年随游击队编入红军，后任红四军司令部参谋、团长。1933年后，任江西军区第四军分区指挥、司令员，建黎泰军分区司令员，江西军区第一军分区司令员，江西军区参谋长。参加了中央苏区历次反"围剿"斗争和中央红军长征。1935年4月在云南作战中牺牲。

魏天禄（1908—2011）　湖北天门人。1928年加入中国共产党。1929年参加中国工农红军。土地革命战争时期，任红三军第七师第二十一团连政治指导员，第二十团政治委员，第六师第十八团政治委员，红二方面军总指挥部供给部政治委员。参加了长征。抗日战争时期，任新四军第一支队一团政治处组织股股长，支队政治部组织科科长，第二团政治处主任，挺进纵队政治部主任，苏中军区第二军分区政治部主任，新四军第六师第十六旅政治部主任，苏浙军区第一纵队政治部主任。解放战争时期，任华中军区直属队政治部主任，华东野战军后方办事处主任兼政治委员。中华人民共和国成立后于1955年被授予少将军衔。

魏洪亮（1915—1990）　江西兴国人。1930年加入中国共产主义青年团，同年参加红军。1931年转入中国共产党。曾任第一步兵学校（彭杨步兵学校）政治营连政治指导员，红一军团第一师第三团俱乐部主任、军团政治部巡视员、军团无线电队政治委员。参加了中央苏区历次反"围剿"斗争和中央红军长征。到达陕北后，任红一军团第一师第十三团党总支书记、政治委员。参加了直罗镇、东征、西征战役。抗日战争和解放战争时期，任冀中军区第二十三团团长，第九军分区政治委员、司令员，独立第八旅旅长，解放军第十八军第五十四师师长，赣东军区政治部主任。中华人民共和国成立后于1955年被授予少将军衔。